나는 이렇게 읽었다

각 분야 전문가가 말하는 영역별 책읽기

나는 이렇게 읽었다

이권우 고봉준 전호근
이병주 전중환 윤민희

경희대학교 출판문화원

차례

머리말

인류는 오랫동안 '문자'와 '책'을 매개로 지식과 경험을 공유하면서 문명의 발전을 거듭해왔다. 하지만 오늘날에는 문자와 책이 문명의 중심으로 인식되지 않는다. 스마트폰, 유튜브, 넷플릭스…. 이들이 우리가 사는 세상의 모습을 보여주는 단어들이다. 오늘날 '독서'가 취미라고 말하는 것은 시대에 뒤떨어져 있음을 인정하는 것이거나, 남다른 삶의 방식을 지녔음을 드러내는 일이 되어버렸다. 한때는 희미한 불빛 아래에서 고요하게 책을 응시하는 모습이 뛰어난 지식인이나 학자의 전형이었지만, 오늘날에는 노트북 하나만 들고 장소를 옮겨 다니며 어디서든 필요한 정보를 찾아내는 사람이 유능한 학자의 모습으로 인식되고 있다. 과거에는 유명 인사들이 칼럼을 쓰거나 인터뷰를 할 때면 반드시 '책'을 언급함으로써 자신의 교양을 드러냈지만, 오늘날 유명 인사들은 책이 아닌 '영화'나 '음악'을 사례로 언급함으로써 자신이 시대에 뒤처지지 않았음을 드러내려는 경향을 보인다.

현대사회를 지배하는 건 '데이터'와 '콘텐츠'이다. 현대 문명이 이런 방향으로 나아가는 것은 불가역적인 현실이며, 그 방향이 무조건 부정적이라고 단정할 수도 없다. 실제로 현대사회는 '데이터'와 '콘텐츠'로 인해 과거에는 꿈도 꾸지 못했던 많은 성과를 이룩해내고 있다. 문제는 이런 현실이 우리의 책읽기 능력을 심각하게 위축시킴으로써 비판적 · 주체적 사고 능력을 위협하고 있다는 점이다.

교육과 일상의 대부분을 영상이나 콘텐츠에 의지하여 살아온 세대의 상당수는 대학 입학 후 책읽기의 어려움을 호소한다. 전체로서의 '책'이 아니라 중요한 부분으로서의 '정보', '문자'가 아닌 '영상'을 활용한 학습법에 익숙한 세대들에게 두툼한 한 권의 '책'은 난공불락의 성벽처럼 느껴지게 된다. 유사 이래 최고의 스펙과 학습량을 자랑한다는 요즘의 젊은 세대들이 왜 책을 읽는 데 어려움을 느낄까? 그것은 독서 대부분이 독서 과정 자체를 즐기기보다는 실용적 지식이나 입시 등에 필요한 '정보'를 찾기 위해 행해지기 때문일 것이다.

'정보'를 찾기 위한 실용적 목적의 독서는 그 목표가 달성되거나 더 유용한 매체가 등장하면 지속되지 않는다. 물론 '책읽기'에서 실용적 목적을 무조건 배제할 이유는 없다. 하지만 '책읽기'의 본질은 '정보'를 찾는 데 있는 것이 아니다. 스마트폰, 유튜브, 인터넷 검색 등의 경험을 떠올려보면 알 수 있듯이, '정보'를 찾는 과정은 대개 일방향적인 성격을 띤다. '정보'의 옳고 그름을 따져 묻거나 비판적인 태도 없이 정해진 시간에 필요한 정보를 신속하게 찾는 것이 최고의 미덕이다. 반면 이런 방식으로 교양, 문학, 인문도서 등을 읽는 사람은 거의 없을 것이다. 실제로 책 한 권을 읽는 데는 상당한 에너지와 시간이 소요된다. 그래서 해당 분야에 대한 지식이 많을수록 독서 속도가 오히려 느려지기도 한다. 책의 내용을 일방적으로 받아들이지 않고 자신이 이미 알고 있는 지식에 비추어 판단하면서 읽어나가기 때문이다. 독서가 인간 내면을 풍요롭게 하고 인격을 성숙하게 한다고 할 때는 독서 과정의 반성적 기능을 염두에 두고 하는 말이다.

여전히 서점이나 도서관은 책으로 넘쳐나며, 독서법에 관한 책도 벽면 한쪽을 가득 채우고 있다. 모든 것이 데이터가 되는 정보화사회지만 우리 대부분은 여전히 '책'에서 많은 것을 얻으며 살아간다. 일찍이 프란츠 카프카는 '책'은 우리 내면의 얼어붙은 바다를 깨는 도끼여야 한다고 주장했다. 좋은 책은, 그리고 진정한 독서는 '정보' 제공에 그치지 않는다. 고정관념을 깨뜨리고 자극하여 생각하도록 만든다. 그렇게 단기적으로는 우리의 생각을, 장기적으로는 인생을 바꾼다. 독서법에 관한 책이 많다는 건 여전히 우리가 '책'을 통해서 정보 이상을 얻으려 한다는 의미이기도 하다. 하지만 책을 읽는 데 정말로 정해진 원칙이나 방법 같은 것이 있을까? 물론 그렇지 않다. 그렇다면 책읽기에 관한 책은 왜 필요한 것일까? 책을 읽는 데 정해진 방법은 없지만 노하우는 있기 때문이다. 산을 오르는 데 반드시 지도가 필요한 것은 아니지만 지도로 지형을 살피면 등산하기에 한결 편리한 것과 같은 이치다.

《나는 이렇게 읽었다》는 독서를 좋아하는, 직업적인 이유로 책을 읽는 사람들의 경험을 바탕으로 교양, 문학, 인문고전, 사회과학, 자연과학, 예술 분야 도서를 읽을 때 주목해야 할 문제들을 다루고 있다. 특히 도서평론가, 문학평론가, 인문학자, 사회과학자, 자연과학자, 예술학자 등 집필진 모두가 경희대학교에서 교편을 잡고 있어서 전문적이면서도 대학생들에게 적합한 눈높이를 지닌 글들이다. 글의 내용도 각자의 체험에서 시작하여 특정 분야의 책을 읽어야 하는 이유, 그 영역의 책을 읽는 방법, 추천 도서 순으로 구성함으로써 개인적 경험과 전문가로서의 조언을 균형 있게 배치했다. 특정 학문 전공자임에도 책읽기가 어렵게 느껴지거나, 전공 이외 영역의 책을 읽고 싶으나 무엇을 어떻게 읽어야 할지 몰라서 망설이는 대학생, 다양한 영역의 책읽기에 관심을 가진 일반인 모두에게 유의미한 길잡이가 되기를 희망하면서 이 책을 묶는다.

독서에 있어 이 책에 제시된 내용이 유일한 방식이 아니라 첫 번째 방식으로 받아들여지기를, 그리하여 이 책을 다 읽은 후에는 독자 스스로 자신만의 책 읽는 방법을 고민하기를 희망한다. 원고 마감 일정을 훌쩍 넘겼음에도 끝까지 기다려주고, 좋은 책을 쓸 기회를 마련해준 경희대학교 출판문화원에 감사드린다.

2021년 3월

저자 일동

일러두기

1. 본문에서 인용 문단을 제외한 참고문헌의 경우, 도서와 쪽수만 표기하고 책의 말미에 도서 목록의 형태로 기재하였습니다.
2. 각주 및 인용 표시, 도서 목록에서는 '읽을 책'의 제목을 쉽게 파악할 수 있도록 책명을 가장 앞에 기재하였습니다.

1 교양도서 읽는 법

이권우

교양도서 읽는 법

이권우

갓 고등학생이 되었을 때 나중에 시집도 펴낸 미술 선생님과 학교 탐방에 나선 적이 있다. 나는 같은 재단의 중학교를 나온지라 별 흥미 없이 따라다녔다. 주요 시설을 둘러보고 음악실과 매점이 있는, 무척 낡은 건물에 들렀다가 마지막으로 도서관에 갔다. 그때까지 학교에 도서관이 있다는 사실을 몰랐다. 미술 선생님은 굳게 닫힌 도서관 문을 열어주지 않았다. 오히려 봉인된 자물쇠를 가리키며 훈계를 늘어놓으셨다. 우리 학교는 도서관 문을 열지 않는다, 그만큼 학업에 전념하는 학교라는 뜻이다, 너희도 어렵게 들어온 학교니 3년 동안 최선을 다해 공부해 원하는 대학에 가길 바란다. 그날 내 독서 이력도 단절되고 말았다.

누가 책을 읽는가? **아마도 현실에서 벗어나고자 하는 간절한 마음이 책을 읽게 할 터다**. 대한민국의 가난한 동네는 다 떠돌아다니면서 느낀 외로움을 견디기 어려웠다. 지금처럼 디지털 매체가 넘쳐난다면 위안받을 거리가 많았을지도 모른다. 당시에는 텔레비전이 있는 집도 극히 드물 적이었다. 손쉽게 접할 수 있는 매체가 라디오였다. 그리고 뒹구는 책들. 그 책들도 내가 사는 집에는 없었다. 방학 때마다 부모님은 입이라도 하나 덜어보겠노라고 나를 시골에 있는 외가로 내려보냈는데, 거기에 일찌감치 도회지로 탈출한 막내 이모와 삼촌이 보던 책이 있었다. 일단은 교과서. 그 궁벽한 시골에 어린아이가 읽을 책이 제대로 있었겠나. 초등학교와 중학교 교과서가 찢어진 채, 젖은 채 뒹굴어 다녔다. 소일거리가 없었으니, 그거라도 게걸스럽게 읽어 젖힐 수밖에. 그곳까지 굴러들어온 교양 잡지도 있었다. 아마 명절을 맞이해 고향으로 내려온 이모나 외삼촌이 터미널에서 사서 읽고는 집에 두고 간 것이었을 테다. 이해하기 어려운 내용도 있었지만, 결국에는 사람 살아가는 이야기라 그럭저럭 시간 때우기에 적절했다.

개학해서 집으로 돌아오면 만화방이 성지였다. 살아오면서 그때처럼 몰입의 즐거움을 만끽한 적이 있나 싶다. 시간 가는 줄 모르고 읽었다. 만화방에 열 번 가면 한 시간 정도 텔레비전을 볼 수 있게 해주었다. 인쇄된 걸 보다가 움직이는 만화를 보면 새로운 세상에 들어간 듯했다. 나중에 정착한 도시의 초등학교에는 조그마한 도서관이 있었고, 그곳에서 비로소 책을 마음껏 읽을 수 있었다. 저녁을 먹으러 집에 가야 하는 시간이 다가올 때까지 내 영혼은 충만해 있었다. 그 시절에 이미 세상 사는 법을 익혔다. 결핍된 삶에 좌절할 이유가 없다. 그것을 채우는 것이 있으면 된다. 나는 그게 책이라는 것을 너무 일찍 알아챈 셈이다. 책을 읽으면 채우는 정도가 아니라 빛난다는 것을 눈치챘다. 책은 내 삶을 풍요롭게, 화려하게 수놓아 주었다. 그것이 책을 덮는 순간, 또는 학교도서관을 나서는 순간 물거품이 되더라도 말이다.

지금도 풀리지 않는 수수께끼가 있다. 어머니는 도대체 무엇을 믿고 집에 덜컥, 계몽사 소년소녀세계문학전집을 들여놓았을까? 방구석에 틀어박혀 책만 읽는 남자아이를 부모가 좋아할 리 없던 시절이었다. 하지만 공부에 대한 열망이 남달랐던 어머니는 책 읽는 아들이 좋았던 모양이다. 친구가 만화방에서 빌린 만화를 빌려와 읽다가 행복한 표정으로 잠든 아들이 기왕이면 동화책을 읽었으면 하는 간절한 바람이 있었는지도 모른다. 이미 책벌레가 되어가던 나는, 이 전집으로 지독한 책벌레가 되고 말았다.

그저 놀라운, 상상의 나래를 마음껏 펼 수 있는 새로운 세계의 시민권을 얻었다.

사달은 중학교 때 났다. 그때까지는 고등학교에 시험을 보고 들어갔다. 추첨으로 들어간 중학교에서 학생들을 닦달해 같은 재단의 고등학교로 보내려고 했다. 그래야 고등학교에서 더 많은 학생을 대학으로 보낼 수 있을 거라는 속셈이었는지도 모른다. 실제로 그 과정을 잘 이수해 우리 사회의 엘리트로 성장한 동창이 있으니, 학교 정책을 일방적으로 비난할 일은 아닐지도 모른다. 하지만 답답했다. 교과서와 참고서만 보고 배우고 익히는 단조로운 삶이. 부모님도 학업에 대한 부담을 주셨다. 가난한 집안에서 공부라도 잘하는 자식이 나왔으면 하는 바람이었을 테다. 지하실에 갇힌 갑갑한 심정에 환기구 역할을 해준 책이 있으니, 바로 삼중당 문고였다. 교과서에 한두 편만 실린 시인의 시가 다 있었고, 교과서에 중동무이된 채 실린 소설의 전편을 볼 수 있었다. 거기다 책값이 싸서 없는 용돈이지만 사볼 만했다. 책 좋아하는 다른 친구와 바꿔 읽으면 돈도 적게 들었다. 기갈 들린 영혼이 그나마 해갈되는 순간이었다.

단점이라면 국내 문학을 빼고는 상당히 어려웠다는 사실이다. 철학 분야로 가면 도통 이해할 수 없었다. 왜 아니겠는가, 나중에 보니 대학생도 읽기 어려운 책이었으니, 이건 책이 아니라 난수표였다. 그런데도 어릴 적처럼 책읽기가 즐겁고 행복했다. 성적은 오르지 않았고, 부모님이 실망하는 기색이 역력했지만 말이다. 어쩌면 그것은 퇴행인지도 모른다. 그 나이에 걸맞은 새로운 도전을 감내하면서 더 성장해야 했을 터다. 그러나 어쩌랴, 책을 읽으면 마치 어미의 자궁으로 되돌아가 양수에 둘러싸인 듯 안정감과 행복감을 만끽했으니 말이다. 하지만 거기까지만이었다. 고등학교에 올라가면서 내 독서 이력은 앞서 말했듯 강제 봉인되고 말았다.

고등학교 3학년 때 담임선생님과 언쟁했다. 국문과에 가고 싶다는데 선생님은 영문과를 지원하라고 채근하셨다. 그 마음을 모르지 않았다. 대부분 나중에 자리 잡으려면 문과 계통은 그나마 외국어를 제대로 해야 한다고 여겼으니까. 오죽하면 국문과를 굶을과라 했겠는가. 그리고 내가 국문과를 선택한 데는 문제가 있었다. 어느 모로 보나 나는 문학적 재능이 있는 사람은 아니었다. 중고등학교 때 시를 잘 쓴다는 말을 듣거나 소설 창작에 열망이 있지도 않았다. 비록 입 밖으로 내지는 못했지만, 그저 책을 죽어라 읽고 싶어서 국문과에 가고 싶었다. 고등학교 때 입시라는 주술에 걸려 좋아하던 일을 못 한 것이 억울했다. 사회에 나가 먹고사는 문제를 해결하는 것은 나중에 고민해도 될 일이라 여겼다.

친구들은 현명했다. 학벌을 포기하고 졸업하면 공무원 자리가 보장되는 학교를 선택하기도 했고, 평소 책만 좋아하던 친구가 경영학과를 택하기도 했다. 가난한 아이들은 세상 잇속에 밝은 법이다. 나무랄 일이 아니다. 오히려 담임선생님이 보기에 내가 제정신이 아니었을 테다. 고집을 부렸고 그래서 들어갔다. 운이 좋았다. 내가 대학에 들어갔을 적에 마침 나중에 문명(文名)을 날린 선배들이 복학했더랬다. 신이 났다. 이 선배, 저 선배 찾아가며 그들이 읽은 책은 무엇인지, 그것이 자양분이 되어 어떤 글을 썼는지, 무엇을 꿈꾸고 있는지 귀동냥했다. 동기들도 만만찮았다. 이미 고등학교 때부터 이름을 날린 친구도 있었다. 교양 수업에서는 막 일본에서 철학박사를 받고 돌아와 강의를 맡은 분을 만났다. 조를 짜고 각 조에 과제를 주고 발표하게 했다. 고등학교 때까지 그런 수업을 받지 못한지라 신났다. 도서관을 찾아가고 자료를 복사하고 이를 발표자료로 만들며 공부하는 법을 새롭게 배웠다. 문학 수업에서는 좀처럼 듣지도 보지도 못한 이론가의 책을 읽고 리포트를 써오라 했다. 다시 도서관으로, 선배를 찾아가 책을 빌리고 무슨 말인지 물어보며 하나씩 깨우쳐 나갔다. 내가 문학을 제대로 보는 눈을 키운 건 빼어난 선배와 닥치는 대로 읽었던 책 덕분이었다. 누가 책을 읽는가? **새로운 앎에 대한 갈망이 강렬한 사람이 책을 읽는 법이다.**

대학에 들어가 만난 또 다른 부류는 운동권 선배였다. 어느 날 강의가 끝나 자리에서 일어나는데 누군가 다가와 알은척하며 이런저런 이야기를 했다. 수업을 지켜보며 문제의식 있는 학생을 눈여겨보았다가 이른바 지하 동아리에 가담하게 하려는 것이었다. 아무튼 그런 인연으로 운동권 동아리에 들어 역사, 사회, 철학 등을 아우르는 광범한 책을 읽고 토론하며 1년을 보냈다. 엄혹한 시절이라 상당히 부담스러웠지만 그래도 뜨겁게 보냈던 데는 이유가 있다. 고등학교 2학년 때 5·18민주화운동이 일어났는데, 대학에 와서 이런저런 자료를 보고, 천주교를 통해 들어온 것으로 알려진 독일 공영방송이 찍은 다큐멘터리를 보며 그야말로 눈을 덮었던 비늘이 떨어져 나가는 충격을 느꼈다. 권력욕 때문에 무고한 시민을 학살하고, 그 진상을 숨겨 국민을 우롱한 우리 현대사의 비극이 왜 일어났고, 어떻게 해야 재발을 막을 수 있으며, 더 나은 정치체제는 무엇인지 알아보고 싶었다. 지금 생각해보면 그때 읽은 책들은 대체로 일본책을 서둘어 번역한 조악한 좌파 도서였다. 하지만 그때는 마른 논에 비가 내리는 듯한 지적 희열을 느끼며 열독했더랬다. 공식적으로는 아무도 가르쳐주지 않는 사상과 역사의 뒤안길을 걸으며 깊게 사고하고 넓게 전망하는 법을 배웠다. 과연 누가 책을 읽는가? **금기를 넘어 참된 것을 알고자 하는 청년의 도전 의식이 책을 읽게 하는 법이다.**

나는 행운아였다. 과에서 만난 친구나 선배들한테서는 문학과 예술을 배웠고, 운동권 선배한테서는 정의로운 사회를 꿈꾸는 청년이 알아야 할 것들을 익혔다. 나중에 보니, 나는 두 개의 날개로 날고 있었다. 현실에서 도피한 미학주의의 미망에 빠지지 않았고, 자신만 정의롭다고 여기는 도덕적 오만이나 세상사를 이분법적으로 재단하는 함정에도 빠지지 않았다. 균형과 중용을 나는 그렇게 배웠다.

하지만 세상이 변했다. 그것도 너무나 빠른 속도로. 내가 책을 읽어온 경험은 철 지난 이야기인 양 치부된다. 모든 낡은 것들은 사라져야 할 운명에 놓여 있다. 신문명은 새로운 세대를 사로잡고 열광하게 한다. 가히 혁명의 기운이 넘실댄다. 오래전 새로운 세계를 열고자 역사에 뛰어든 철학자는 선언문의 첫 구절을 "하나의 유령이 유럽을 배회하고 있다. 공산주의란 유령이"라고 썼다. 오늘 한 철학자는 제4차산업혁명의 파고를 예감하면서 그 구절을 비튼다. "하나의 유령이 글로벌한 사회에 떠돌고 있다. 디지털화의 유령이다. 온 세상이 그 유령을 보고 있다."라고.

디지털화의 유령은 종이책의 성채를 뿌리째 흔들어버렸다. 옛날에는 책을 읽으면 시대를 앞서가는 사람이라 평했다. 하지만 이제는 고리타분하고 시대정신에 어긋난 사람인 듯 취급한다. 몇 년 전까지만 해도 지하철을 타면 책이 아니더라도 신문 읽는 사람은 있었다. 이제는 모두 스마트폰에 빠져 있다. 이래도 되는 걸까? 새로운 풍경을 편드는 사람은 늘 있는 법이다. 잘 보라, 스마트폰으로 영상만 보는 게 아니더라, 전자책도 읽는다. 그러면 된 거 아니냐, 라고 반론을 편다. 혹자는 한발 더 나아간다. 유튜브로 전 세계 지식인의 강의를 볼 수 있는데, 굳이 책을 읽을 필요가 있는가, 활자만이 지식을 전수하는 매체라는 구시대적 발상에서 벗어나야 한다고. 책이라는 올무로 신인류의 발목을 잡지 말라고.

이런 목소리에 경종을 울리는 책이 있으니, 매리언 울프가 쓴 《다시, 책으로》다. 저자는 어린 시절 감동하며 읽은 헤르만 헤세의 《유리알 유희》를 나이 들어 다시 읽다가 깜짝 놀랐단다. "문체는 고집스럽도록 불투명"했고, "글은 불필요하게 어려운 단어와 문장들로 빽빽했고" "뱀 같은 문장구조"가 자신을 혼란에 빠트렸고, 결국은 더디게 읽고 말았다. 저자는 전공을 살려 뇌과학이론으로 왜 이런 현상이 빚어졌는지 규명한다.

캘리포니아주립대학교에서 하루에 사용하는 정보의 양을 조사했다. 한 사람이 여러 기기로 소비하는 정보의 양은 평균 약 34기가바이트로, 10만 개의 영어 낱말을 읽는다고 보면 된다. 그런데 이 연구에 참여한 로저 본은 "우리의 주의는 보다 짧은 간격으로 쪼개지고 있으며, 이것은 아마 더 깊은 사고를 위해서는 좋지 않을 것입니다."라고 했다. 심각한 문제제기다. 하루 동안 읽는 양이 웬만한 소설 한 권 분량인데, 연속적이고 지속적이며 집중적인 읽기를 하지 못하고 있다는 말이니까.

왜 이런 일이 벌어지는가? 답은 나와 있다. 여러 기기를 통해 읽는 정보의 과부하 현상에 대처하기 위해 정보를 단순화하고, 최대한 압축해 빠르게 처리하고, 가려 뽑아서 보게 되어서다. 이런 읽기 방식은 노르웨이 학자의 연구에서 확인된다. 학생을 두 부류로 나누어 단편소설 〈제니, 내 사랑〉을 한쪽은 전자책으로, 다른 쪽은 종이책으로 읽게 했다. 결과는 종이책으로 읽은 학생 쪽이 줄거리를 시간순으로 재구성하는 능력이 더 뛰어난 것으로 나타났다. 여러 연구를 종합해보면, 디지털로 글을 읽을 때는 F자형이거나 지그재그로 텍스트의 단어 스폿(spot)을 재빨리 훑어 맥락을 파악한 다음, 맨 끝으로 내려가서 결론을 읽고서는 가끔 이해한 내용을 뒷받침하는 세부 내용을 골라서 보려고 본문으로 되돌아간다. 그런데 문제는 이른바 '블리딩 오버(bleeding over)' 현상이다. 디지털 매체를 읽다가 종이책을 읽으면 이러한 디지털 매체 읽기의 특징이 지속된다는 말이다.

울프가 염려하는 것은 블리딩 오버 현상이 결과적으로 읽는 이의 사고방식에도 깊은 변화를 일으킨다는 점이다. 뇌 가소성이란 말이 있다. 뇌가 정보를 습득하는 방식에 변화가 일어난다는 뜻이다. 이는 본디 인류의 진화 과정에서 엄청난 역할을 했다. 기실 책읽기처럼 오랜 시간 집중하고 사고하는 것은 인간의 생존과 번식에 불리했다. 천적의 습격을 탐지하고 먹을거리를 탐색하려면 주변을 늘 살펴야 했기 때문이다. 수만 년의 역사가 흐르면서 인간의 뇌는 책 읽는 뇌로 진화했다. 오늘 인류가 이룬 문명을 가능하게 한 뇌 가소성이다. 그런데 디지털 매체가 쏟아놓은 정보의 홍수에 빠지면서 다시 뇌 가소성이 작동했다. 깊이 읽기보다 훑어보기에 적합한 뇌가 되고 말았다. 이것도 진화적 적응이니 좋은 일일까?

울프는 무엇을 가장 크게 걱정하는지 한마디로 솔직하게 털어놓았다. "지난 20년간 젊은이들의 공감능력은 40퍼센트 감소했다."라고. 울프는 공감능력이 단순히 타인을 동정하는 것만을 뜻하지 않는다고 힘주어 말했다. 문화가 세분화하고 연결성이 증가하는 세상에서 가장 중요한 기술로 타인에 대한 심층적 이해를 손꼽는다. 공감은 바로 이 능력도 포함한다.

울프는 깊이 읽기의 효과로 공감만 말하지는 않았다. 유추능력, 추론능력, 배경지식이 향상되는 것은 물론이고 이것이 연결되면 어떤 효과가 있는지도 톺아보았다. 혹시 매리언 울프의 주장에 선뜻 동의하기 힘들다면, 이미 널리 읽힌 니콜라스 카의 《생각하지 않는 사람들》을 읽어보길 바란다. 놀라울 정도로 문제의식이 같고, 해결책도 상당히 유사하다는 점을 발견할 터다.

흔히 짬이 나지 않아서, 이제는 나이가 들어서 책을 읽지 못한다고 한다. 나는 이런 변명에 동의하지 않는다. 대체로 굳이 책을 읽으며, 그러니까 온 정신을 기울여 읽으며 사고하고 상상하고 짐작하고 비판하는 일련의 과정이 귀찮아서 안 읽는다. 내가 살아온 삶과 전혀 다른 삶을 산 이들의 좌절과 절망, 끝내 실패하더라도 도전하는 이야기를 천천히, 깊이 읽는 일을 귀찮다고 여긴다면 우리는 어떻게 될까? 오늘 우리를 지배하는 강력한 이데올로기에 딴죽을 걸면서 다른 것을 상상하고, 더 나은 미래를 꿈꾸어보라는 말에 귀 닫는다면 우리는 어떻게 될까? 정말 생각만 해도 끔찍하다. 당연히 디지털 매체를 부정하고 무시하자는 말은 아니다. 매리언 울프도 이른바 '양손잡이 읽기 뇌'를 만들자고 제안한다. 종이책을 읽을 적에는 천천히 깊이 있게, 디지털 매체를 볼 적에는 훑어 읽으며 빠르게 정보를 얻는 방식을 두루 익히자는 것이다. 디지털 혁명의 시대, 누가 책을 읽는가? **지금보다 더 나은 나 자신과 공동체가 되기를 바라는 간절한 마음이 있는 사람이 읽는다**. 아무리 시대가 변해 매체의 우세 종이 바뀌었더라도 여전히 책을 읽어야 하는 이유다.

1. 교양도서는 왜 읽어야 하는가

교양도서라는 말을 널리 쓴다. 교양이 무슨 뜻인지는 지겹게 들어왔을 터다. 그렇다면 그 뜻에 도서란 낱말만 붙이면 되는가 여기기 십상이다. 하지만 현실에서 쓰는 의미는 다르다. 교양도서라 하면, **전문적인 책을 읽을 능력이 아직 부족한 사람이 지식의 기초 체력을 키우기 위해 읽는 책이되, 한 분야에 매몰되어 있기보다 좀 더 넓은 분야를 아우르고자 하는 독서가에게 적합한 책**을 말한다. 스페셜리스트보다는 제너럴리스트에 가까우니, 흔히 양서라 말하는 책이라 보면 된다. 학생들에게 꼭 읽어보라며 여기저기에서 발표하는 추천도서 목록이 교양도서에 맞춤하다고 하겠다.

교양도서는 놓인 자리가 애매하다. 교양도서라면서 추천한 목록을 살펴보면, 아직 능숙하지 않은 이가 읽기 어려운 책이 수두룩하다. 특히 각 대학에서 발표한 교양도서 목록을 보노라면, 이게 읽으라는 건지 사서 책장에 꽂아만 놓으라는 건지 알 수 없는 책이 포함되어 있다. 사실 교양도서의 본디 뜻에 걸맞은 책은 청소년 시절, 독서운동에 열정 있는 교사가 읽어보라고 나누어준 목록이다. 책을 오랫동안 읽어온 이에게 교양도서는 전문성이 상대적으로 떨어지는 책이다. 왜 안 그러겠나. 책 중의 책은 단연 고전이고, 이를 읽고 이해하는 데 애를 썼다면 교양도서가 재미없는 게 당연하다. 다 아는 내용이 재미있을 리는 없다. 그러니 누가 교양도서를 읽어야 하는지 명확하다. 그동안 꾸준히 해오지 않았으나, 이제 책읽기에 나서 쉽고 재미있으면서도 나름대로 깊이 있는 책을 찾는 이들이 읽으면 된다. 다음으로는 전공 분야만 공부했거나 취향 중심의 책만 읽어온지라, 이제 사고와 감성의 폭을 넓히고자 다양한 분야의 책을 찾는다면 교양도서라는 갈래에 드는 책을 읽어보면 된다.

같은 내용을 칸트의 말에 빗대어 다르게 표현해보자. 교양도서는 용감한 사람이 읽는 책이다. 칸트는 미성년 상태에서 벗어나는 것을 일러 계몽이라 했다. 결국 계몽은 다른 사람의 지도 없이 자신의 지성을 사용할 수 있는 상태를 이른다. 이를 위해 칸트는 "과감히 알려고 하라!" "너 자신의 지성을 사용할 용기를 가져라!"라고 촉구했다. 지금은 무지해도 괜찮다. 책을 많이 못 읽어왔더라도 괜찮다. 아직 독서의 미성년이어도 된다. 중요한 것은 이 상태에 만족하지 않는 일이다. 감히 따져 묻고 감히 알려고 하는 의지와 용기만 있으면 된다. 그런 사람이 읽는 책이 바로 교양도서다.

공자는 군자불기(君子不器)라는 말을 남겼다. 폭넓은 교양과 전문적인 지식을 바탕으로 세상을 주도적으로 이끌어가는 사람은 그릇이 되어서는 안 된다는 뜻이다. 그릇이라니, 무슨 말인가 싶을 거다. 공자가 말한 그릇에는 고정된, 확정된, 불변하는 이라는 뜻이 담겨 있다. 좁은 의미의 전문가가 되어서는 안 된다는 말이다. 왜 아니겠는가. 세상을 혁신하는 사람은 늘 르네상스적 지식인이다. 멀리는 다빈치부터 가까이는 스티브 잡스에 이르기까지 창조적인 인물은 융합적인 면모를 띠었다. 그런데 현실은 정반대다. 학교를 졸업하면 현장에서 당장 써먹을 수 있는 사람만을 원한다. 이 같은 풍조는 대단히 위험하다. 학교에서 전인적인 교육을 받지 않고 직업훈련만 받았는데, 시장 환경이 급변해서 새로운 지식을 요구할 적에 기업은 그 사람을 더는 보호하지 않는다. 비정규직이라는 말이 넘쳐나는 상황을 예의주시할 필요가 있다.

오늘의 나와 내일의 나는 달라야 한다. 더 나아져야 하고 더 깊어져야 한다. 변화를 예측하고 이에 적응하거나 선도하려면 광범한 분야에 걸쳐 지식이 있어야 하고 늘 민감한 감수성을 지녀야 한다. **세상이 규정하는 한계를 박차고 자신의 잠재적 가능성을 무궁하게 키우려는 사람이 읽는 책**이 교양도서이다.

2. 교양도서는 어떻게 읽어야 하는가

책읽기가 익숙하지 않다면

교양도서 읽는 법은 기실 다른 분야의 책읽기와 어슷비슷하다. 교양도서가 모든 갈래의 책을 다 포함하기 때문이다. 단지 난이도에서 그 분야의 지식을 독자가 좀 더 쉽고 재미있게 이해하도록 배려한 책이라 상대적으로 잘 읽힌다는 특징이 있다. 혹시 이 특징을 우습게 여긴다면 생각을 고쳐야 한다. 자고로 쉽게 쓰기란 얼마나 어려운 법이던가! 전문가끼리는 충분히 알아듣는 이야기를 수준이 다양한 독자가 두루 이해하게 하려면 몇 곱절의 노력이 필요하다. 그러니까 전문가끼리는 전문용어로 의사소통을 원활히 했는데, 이를 쉬운 말로 번역해 유통해야 한다는 부담이 있다는 뜻이다. 한마디로 교양도서는 쓰기는 어렵고 읽기는 쉬운 책이다. 그래서 교양도서 읽는 법을 잘 익혀놓으면 각 분야의 전문도서를 읽는 데 큰 도움이 되게 마련이다. 본디 기초에 해당하는 영역을 잘 다져놓으면 더 높은 수준에서 요구하는 과제를 잘 해결할 수 있는 법이다.

짚고 넘어갈 점이 하나 있다. 교양도서를 읽는 사람은 두 부류일 가능성이 크다. 하나는 중고등학교 때 책을 충실히 읽어서 대학교 이상 수준의 지식을 쌓는 첫 단계로 교양도서의 영역으로 진입한 경우다. 이런 독자는 문제가 없다. 기실 청소년 교양도서는 일반 교양인을 위한 입문서로서도 손색이 없다. 양을 줄이고 구체적이고 현실적인 사례를 들어 좀 더 쉽게 읽도록 배려한 정도라 보면 된다. 그러니 이런 책을 꾸준히 읽어왔다면 일반인을 위한 교양도서 읽기가 어려울 리 없다.

문제는 그동안 책을 읽지 않다가 갑자기 교양도서를 잡는 경우다. 고질적인 입시경쟁 탓에 중고등학교 시절 책읽기를 강제로 중단당하는 일이 많은지라 대학에 들어와 비로소 독서에 관심을 기울이는 상황을 자주 목격한다. 이런 상황에서는 제일 중요한 게 **자신감**이다. 그동안 책을 읽지 않았다고 해서 문제가 되지는 않는다. 기본적으로 학교생활이나 사회생활을 성실하게 하고 내가 사는 공동체에 관심을 기울이며 자신의 내적 고민을 주제로 사유해왔다면, 설혹 처음에는 어렵게 느껴지더라도, 계속 읽어나가다 보면 이해의 지평이 열리게 마련이다. 그리고 아무리 공교육에 문제가 많다 하더라도 고등학교 수준까지 공부해왔다면, 그 지식의 폭과 양이 대단하기 마련이다.

다음으로는 **책 읽는 습관이 몸에 배게 하는 것**이다. 그 방법은 '공부의 신'이 말해주는 것과 거의 비슷하다. 그들은 일정한 시간을 반드시 고정해 공부하는 버릇을 들여야 한다고 강조한다. 시작은 1시간 동안 몰입해서 공부하기. 양승진은 《일단, 오늘 1시간만 공부해봅시다》에서 "새로운 습관을 형성하거나 기존 습관을 바꾸려면 일정 기간 같은 행동을 반복해야 한다."라며 "1시간 학습을 궤도에 올리기 위해서라도 공부하는 '습관'을 형성하는 쪽으로 전략을 세워야 한다."라고 했다. 책읽기도 마찬가지다. 통으로 한 시간 정도 내어 책 읽는 버릇을 익혀야 한다. 연암 박지원도 같은 뜻의 말을 했으니, "독서의 방법은 일과(日課)를 정하는 것보다 좋은 것이 없고, 질질 끄는 것보다 나쁜 것이 없다. 많이 읽으려고 욕심내지 말고, 속히 읽으려고도 하지 말라. 몇 줄을 읽을지 정하고 횟수를 정해놓고 날마다 읽어

나가라."고 했다.(《오직 독서뿐》, 235쪽)

한꺼번에 한 시간을 내기 어렵다면 합해서 한 시간 이상을 마련해보는 것도 방법이다. 통학이나 통근하는 시간, 친구 기다리는 시간 같은 짬을 잘 활용하면 좋다. 교사이면서 철학 저술가인 안광복은 직장인으로서 독서 시간을 마련하는 요령을 말한 바 있다. 출근길 30분, 퇴근길 30분으로 합하여 1시간, 점심시간과 자율학습을 감독하는 30분, 보충수업하기 직전에 남는 30분, 집에 돌아와 변기에 앉아 읽는 20분. 이렇듯 자투리 시간만 모아도 하루에 두 시간을 훌쩍 넘으니 1시간 내기는 어렵지 않을 테다.(《책읽기의 달인, 호모 부커스 2.0》, 24-25쪽 참조)

상황마다 집중도가 다르니 여러 권의 책을 준비하면 좋다. 대중교통을 이용할 때 읽을 만한 책, 친구 기다리면서 읽는 책, 잠자리에 들기 전 읽는 책처럼 말이다. 스마트폰이 일상화했으니, 전자책을 활용하는 것도 방법이다. 에세이나 무협지 같은 길이가 짧거나 흥미 위주의 책은 전자책으로 읽어도 무방하다. 안광복은 이런 책읽기를 일러 주의력결핍과잉행동장애(ADHD)식 독서법이라 이름 지었다. "앉아서 보다가 누워서 읽고, 배를 깔고 읽다가 몸을 뒤집어 천장을 바라보고" 읽는데, 그때마다 읽는 책이 바뀌니 소설을 읽다가 역사책으로, 다시 수학책으로 갈아탔다가 나중에 보니 미술책을 들고 있더란다.(《책읽기의 달인, 호모 부커스 2.0》, 21쪽)

누구든 책을 읽다가 도통 무슨 말인지 몰라서 중단한 적이 있을 테다. 왜 그랬을까 되짚어보자. 일단 자신의 지적 수준보다 어려운 책을 고른 것이 원인일 가능성이 크다. 누구든 어려운 책을 읽을 적에는 힘들다. 귀신 씻나락 까먹는 듯한 소리를 읽으며 재빨리 그 의미를 간파하는 것은 누구에게나 어려운 일이다. 책읽기에서 중요한 것은 **자신의 수준에 맞는 책을 골라야 한다**는 점이다. 특히 아직 책읽기가 습관이 되지 않았다면 재미의 비중을 늘려야 한다. 《논어》에 "어떤 사실을 아는 사람은 그것을 좋아하는 사람만 못하고, 좋아하는 사람은 즐기는 사람만 못하다."라는 말이 나온다. 반드시 새겨들을 말이다. 재미있으면 즐길 수 있고, 그러다 보면 자신도 모르게 좋아하게 되고, 그러다 보면 앎이 늘어나게 마련이다. 즐겁게 읽을 만한 책으로 무엇이 있을까? 나는 과감하게 만화책을 읽으라고 권한다.

만화책이라 하면 어릴 적이나 읽고 나이 들어서는 심심파적으로 읽는 거라 여기는 경향이 있는데, 이런 편견을 깨는 놀라운 책이 있다. 몇 권을 소개하자면 이렇다. 먼저 《어느 아나키스트의 고백》이다. 글 작가와 그림 작가가 협업한 책인데, 주인공이 글 작가의 아버지다. 전기적 사실을 바탕으로 그린 만화인데, 스페인 내전이 시대 배경이다. 1936년 좌파를 중심으로 한 인민전선이 총선에서 승리하자 기득권 세력은 프랑코 장군을 앞세운 쿠데타로 상황을 역전시키려 한다. 내전이 일어나고 인민전선이 수세에 몰리자 전 세계의 양심 세력이 참전하여 국제전 양상을 보이기까지 했다. 가난과 폭력을 피해 도시로 도망 온 주인공 안토니오는 이 과정에서 아나키스트가 되고, 의용군에 가담해 전투에 나선다. 하지만 역사는 늘 정의로운 편의 손을 들어주지는 않는다. 소련 공산당의 개입으로 인민전선은 분열하고, 갈등한다. 안토니오는 아나키스트 정체성에 혼란을 겪고 전투에서도 패배해 프랑스로 넘어가지만 홀대받는다. 수용소를 탈출해 고국으로 돌아왔지만, 상실감을 극복하지 못하고 현실에 타협한다. 그는 더는 아나키스트가 아니다. 가정을 위한다는 빌미로 악행도 서슴지 않는다. 감동적인 것은 이 만화가 주인공을 영웅시하지 않고 삶의 영욕을 그대로 까발린다는 점이다. 이 책이 주는 감동과 재미는 특히 조지 오웰이 쓴 《카탈로니아 찬가》와 비교해 읽을 때 증폭된다. 오웰은 스페인 내전에 직접 참전하여 중상까지 입었는데, 그때의 경험을 바탕으로 이 논픽션을 썼다. 인민전선 내부의 갈등을 묘사한 대목을 비교해 읽으면 《어느 아나키스트의 고백》을 한낱 만화라며 평가절하할 수 없다는 점을 인정할 터다.

그래픽노블이라 하여 문학성과 예술성을 두루 갖춘 만화책의 전범이 《어느 아나키스트의 고백》인 바, 이런 부류의 다른 작품으로 크레이그 톰슨의 《담요》와 《하비비》를 적극적으로 추천한다. 국내 작가로는 윤태호의 《미생》, 최규석의 《송곳》 같은 장편만화가 돋보인다. 논픽션 분야로는 조 코의 《팔레스타인》《팔레스타인 가자 지구 비망록》《저널리즘》 등이 탁월하다. 원작을 만화로 옮긴 책으로는 고우영의 《삼국지》, 이두호의 《객주》 등이 높은 평가를 받았다.

지식만화는 국내 책이 좋은 경우가 많다. 개인적으로 흥미롭게 읽은 지식만화책은 《쿤의 과학혁명의 구조》이다. 이 책은 토머스 쿤이 쓴 그 유명한 《과학혁명의 구조》의 핵심을 설명해줄 뿐만 아니라, 쿤의 삶과 시대 상황, 《과학혁명의 구조》를 둘러싼 논쟁을 자세히 소개해주었다. 이 만화책 한 권으로 참고도서 열 권의 핵심을 다 읽은 듯한 효과가 있다는 뜻이다. 흥미롭게 읽은 대목은 쿤이 영향을 받은 학자와 논쟁한 학자를 소개한 부분이었다. 쿤은 가스통 바슐라르에게서 과학이론의 발전에 단절이 있다는 점을 배웠다. 마이클 폴라니의 암묵지이론에도 영향을 받았는데, 암묵지는 몸으로 익힌 앎, 어떤 노하우(비결) 같은 형태의 지식을 말한다. 베르너 하이젠베르크와 칼 포퍼는 쿤의 비판자였다. 하이젠베르크는 양자역학의 활용 범위가 확장되었지만, 인공위성이나 유체역학에서는 여전히 뉴턴역학을 활용하고 있다고 지적했다. 포퍼는 진정한 과학은 언제든지 반증을 견뎌낼 수 있어야 한다고 보았다. 그런데 쿤의 정상 과학은 어떤 비판도 없는 지적 활동기를 가리키는 말이 되고 만다고 비판했다.

읽어볼 만한 지식만화책으로는 조진호의 《그래비티 익스프레스》《게놈 익스프레스》와 정창훈과 유희석의 《갈릴레이 두 우주 체계에 대한 대화》가 있다. 외국 작가로는 래리 고닉의 《세상에서 가장 재미있는 세계사》를 비롯해서 물리학, 화학, 통계학, 대수학 등이 있다. 지식만화책은 청소년용으로 기획된 시리즈가 많은데, 편차가 있기는 하나 두루 흥미롭게 읽어볼 만하니, 가벼운 마음으로 도전하기 바란다.

교양도서를 읽기 시작했는데, 만약 생각보다 어렵다면 어떻게 해야 할까? 이름난 책벌레들이 권하는 방식은 끝까지 다 읽어보라는 것이다. 아직 독서력이 낮은데 한방에 이해하려 드는 것은 오만이다. **훑어보는 것**이 하나의 대안이다. 모르는 부분은 표시해놓으면서 끝까지 읽어나가면, 대강 이해하게 되는 경우도 잦다. 특별히 달리 말하자면, 덧붙인다면, 요약하면, 그러므로 등속에 이어지는 단락을 주목해서 읽으면 핵심 내용을 이해하는 데 도움이 된다. 그렇다고 다 읽고 나서 곧장 다시 읽어볼 필요는 없다. 그 책을 이해하는 데 길잡이가 될 법한 다른 책을 먼저 읽고 다시 읽는 게 좋다. 배경지식을 쌓은 다음에 도전하면, 이미 책의 윤곽은 알고 있는지라, 훨씬 빠르고 쉽게 읽어나가면서 첫 번째 읽었던 때와는 달리 깊게 이해하게 된다.

책 읽는 속도를 고민하기도 한다. 독서력이 낮으면 속도가 상대적으로 떨어지게 마련이다. 그렇다고 속독법을 익힐 필요는 없다. 책을 빨리 읽는다는 것은 읽는 이가 아는 게 많아 책에 나온 내용을 잘 이해해 술술 읽어나간다는 뜻이다. 독서 경험이 풍부하면 이미 다른 책에서 읽은 내용이 나올 때 건너뛰기도 하는지라 빨리 읽는 것처럼 보인다. 책 읽는 속도를 높이는 가장 현명한 방법은 책을 꾸준히 읽는 것이다. "씌어진 구절의 주제에 대한 독자의 선행지식이 풍부할수록 속독이 쉬워진다."는 피터 컴프의 말을 기억해두자.

본문을 읽기 전에 필요한 독법

영어에 '소포머(sophomore)'라는 낱말이 있다. 사전을 찾아보면 대체로 대학교 2학년이라는 뜻으로 쓴다. 1학년인 프레시먼(freshman)보다는 더 성숙하고 현명하다는 의미가 내포되었다. 그런데 이 낱말에는 또 다른 뜻이 있다. 현명하기는 하되, 어리석다는 의미로도 쓴다고 한다. 모티머 J. 애들러에 따르면 제대로 읽지 않아 지식과 어리석음을 동시에 지니는 사람이라는 말이라는데, 책을 엄청나게 읽어댔으나 요령 없이 읽은지라 안타깝게도 여전히 멍청한 사람이라 보면 된다.

밑 빠진 독에 물 붓기로 읽는다면, 얼마나 억울한가. 볼거리도 놀거리도 널려 있는 세상에서 가장 어렵고 힘든 책읽기에 시간을 바쳤는데, 효과가 없다면 얼마나 허망한가. 그러니 요령을 익혀야 한다. 축구의 룰이나 작전을 모르고 축구를 하거나 즐길 수는 없다. 굴러온 공을 마구 차거나, 골이 들어갔을 때 환호하는 것으로 충분하다면 할 말이 없다. 하지만 기본적인 룰이나 작전을 알고 경기하거나 관람하면 즐거움은 배가 된다. 책읽기도 마찬가지다.

독서에서 가장 경계해야 할 바는 속도전이다. 전광석화로 책을 읽어버리겠다고 하면, 그 독서는 결국 아무런 도움이 되지 않는다. 일종의 예열이 필요하다. 가장 먼저 **책제목을 읽으면서 그 책의 전체 주제를 짐작해보아야 한다.** 유발 하라리의《21세기를 위한 21가지 제언》이 무슨 주제를 다룬 책일지 제목을 보면 명확하다. 오늘 인류가 맞이한 위기 상황을 21가지로 나누고 그 현상과 원인, 대책을 논의하고 있을 것이다. 마이클 샌델이 쓴《돈으로 살 수 없는 것들》은 제목만 보아도 오랫동안 공공적 가치가 우선된 영역마저 시장 논리로 해석하는 신자유주의적 사고를 맹렬하게 비판하겠다는 의지가 엿보인다.

제목이 추상적이고 직관적이면 부제목을 단다. 이때 부제목은 책의 주제를 함축하기 마련이다. 대니얼 카너먼이 쓴《생각에 관한 생각》이라는 책이 있다. 제목만 보면 내용을 짐작하기 어렵다. 사람의 뇌에서 일어나는 생각의 메커니즘을 고찰한 책, 아니면 일상적으로 고민하는 것을 성찰한 내용을 담은 책? 아니다. 부제목을 보면 그 주제를 명확히 알 수 있으니, '300년 전통경제학의 프레임을 뒤엎은 행동경제학의 바이블'이라 되어 있다. 물론 300년 동안 세계를 지배한 경제학의 내용이 무엇인지 모르거나, 행동경제학이 무엇인지 파악하지 못했다면, 내용을 정확히 짐작하기는 어려울 거다. 하지만 주류 경제학에 반기를 든 새로운 경제학에 관한 내용이라는 점을 얼추 알 수 있다. 그렇다면, 이 책의 첫 장을 열면서 남다른 기대를 품게 마련이다. 그토록 오랫동안 세상을 지배한 주류 경제학을 어떤 근거로 논파해나갈지 궁금해지기 때문이다.

리하르트 다비트 프레히트가 쓴《사냥꾼, 목동, 비평가》는 정말 제목만 보고서는 무슨 책인지 알 도리가 없다. 다만 교양이 풍부한 사람이라면, 이 제목이 마르크스가 꿈꾼 이상향, "아침에는 사냥하고, 낮에는 고기를 잡고, 늦은 오후에는 가축을 몰고, 저녁 식사 후에는 비평을 하는" 총체적 삶이 가능한 세계를 말한 대목에서 따왔다는 것을 눈치챌 수도 있다. 이 책의 부제는 '디지털 거대 기업에 맞서 인간적 삶을 지키는 법'이다. 프레히트는 묻는다. 지금 우리는 과연 디지털 혁명 덕에 유토피아로 가고 있는가, 라고. 오히려 이 시대는 디지털 거대 기업의 독점으로 상당한 문제를 양산하면서 디스토피아로 가는 것은 아닌가? 더욱이 이 책의 부제목은 문제의식만 강조하지 않고 구체적 대안도 제시한다는 강한 인상을 풍기고 있다.

제목이나 부제목만으로는 그 책이 다루고자 하는 내용을 정확히 이해하기 어려울 수도 있다. 그러면 **책 뒷면에 있는 글귀를 눈여겨보면 된다**. 여기에 보통 저자나 번역자의 글에 나온 책의 핵심 내용을 옮겨놓는다. 이종환의《플라톤 국가 강의》는 제목만 보면 플라톤의《국가》를 해설한 책으로 짐작하기 십상이다. 그런데 뒤표지를 보면 이 책의 특징이 확연히 드러나는 바, 그 내용의 일부를 소개하면 다음과 같다.

> 이 책은《국가》의 총체적인 면을 이해하기 위해《국가》를 문학이라는 형식에 주목해서 읽어보고자 하는 시도이다. 실존했던 인물들이 등장해서 토론을 펼치는《국가》의 문학적인 형식은 작품이 전하고자 했던 철학적 메시지를 가장 효과적으로 전달하기 위해 기획된 것이다. … 이 책과 함께《국가》의 등장인물들이 각자 어떤 의도로 논변을 펼쳐나가는지 하나하나 따져 읽다 보면 지혜를 '소유'하는 것을 넘어서 '사랑'한다는 것이 무엇인지, '철학함'이란 어떤 것인지를 느낄 수 있을 것이다.
>
> 《플라톤 국가 강의》, 이종환, 김영사, 2019.

그동안《국가》를 '정의란 무엇인가'를 놓고 논쟁을 펼치는 가운데 이상국가의 청사진을 제공하는 정치철학으로 해석한 책이 많았다. 그 유명한 이데아를 설명하는 형이상학적 작품으로 설명한 책도 있었다. 이 책은 이와 달리 등장인물의 대화 맥락과 삶의 궤적, 아테네의 역사라는 세 겹의 눈으로《국가》를 해석해보았다고 말한다. 이 내용을 알고 읽느냐 아니냐에 따라 책을 이해하는 데 큰 차이가 날 것이 뻔하다.

책장을 넘기면 나오는 첫 번째 항목이 저자의 서문이다. 무엇을 주제로 삼고 어떤 관점에서 썼는지, 저자의 필력이 어느 정도인지 알고 싶다면, 당연히 **서문을 읽어보아야 한다**. 만약에 정보 없이 서점에 나가 눈에 띄는 책을 손에 들었다 치자. 과연 내가 읽을 만한 책인지, 평소 관심 있는 주제를 다루고 있는지, 아니면 관심 없었는데 관심 가게 하는지, 저자를 믿고 살 만한 책인지를 감별하는 데 서문만큼 중요한 것은 없다. 저자마다 다르겠지만, 대체로 서문은 전체 원고를 다 마치고 쓰는 경우가 잦다. 그만큼 온정성을 들여 책의 핵심 사항을 저자 스스로 밝혀내는 부분이라는 뜻이다. 배병삼이 쓴《한글세대가 본 논어》의 서문을 보자. 입때껏 말한 서문의 장점이 고스란히 배어 있다.

여기서 나는《논어》를 경전(The Book) 아닌 하나의 고전(a Book)으로 읽었다. 그 결과물로서의 이 책은 다음과 같은 몇 가지 점에 유의하고 있다.

첫째 논어를 '오늘날 우리말'로 읽고 해석하였다. 이 책은 "2000년대 초반 서울"이라는 해석의 시공간을 벗어나지 않는다. 한글세대인 '나' 앞으로 논어를 끌어와서 읽으려 했다(이 점에 주의하여 책제목을 '한글세대가 본 논어'라고 붙였다). 그러므로 이 책은 '오늘날 우리말'로《논어》를 읽으려는 사람들에게 도움이 되길 바란다. 그렇다고 이것이 그들을 '위하여' 쓴 책은 아니다. 즉 오늘날 독자 대중의 입맛에 맞추려고 안달하지 않는다. 실은 '고전일수록 오늘의 관점으로 해석되어야 한다.'는 번역에의 욕구와, '해석이라는 이름으로 고전이 몸을 팔 수는 없다.'는 기품 유지의 욕구 사이에서 글은 요동쳤고 또 꽤 힘이 들었다. 그 요동친 흔적들이 여기저기 남아 있으리라.

둘째, 정치학적 입장에서 읽고 썼다. 나는 기본적으로 정치학 전공자다. 내 학문적 입장은 서구로부터 끊임없이 수입되지만, 얼마 지나지 않아 폐기되는 '학문적 렌즈(방법론, 관점)'들이 수입 가격에 비해 효용성이 떨어진다는 판단 위에 서 있다. 그리고 동시에 해방 이후 이 땅에서 수행된 사회과학 연구의 근본 문제는 연구 대상인 "우리네 모듬살이의 바탕을 되짚어본 적이 없다."는 데 있다고 믿었다. 이에 우리 전통적 모듬살이를 틀 지은 바탕으로서의《논어》를 정치학적 입장에서 살펴봐야 한다는 생각으로 이 작업에 임했다. 그러므로 이것은 '21세기/한국땅/정치학'이라는 세 좌표축 위에 시점을 고정해놓고 공자와 이야기 나눈 결과물이기도 하다. 그러므로 특별히 정치적 주제를 다루는 곳에서는 자못 해설이 길어지는 경우가 있을 것이다.

셋째,《논어》를 일관된 체계로 읽으려고 노력하였다. 다산 정약용의 표현을 빌리자면, "경전을 경전으로써 해석한다.", 즉 이경증경(以經證經)의 방법론을 썼다. 공자 스스로 말하였듯 자신의 삶과 생각에는 '일관된 맥락(일이관지: 一以貫之)'이 있다고 하였던 만큼, 논어 전체를 관통하는 맥락을 추적하려고

> 노력하였다. 그러므로 각 장절을 해설함에 있어 각각 그 독립된 의미에 주목하되, 동시에 《논어》 전편 속의 맥락, 나아가 기타 고문헌들에도 주의를 게을리하지 않았다. 그래서 각 장을 해설하면서 그것과 연관되는 대목들을 따로 지적해두려고 애썼다.
>
> 《한글세대가 본 논어 1》, 배병삼, 문학동네, 2002, 13~14쪽.

《논어》를 번역하고 해설한 책은 넘쳐난다. 그런 가운데 굳이 배병삼의 《한글세대가 본 논어》를 읽어야 할 이유는 어디에 있을까? 우리는 오랫동안 한자 문명권에 들어 있었다. 그러다 보니 동양고전은 번역 없이 원문으로 읽어야 한다는 분위기가 팽배했다. 하지만 해방 이후 한문은 위력을 잃었고 제도 교육에서는 한글 전용으로 교육해왔다. 동양고전이 발신하는 메시지는 이제 수신자를 잃어버렸다. 한문을 이해하는 능력이 현격히 떨어지면서 그 의미와 가치를 이해하는 데 어려움이 커졌던 셈이다. 배병삼은 이 문제를 내세웠다. 오늘날 우리말로 《논어》를 읽으려는 사람에게 도움이 되고 싶었다는 말은, 한글세대도 충분히 이해할 만큼 오늘의 언어로 번역하는 데 공을 들였다는 뜻이다. 실제로 읽어보면 한문을 모르더라도 내용을 이해하는 데 어려움이 없도록 유려하게 번역되었다는 점을 인정할 터다.

그동안 《논어》는 동양철학을 전공한 교수들이 주로 번역했다. 그 자체가 문제될 리 없다. 그런데 동서양의 고대 철학은 기본적으로 통치 철학이다. 그런 점에서 배병삼이 제격이다. 정치사상을 전공한 학자로서 《논어》를 정치학적 관점에서 분석하고 해설하니까 말이다. 그의 《한글세대가 본 논어》가 기존의 《논어》와 다른 점이 서문에서 확인된다.

번역서는 **번역자의 후기를 읽어보면 좋다**. 거의 팝스타 수준으로 인기 있는 철학자로 슬라보예 지젝이 있다. 워낙 다작하는 데다 난해하지만 거침없는 입담에 시의적절한 발언으로 명망을 누린다. 그가 쓴《천하대혼돈》이라는 칼럼집은 국내 독자가 읽어내기에는 낯선 면이 있다. 전 세계 차원에서 벌어지는 문제 현상에 일일이 딴죽을 걸고 나름대로 해법을 제시하니, 국내 문제에 관심이 치중된 독자가 미처 알지 못하는 이야기가 제법 나와서다. 하지만 이 오지랖 넓은 철학자 덕에 오늘 우리가 사는 세계에서 벌어지는 온갖 문제를 일별하는 장점이 있다. 책의 상당 부분을 세계의 혼란상을 다루는 데 할애하는데, 마지막에서 이 혼란이 새로운 세계 질서를 낳으려는 진통이자 징조라며 대안을 제시한다.

하지만 읽기 전 이런 내용을 간파하기는 어렵다. 난삽한 글을 말끔하게 우리말로 옮긴 번역자가 쓴 아래와 같은 후기를 보면, 이 책의 가치를 알게 되고 한번 도전해보고 싶은 마음이 든다.

> 그가 건드리는 주제 역시 현대 정치와 문화 현상 가운데 논란거리가 될만한 것으로 이민, 반유대주의, 미국과 유럽의 정치 현안, 중국 문제, 기후변화, 사회주의 등 가히 지구촌 이슈를 망라한다. '천하대혼돈'이라는 제목도 다양한 전 지구적 문제의 혼란상에 개입하는 지젝의 '이슈메이커' 면모를 여실히 드러낸다. … 따라서 지젝이 레닌의 오래된 질문으로 돌아가, 무엇을 할 것인가 다시 묻고, 천하대혼돈은 곧 형세대호라고 본 마오쩌둥의 오래된 지혜를 되새기며, 자본주의국가의 철폐를 꿈꾼 마르크스의 슬로건으로 돌아가자고 외치는 일은 우연이 아니다. 지젝의 입장은 정통 마르크스주의 정치학으로 돌아가자는 회귀의 논리가 아니다. 트로츠키의 재발견을 입에 올리고 현대 자본주의 체제가 지닌 구조적 모순의 핵심으로 돌아가 군산복합의 새로운 디지털 감시 체제에 저항하자고 주장하듯, 지젝의 정치학은 국가간 체제를 근간으로 하는 전 지구적 자본주의의 해체이다. 보편적 인권을 상기하고 기후위기의 긴급함을 호소하며 포퓰리즘에 반대하는 국제적 연대를 설파하는

이유 역시 바로 이러한 급진적 보편주의에서 나온다.

《천하대혼돈》, 슬라보예 지젝, 강우성 옮김, 경희대학교 출판문화원, 2020, 251~253쪽.

가장 빛나는 문장으로 책의 주제 의식과 지향점을 짐작했다면 다음으로는 **목차를 꼼꼼하게 살펴보아야 한다**. 아무리 두꺼운 책이라도 내용을 요약할 수 있다. 그 요약의 마지막 단계가 바로 목차라 보면 된다. 거꾸로 목차는 압축 파일이라 할 수 있다. 본문으로 가면서 그 압축 파일이 풀리며 내용이 펼쳐져 나오니 말이다. 그러니 목차는 책을 이해하는 데 쓸모 있을 뿐 아니라 만약 책을 쓴다면 어떤 식으로 설계해야 할지 미리 익히는 데 여러모로 좋다.

국내에서만 2백만 부가 팔리면서 공전의 히트를 친 마이클 샌델의 《정의란 무엇인가》의 목차를 보자.

《정의란 무엇인가》, 마이클 샌델, 김명철 옮김, 와이즈베리, 2014.

목차를 얼핏 보면 정의를 주제로 한 서양철학의 사조를 나열한 듯하지만, 그렇지 않다. 샌델은 정의를 둘러싼 서양 윤리학을 변증법적 구조로 치밀하게 구성해놓았다. 먼저 변증법의 정(正)에 해당하는 것은 공리주의다. 이에 대한 반(反)으로 제기한 것은 자유지상주의와 칸트와 롤스로 대표되는 공평주의다. 그러고 나서 자유지상주의와 공평주의의 대립점과 논쟁점을 드러내고 있다. 마지막으로 합(合)으로 내세운 것이 아리스토텔레스로 대표되는 공동체주의다.

《정의란 무엇인가》가 널리 읽힌 이유 가운데 하나는 구체적 사례를 놓고 벌이는 철학 논쟁을 흥미롭게 풀어 설명했기 때문이다. 그런데 내용에만 빠지면 책의 구조를 알지 못해 더 진지하면서도 재미있게 읽어내지 못한다. 이 책을 서로 다른 윤리학끼리 벌이는 일대 논쟁으로 읽을 적에 흥미는 배가 된다. 더욱이 샌델은 정의를 둘러싼 여러 관점을 소개하는 데 그치지 않는다. 그가 대안으로 공동체주의를 내세운다는 점을 기억할 때와 그렇지 못할 때 핵심을 이해하는 데 큰 차이가 나게 마련이다.

《진화한 마음》의 목차를 살펴보면, 이 책을 어떻게 읽으면 좋을지 간파할 수 있다.

《진화한 마음》, 전중환, 휴머니스트, 2019.

목차를 보면 이 책은 진화심리학의 모든 것을 다룬, 백과사전이라 할 만하다. 진화심리학의 거의 모든 분야를 망라했고, 이를 단순 나열하지 않고 주제별로 묶어놓았다. 목차를 보며 퍼뜩 떠오른 《진화한 마음》 사용법은 이렇다. 먼저 1부 진화심리학의 토대를 꼼꼼하게 읽는다. 진화심리학을 이론적 측면에서 설명했으니, 이 대목을 읽지 않으면 다른 부분을 제대로 이해하기 어려울 테니 말이다. 그러고 나서 각 부에 있는 글 가운데 입맛에 맞는 것만 골라 읽는다. 나중에 다른 주제를 더 알고 싶다면 목차를 보고 그 부분을 찾아 읽는다. 어떤 책은 단번에 끝까지 읽을 필요가 없다. 필요할 적에 꺼내 읽고 참고해도 된다. 이런 책 사용법을 제대로 활용하려 해도 목차를 꼼꼼히 읽어둘 필요가 있다.

본문은 분석하며 읽자

입때껏 한 말은 결국에는 본문을 제대로 이해하기 위한 준비운동이었다. 모티머 J. 애들러는《생각을 넓혀주는 독서법》에서 본문을 읽어나가는 방식을 '분석하며 읽기'라 이름 붙였는데, 상당히 적절하다. 그는 분석하며 읽기 방법으로 먼저 저자가 쓴 **핵심 열쇳말을 찾아 어떤 의미로 썼는지 파악해야 한다**고 했다. 철학 관련 도서를 읽을 때는 이 점이 꽤 중요하다. 예를 들어 유가 철학을 다룬 책을 읽는다 치자. 자주 나오는 단어로 충(忠)이 있는데, 흔히 충성이라고 생각한다. 하지만《논어》에서는 이 단어를 대체로 '충실'이라는 의미로 쓴다. 충이 충성의 의미를 강하게 띠는 것은《순자》부터이고,《한비자》에서는 거의 충성의 뜻으로 쓴다. 분명히 공자나 맹자는 충을 충실의 의미로 쓰고 있는데, 이를 정확히 파악하지 않고 관성대로 읽는다면, 내용을 정확히 이해하지 못할 터다.

《중용》의 성(誠)을 어떻게 번역할 것인가 하는 문제도 눈여겨보아야 한다. 일반적으로는 성실이라 옮기지만, 최근에는 진실이나, 진정성으로 옮기기도 한다. 그런데 더 파격적인 경우도 있으니, 로저 에임스와 데이비드 홀은 '창조성'으로 번역했다. 그 이유를 두고 이들은 "표리부동하지 않다는 의미의 sincerity와 건강한 전체라는 의미의 integrity는 반드시 건실하게 되어가는 혹은 전체가 되어가는 과정을 포괄해야 한다. 전체가 되어가는 심미적 역동성이야말로 창조 과정이 의미하는 것이다."라고 말했다. (《일상사에 초점 맞추기》, 51쪽) 당장 이 말이 무슨 뜻인지 몰라도 된다. 그래도 본문에서 성을 창조성이라 번역하며 풀이한 대목은 바짝 긴장해서 주의 깊게 읽어보아야 한다. 책의 가장 빛나는 부분을 만나는 순간이기도 하며, 만약 이해했지만 동의하지는 않는다면 비판적 읽기가 시작되는 대목이니까 말이다.

모티머 J. 애들러는 다음으로 **중요한 논증 구조를 찾으라**고 했다. 본문 읽기에서 가장 핵심적인 사항이다. 저자는 어떤 현상을 예리하게 관찰하고, 원인을 분석하며, 그것을 바탕으로 새로운 무엇인가를 내세우고자 한다. 그러니 본문을 읽는다는 말은, 저자가 무엇을 주장했고, 그것을 어떻게 뒷받침했는지 분석한다는 뜻이다.

재레드 다이아몬드의 《총, 균, 쇠》는 각 대륙의 문명권이 왜 서로 다른 속도로 발전했는지 분석했다. 그리고 앞질러 발전한 특정 문명권이 다수의 문명권을 지배했고, 오늘 우리가 목격하는 정치적·경제적 불평등구조를 낳았다는 점을 밝혔다. 흥미로운 점은 총, 균, 쇠를 발전시킨 문명권이 근대 이후 세계를 지배하는데, 이 세 가지를 발전시키는 데 결정적인 역할을 한 것이 농업혁명이었다는 주장이다. 저자는 말한다. "식량 생산을 일찍 시작한 지역의 민족들은 총기, 병원균, 쇠를 발전시키는 방향으로 일찍 출발한 셈"이고 "각 대륙의 민족들이 농경민이나 목축민이 되었느냐 말았느냐, 또 되었다면 그 시기는 언제였는가 하는 지리적 변동은 그 이후 각 민족의 대조적인 운명을 설명해주는 것이기도 하다."라고.

《총, 균, 쇠》는 농업혁명의 시기가 지리적으로 차이 나게 된 것은 운 좋게 가축화나 작물화하기 쉬운 동식물이 있었느냐 없었느냐에 달렸다고 명토 박으면서, 이 주장을 입증하려고 온갖 자료를 다 동원한다. 읽는 이의 처지에서는 이 논증 구조를 파악해야 하는 것은 물론이고, 이 논증이 적절한지도 따져보며 읽어야 한다. 미국의 소설가이자 교육자인 수전 와이즈 바우어는 《독서의 즐거움》에서 분석하며 읽기를 논리 단계 독서라 하며,

그 독서법으로 저자는 왜 이 책을 썼을까, 무엇을 말하고 있고 어떤 근거를 들고 있나, 증명하지 못하거나 논증이 부적절한 대목은 없는가 질문해보라 했다.

끝으로 모티머 J. 애들러는 **해석하라**고 권한다. 책을 덮는 순간, 그 책은 더는 저자의 영향권에 놓여 있지 않다. 오로지 읽는 이의 해석 영역에 들어온다. 읽는 이가 그 의미와 가치를 해석하는 지평에서 비로소 책은 완성된다. 《총, 균, 쇠》를 철저하게 따져 읽었다. 그래서 가축화와 작물화에 유리한 자연조건을 갖춘 곳에서 고대 문명이 탄생했고, 이것이 오늘의 격차를 낳은 원인이 되었다는 데 동의했다고 하자. 그러면 이 주장을 두고 어떤 해석이 가능하겠는가? 다른 무엇보다 특정한 인종이나 국가, 문명권을 겨냥한 혐오를 논박하는 데 상당히 유효한 주장이라는 점을 알 수 있다. 그 인종이나 민족이 잘나고 똑똑해서 오늘의 지배자가 된 게 아니다. 그냥 억세게 운이 좋았을 뿐이다. 지금의 유전 기술로도 코뿔소를 가축으로 길들이지는 못한다. 그 지역에 가축화하기 유리한 야생소나 양이 있었기에 문명 발전의 선편(先鞭)을 잡았을 뿐이다. 그러니 다른 인종, 국가, 문명권을 무시하지 마라!

동양고전에서 배울 만한 분석하며 읽기의 방법이 있다. 맹자가 말한 **이의역지**(以意逆志) **독서법**이다. 이 독서법은 어디에 무게중심을 두느냐에 따라 나뉜다. 먼저 지(志)에 방점을 찍으면 읽는 이의 현재적 관점에서 해석하는 것을 경계하고, 저자가 말하고자 한 바를 정확하게 파악하고 해석하는 것이 우선되어야 한다는 뜻이 된다.

함구몽이 말했다.

"순이 요를 신하로 삼지 않았다는 것은 이제 배워 알았습니다. 《시경》 〈소아〉 '북산'에는 '온 하늘 아래 왕의 땅 아닌 곳이 없고, 땅끝까지 왕의 신하가 아닌 자가 없네'라고 노래했습니다. 순이 이미 천자가 되었는데, 감히 여쭙건대, 아비인 고수를 신하로 삼지 않았다는 것은 어째서입니까?"

맹자가 말했다

"이 시는 그런 뜻이 아니다. '공무에 바빠 부모를 봉양할 틈조차 없다.'는 뜻이다. 그래서 '맡은 일에 왕의 업무가 아닌 것이 없는데, 나 홀로 힘들고 수고롭다.'라며 하소연한 것이다. 그러므로 시를 해석할 때는 단어에 천착하여 구절을 해쳐서는(以文害辭) 안 되고, 구절에 집착하여 그 시의 본뜻을 놓쳐서도(以辭害志) 안 된다. 추리하여 시의 본뜻을 헤아려야(以意逆志) 시를 이해할 수 있다."

맹자, 만장 상편-4,《맹자, 마음의 정치학 2》, 배병삼, 사계절, 2019, 432~433쪽.

맹자와 함구몽이 서로 다르게 해석한 대목은《시경》에 나온 보천지하, 막비왕토(溥天之下, 莫非王土), 솔토지빈, 막비왕신(率土之濱, 莫非王臣)이란 구절이다. 배병삼에 따르면 이 구절을 두고 다양한 해석이 있었다고 한다. 한비자는 "정말 시경의 이 말에 따른다면, 곧 순은 왕궁에서는 주군(요임금)을 신하로 삼았고, 집에 들어와서는 제 아비를 신하로 삼았으며, 제 어미를 첩으로, 주군의 딸을 아내로 삼은 것이다."라고 풀이했다. 순자는 이 구절을 "지고한 천자가 온 천하를 지배하고, 그가 인민의 생활을 편안하게 만드는 것"으로 읽었다. 그러나 이 구절에 이어지는 "대부불균, 아종사독현"(大夫不均, 我從事獨賢 : 대부가 균등하지 못해 나만 종사하게 하여 홀로 어질다 하노라.)를 보면, 맹자의 해석이 타당하니 "일개 '공무원'이 과도한 업무를 하소연하는 문학적 과장"이라는 게 배병삼의 결론이다. 맹자의 지적대로 많은 이가 구절에 집착해 시의 본뜻을 놓친 셈이다. (《맹자, 마음의 정치학 2》, 436-439쪽 참조)

이의역지에서 읽는 이의 의(意)를 강조하면, 주체적 관점에서 저자의 본뜻을 헤아린다는 의미가 강조되니, 다음의 글을 읽어보자.

맹자, 말씀하시다.

"《서경》을 글자대로 다 믿는다면 외려 보지 않는 것만 못하다. 나는 '무성' 편에서 두어 쪽만을 취할 따름이다. 인인(仁人)은 천하에 대적할 자가 없는 법. 지극히 어진 사람이 지극히 불인한 자를 정벌하는 데 어떻게 '피가 흘러 절굿공이를 떠내려가도록' 할 수 있겠더냐!"

맹자, 진심 하편-3, 《맹자, 마음의 정치학 3》, 배병삼, 사계절, 2019, 464쪽.

공맹철학에서 《서경》은 엄청 중요하다. 초월적 신을 인정하지 않은 공맹은 자신의 철학적 주장을 뒷받침하려고 역사를 내세웠기 때문이다. 그런데 맹자가 스스로 《서경》을 다 믿지 않는다면서 꼭 집어 '무성' 편을 들었다. 알고 읽으면 충격적인 부분이다. 배병삼은 다른 기록을 보면 무왕이 한 마리 맹수 같았다고 말했는데, 이를 보면 인용된 구절은 사실에 가까울 것이라 해석한다. 구악을 척결하는 혁명전쟁을 치르는데 어찌 잔혹한 전투 장면이 없겠는가. 그런데 왜 맹자는 이 대목에 시비를 걸었을까? 맹자가 문제 삼는 것은 사실 묘사가 아니라 그 묘사가 역사적 가치를 희석했다는 사실이다. 전투의 참상을 돋을새김하면서 역성혁명의 가치를 가렸다는 뜻이니, "혁명의 역사적 의미를 헤아리지 않으면 아무리 객관적 서술이라도, 역사적 기록으로서 가치가 없다."라는 맹자의 통렬한 지적이다. (《맹자, 마음의 정치학 3》, 467-468쪽 참조)

분석하며 읽기는 지와 의가 팽팽하게 맞서는 상황에서 균형을 잡는 것이라 하겠다. 저자의 본뜻을 정확히 이해하면서도 읽는 이가 주체적이고 비판적으로 읽어내야 하니까 말이다.

교양도서를 읽다가 짜증 나고 곤혹스러운 대목을 만나게 되니, 각주가 그것이다. 본문 읽어나가기도 벅찬데, 주렁주렁 달린 각주를 보노라면, 독서 의욕이 현격히 떨어진다. 전문가도 급하게 읽어야 할 적에는 비슷한 감정을 느낀다. 그래서 책은 서둘러 읽으면 안 좋다고 앞에서 말한 것이다.

책을 읽으면서 부딪히는 난감함 가운데 하나는 독자 스스로 중요 부분이 뜻하는 바를 정확히 이해하고, 한발 더 나아가 비판적으로 읽어야 한다는 요구다. 특히 뒷부분의 요구를 충족하기는 일반 독자 처지에서 보자면 난망하기 짝이 없다. 그래서 필요한 것이 충실한 각주다. 물론 어떨 때는 각주가 본문을 읽는 데 방해가 되기도 한다. 전체 흐름을 파악하지 못하고 제한된 부분에 집중하게 하거나, 지나치게 장황한 설명이 이해를 방해하기도 한다. 그런데도 충실하고 친절한 각주는 한 권의 책을 제대로 이해하고 논쟁점이 무엇인지 파악하도록 이끈다. 그래서 처음에는 각주가 책읽기에 방해가 되지만, 나중에 보면 책을 이해하는 데 든든한 응원군이 된다.

내가 각주 읽기의 즐거움을 느낀 책이 있어 소개하니, 박규태가 옮긴 루스 베네딕트의《국화와 칼》(2008)이다. 먼저 제목에 얽힌 각주를 보자. 본디 베네딕트가 생각한 제목은《우리와 일본》, 출판사 측이 제안한 제목은《연꽃과 칼》이었다. 이 의견을 참고해《국화와 칼》로 제목을 정했다. 그러다 보니 '국화와 칼'에 관한 글을 새로 써야 했고, 그게 이 책의 1장과 12장이란다. 책제목의 상징성을 두고 많은 이는, 국화는 탐미적이고 섬세한 심미주의를, 칼은 군국주의적이고 공격적인 무력 숭배를 뜻한다고 여긴다. 1장에서는 그런 의미가 강하다. 그런데 12장에서 국화는 자신의 정신적 자유를 스스로 제약하는 작위적인 의지를, 칼은 자기 행위에 책임질 줄 아는 이상적인 인간을 상징한다. 상징하는 바가 바뀌었는데도 이를 눈치채지 못하고 관행적으로 해석하는 것을 경계하는 각주이다.

각 장의 첫 번째 각주는 그 장의 내용을 요약해놓았다. 책을 읽고도 내용이 정리되지 않는 독자는 이 부분을 읽으면 윤곽을 잡을 수 있다. 내용이 복잡한 대목은 번역자가 각주에서 요약해서 이해를 높여주기도 한다. 10장의 마지막 각주는 '일본적 덕의 딜레마'에 해당하는 주요 내용을 일곱

가지로 요약했다. 그 일부만 보자면 이렇다. ① 일본인의 덕의 체계는 절대적 원리나 원칙에 입각한 것이 아니므로 일관성이 없다. ② 일본인은 모순을 모순으로 인식하지 못한다. ③ 일본인은 상황 윤리에 지배받는 경향이 많다.

베네딕트의 관점을 비판하는 각주도 흥미롭다. 베네딕트는 온을 기본적으로 변제 의무가 수반되는 빚으로 이해한다. 하지만 온 개념에는 자신이 누군가에게서 받은 온을 직접적인 당사자가 아닌 다른 누군가에게 돌려준다는 관념도 있다. 또한 베푸는 온, 받는 온, 온을 아는 것, 온을 갚는 것 등의 개념도 있다. 이를 보면 베네딕트는 하나의 의무로서만 온 개념을 강조하는 우를 범했다. 일본인의 성 윤리를 다룬 대목에서도 한계가 드러난다. 저자는 일본인의 성에 대한 향락주의적 경향과 메이지 이후 권력이 국민에게 부과한 성 윤리 규범을 살펴보면서 후자가 일본인의 국민성이라 말했다. 그러나 그것이 근대에 들어와 만들어진 전근대적 규범이라는 점은 인식하지 못했단다.

각주를 잘 읽어내면 지식이 풍요로워진다. 본문의 증폭 장치가 각주라 여겨야 한다. 본문을 읽는 데 방해가 되지 않도록 각주를 챙기는 방법이 있다. 각 장을 다 읽을 때까지는 본문만 읽고, 그 장이 끝나면 되돌아가 각주를 하나씩 챙겨 읽어보는 것이다. 마치 소가 거친 여물을 오랫동안 되씹어 소화하듯이 말이다.

토론하고 쓰자

《유튜브는 책을 집어삼킬 것인가》에서 김성우는 러시아의 교육학자 비고츠키의 '내재화'라는 개념을 들어 흥미로운 이야기를 펼친다. 어떤 기능은 아무리 오랫동안 열심히 익혀도 내면화하지 않는다는 개념인데, 실례로 30년 동안 계산기를 두드렸다고 해서 계산능력이 키워지지 않는다는 사실을 들었다. 하지만 같은 시기에 걸쳐 주판을 두었다면 그 사람은 계산 능력이 내재화하면서 암산 실력이 크게 향상되었을 거라 말했다. 책읽기에서 가장 중요한 덕목도 내재화다. 책을 다 읽고 났는데 내용이 기억나지 않거나, 읽은 책을 바탕으로 새로운 작업을 할 때 막막해진 경험이 있을 터다. 내재화가 이루어지지 않은 탓이다.

책을 무턱대고 읽기만 하면 내재화가 이루어지지 않는다. 내재화를 위해서 책을 읽어가는 과정에서 이런저런 일을 병행해야 한다. 그런데 이런 작업이 쉬이 몸에 배지 않는다. 읽기도 벅차다고 느끼는 데다 읽는 속도를 떨어트리기 때문이다. 그래서 이런 현상을 사전에 차단하고 책을 깊이 읽도록 하는 방법으로 읽은 책을 주제로 토론하고, 글을 써보는 것이 좋다.

토론하고 글을 쓰겠다고 마음먹고 책을 읽으면 읽는 방식이 달라진다. 우선 책을 읽어나가면서 중요한 부분에 밑줄을 긋게 된다. 특히 논증 구조를 파악하기 위해 주장과 근거가 무엇인지 표시해놓게 마련이다. 이런 과정에서 저자의 생각에 동조하면 그 이유를, 만약 동의하지 않는다면 비판적인 의견을 적어놓는다. 한 장이 끝날 때마다 내용을 요약해놓아야 하는데, 이 과정에서 책의 핵심을 부분 정리하게 된다. 요약은 각 장을 정리하는 데 그쳐서는 안 되고, 전체 내용을 요약하는 데까지 이르러야 한다. 각 장의 요약을 합친다고 해서 저절로 전체 내용의 핵심을 정리하는 것은 아니기 때문이다. 이 과정에서 생각하고 메모하고 정리하게 되는 바, 이것이 바로 내재화가 이루어지는 과정이다.

수전 와이즈 바우어도 요약의 중요성을 강조했다. 내용을 파악하는 가장 좋은 방식은 자신의 말로 재진술하는 것인데, "내용에 정통하려면 요약해야 한다."고 말했다.(《독서의 즐거움》, 47쪽) 공자가 말한 박문약례(博文約禮)나, 맹자가 말한 "널리 배우고 자세히 설명하는 까닭은 돌이켜 요약하고자 하는 데 있다."도 같은 뜻이다.

특별히 토론을 염두에 두면 스스로 질문을 던지며 읽게 된다. 저자는 무엇을 말했는가, 그것을 무엇으로 뒷받침하고 있나, 저자를 지지하는 다른 책은 무엇이 있나, 그 뒷받침은 적절한가, 저자의 주장에 반대하려면 어떤 근거를 들어야 하나, 이 문제를 두고 이미 논쟁한 책은 없는가, 이 문제의식을 바탕으로 토론해볼 만한 오늘 우리의 문제는 무엇이 있는가 등속을 물어보게 된다. 주자도 일찌감치 "책을 읽을 때 의문이 크면 진보가 크다."라고 했다. 질문하며 읽으면 그만큼 내재화가 잘 이루어지는 법이다.

책을 읽고 나서 쓰는 글로는 크게 독후감과 서평이 있다. 독후감은 책을 읽고 나서 느낀 감정을 1인칭으로 진솔하게 쓰면 된다. 서평은 객관적으로 책을 평가하면 되는데, 무리해서 비판적 관점만 내세우려 하지 말고, 그 책의 장점과 비판할 만한 것을 겸해서 써도 된다. 책을 읽고 나서 글을 쓰겠다고 마음먹으면, 토론하기로 했을 때와 비슷한 과정을 두루 거치면서 능동적으로 읽게 된다. 밀리언셀러인 《미움받을 용기》를 쓴 기시미 이치로도 같은 생각이다. 읽고 나서 글을 쓰면 책 읽는 자세가 확연히 달라지는데, 수동적으로 책 내용을 이해하는 데 그치지 않고 "저자의 사상을 스스로 검증해보거나 저자의 사유에 자극을 받아 스스로 생각"하게 된다고 말했다.(《내가 책을 읽는 이유》, 288쪽)

이런 일련의 과정을 거치면 책 내용을 정확히 파악하고 기억하는 데 큰 도움이 된다. 읽은 책의 핵심을 기억한다는 것은 다른 책을 읽거나 한 단계 더 높은 수준의 책을 읽을 적에 디딤돌이 된다는 말이기도 하다. 그리고 더 중요한 기능이 있다. 언젠가 **읽는 이에서 쓰는 이로 전환**하는 데 바탕 힘이 된다. 김성우는 내재화한 읽기를 통해 "기존에 있는 지식을 엮어서 무엇을 만들어"내고 "새롭게 나의 지식과 지혜로 버무려 발효"해내는지 주목하자고 말했다. 책벌레에 그쳐서는 안 된다. 의미의 수용자에 머물러서는 안 된다는 뜻이다. 궁극에는 의미의 창조자가 되어야 한다. 다시 물어보자. 왜 책을 읽는가? 쓰는 사람, 그러니까 창조적 지성이 되기 위해서다.

3. 나는 어떻게 글쓰는 사람이 되었는가

"남에 대한 감탄과 나에 대한 절망"

이슬아 작가가 쓴 한 칼럼에 나온 구절이다. 이 글귀를 마주하고 한참 회상에 잠겼다. 도대체 내가 무엇이 되어 세상살이를 헤쳐나갈 수 있을지 막막하던, 청년 시절의 절망이 생각나서였다. 재능도 없으면서 들어간 국문과. 거기서 느낀 바가 바로 남에 대한 감탄과 나에 대한 절망이었다. 나만 빼고 다 글을 잘 쓰는 사람만 있었다. 고등학교 시절 전국 단위 백일장을 휩쓸었던 이들이 수두룩했다. 선배들은 아예 동인지를 만들어 스스로 시인이 되었다. 전설 같은 이야기 하나. 평론을 전공하는 교수가 그 동인지 평을 썼더니, 뭘 알고 썼냐고 항의했다는, 믿기지 않는 이야기가 회자할 정도로 명성이 자자한 선배들이었다. 그들은 읽기의 '부르주아'였다. 한국문학은 물론 세계문학과 철학서도 일찌감치 읽어치웠다. 어쩐지, 그러니 잘 쓰지. 나는 읽기에서도 '프롤레타리아'에 불과했다. 문학을 궁핍한 현실에서 벗어나는 한낱 도피처로 여겼던 청년은 절벽을 마주한 심정이었다. 도무지 그들을 닮아가지 못할 성싶었다.

이슬아는 감탄과 절망 사이에 놓인 글쓰기의 심연을 어떻게 건너뛰어 유명한 작가가 되었을까? "재능은 선택할 수 없지만 꾸준함은 선택할 수 있기"에 반복해서 글을 썼단다. 나이 들어 보니 어느 분야나 그 자리에 오른 비법은 성실함이었다. 옛사람은 이 이치를 꿰뚫고 있었다. 《중용》 20장에 다음과 같은 구절이 나온다.

배우지 못한 것이 있어서 배우게 될 경우 익숙하지 않으면 그만두지 말고, 물어보지 못한 것이 있어서 묻게 될 경우 환히 알지 않으면 그만두지 말고, 생각하지 못한 것이 있어서 생각할 경우 확실하게 정리되지 않으면 그만두지 말고, 분별하지 못한 것이 있어서 분별하려고 할 경우 분명하지 않으면 그만두지 말고, 실행하지 못한 것이 있어서 실행하려고 할 경우 독실하게 되지 않으면 그만두지 말 것입니다. 주위 사람이 한 번 해서 잘하면 나는 백 번을 할 것이며 주위 사람이 열 번 해서 잘하면 나는 천 번이라도 할 것입니다. 과연 이 방법을 제대로 한다면 비록 사람이 처음에 어리석다고 하더라도 나중에 반드시 똑똑하게 될 것이고, 비록 사람이 유약하다고 하더라도 나중에 반드시 강건해질 것입니다.

《중용, 극단의 시대를 넘어 균형의 시대로》, 신정근, 사계절, 2015, 264~265쪽.

맞다. 결국은 지극한 성실만이 답이니, 쓰고 지우고 다시 쓰고 찢고 또다시 쓰는 수밖에 없다. 나도 그랬다. 내가 그 절망의 심연을 뒤뚱거리며 겨우 건널 수 있었던 것은 재능이 없다고 포기하지 않고 끊임없이 읽고 떠들고 써댔기 때문이다. 거기에 나에 대한 감탄은 없었고, 오로지 남에 대한 찬탄만이 있었을 뿐이다. 우리 사회는 타고난 것을 너무 높이 평가한다. 그게 전부인 양 말한다. 그러나 공자는 이런 관점에 일찌감치 이의를 제기했다. "어떤 이는 나면서부터 그것을 알고, 어떤 이는 배워서 그것을 알고, 어떤 이는 힘들여서 그것을 알게 됩니다. 세 경우에 차이는 있지만 아는 것은 동일합니다."(《중용》 20장)라고. 어떤 상황이든 배워내면 된다. 물론 공자도 인정한 대로 타고나는 사람은 있다. 하지만 여기에도 함정이 있다. 말콤 글래드웰이 《아웃라이어》에서 말한 1만 시간의 법칙도, 재능에 반드시 성실이 덧붙어야 한다는 뜻이다. 꾸준함이 없다면 타고난 것도 제힘을 발휘하지 못하는 법이다.

왜 글을 쓸까? 돈 벌고 유명해지고 싶어서라고 말하는 사람도 있다. 그러나 오로지 글만 써서 부자가 되는 이들은 극히 적다. 여기까지 생각하면 우울해진다. 그러다 기분이 좋아지는 일이 있었다. 24년이나 카피라이터로 살다가 직장을 때려치우고 글을 써서 먹고산다는 이가 쓴 책 덕분이다. 다나카 히로노부가 쓴《글 잘 쓰는 법, 그딴 건 없지만》. 이 유쾌하고 재기발랄하며 거침없는 입담을 자랑하는 저자는 한마디로 내가 즐거워지려고 쓴다고 말한다. 맞는 말이다. 글쓰고 싶은 욕구는 다른 사람 글을 읽었는데 재미없을 때 솟구치는 법이다. 나 같으면 이렇게 쓰지 않겠다, 이렇게 저렇게 하면 훨씬 더 재미있고 유익할 터다, 이런 마음이 글을 쓰게 한다.

전업으로 글을 써서 먹고사는 사람이 되었으니, 누구나 부러워할 만하다. 특히 조직에 얽매이지 않고 독립해서 사니 얼마나 좋을까, 라고 오해한다. 히로노부는 단호하다. 작가로 유명해지고 싶다는 사람을 자주 만나는데, 글쓰는 직업이 그런 욕구를 만족시키지 못한다고 말이다. 특히 다른 글쓰기 입문서를 보면, 무엇을 썼는지가 중요하다지만, 현실은 다르다는 점을 강조한다. 독자 대부분은 누가 썼는지를 더 중요시한다. 왜 아니겠는가. 이미 유명한 사람의 글을 읽고 싶지, 그 반대 현상은 잘 일어나지 않는다. 그렇다면 반문할 터다. 돈도 되지 않고 누가 읽어주지도 않는데 왜 그 짓을 하느냐고. 저자의 대답은 일관되니, "한밤중에 어두컴컴한 방 안에서 허리 통증을 견디며 키보드를 두드려 글을 쓰고, 자신이 쓴 글에 스스로 조금 웃는 것. 그것이 글쓰는 사람의 생활"이란다. 전적으로 동의한다.

바짝 긴장하고 들을 말도 있다. 글쓰는 능력이 빨리 안 늘어난다고 투덜거리거나 쓰기가 아주 힘들다고 투정 부리는 사람한테 딱 들어맞는 말을 했다. 성공한 기업가의 이야기를 들으면 열 번째 상품에서 겨우 성공했다거나, 회사를 다섯 번이나 말아먹은 다음에야 어렵게 자리 잡은 경우가 많다. 그만큼 실패를 맛봐야 실력이 늘어나는 법이다. 다음은 또 일관성 있는 말. 대체로 성공한 기업인은 자신이 재미있는 분야에 뛰어들었고, 지금껏 없던 것으로 궁극에는 사회에 도움이 되는 제품을 만들어냈다는 것. 히로노부는 말한다. "글을 쓰는 일은 혼자 운영하는 벤처기업과 같다." 전적으로 동의한다.

누가 글을 쓰게 되는가. 두 에피소드를 합치면 된다. 남의 글을 읽으면 감탄하고 내 글을 읽으면 절망하면서도 끝내 글을 쓰는 사람, 그리고 내가 즐거워지려고 기쁜 마음으로 쓰는 사람이다. 지나고 보니, 나도 그랬다!

4. 이제 교양도서에 도전해보자

무릇 어떤 책이든 제대로 읽으려면 지식 세계에서 널리 쓰는 개념을 정확히 이해하고 있어야 한다. 특히 개념은 오늘 우리의 삶과 밀접하게 관련된 주제와도 상관이 있는지라 이를 다룬 책들을 읽어두면 여러모로 좋다. 교양 수준에 눈높이를 맞추면서 두께도 얇은 책이 제법 많이 나왔는데, 책세상의 〈비타 악티바 : 개념사〉가 대표적인 시리즈다.《생태주의》《복지국가》《비정규직》《인권》 등 30가지 주제를 다루었다. 번역서로는 〈교유서가 첫단추 시리즈〉가 좋다. 옥스퍼드대학교 출판부에서 낸 시리즈를 우리말로 옮겼는데, 해당 분야의 권위적인 학자가 참여한 시리즈다.《행동경제학》《포퓰리즘》《인권》 등 40종이 넘게 출판되었다.

비판적 독서라는 말이 있다. 저자의 주장에 동의만 하지 말고 비판적 관점에서 읽고 토론해보라는 주문이다. 옳은 말이나 교양 수준에서는 접근하기 어려운 것도 사실인데, 이를 도와주는 책이 있다. 김영사에서 나온 〈지식인 마을〉로《푸코 & 하버마스 : 광기의 시대, 소통의 이성》《케인즈 & 하이에크 : 시장경제를 위한 진실게임》《쿤 & 포퍼 : 과학에는 뭔가 특별한 것이 있다》 등 40종이 넘게 나와 있다. 일부는 논쟁점보다는 영향 관계를 다루기도 했으니 미리 살펴보고 선택하면 좋겠다.

단행본으로는 개마고원에서 나온《관점 VS 관점》과《과학 VS 과학》이 과학 분야의 논쟁을 이해하는 데 도움이 된다. 우리 근대사를 둘러싼 논쟁은 박노자와 허동현이 함께 쓴《우리 역사 최전선》《열강의 소용돌이에서 살아남기》가 좋다.

화제가 된 책을 정면으로 비판한 책을 같이 읽어보는 것도 한 방법이다. 이영훈 등이 쓴《반일 종족주의》가 논란이 되자, 이 책을 비판한 강성현의《탈진실의 시대, 역사부정을 묻는다》가 나왔다. 두 권의 책을 읽었다면 제3자적 시각으로 이 주제를 다룬 카터 에커트의《제국의 후예》를 읽어보기 바란다.

전 세계 차원에서 벌어진 불평등의 원인과 그 대안을 제시한 토마 피케티의《21세기 자본》이 공전의 히트를 치자, 신자유주의적 성향의 국내 학자들이 이를 비판한《피케티의 「21세기 자본」 바로읽기》를 펴냈으니 참고할 만하다.

교양 수준에서 고전을 읽으려면 고전해설서를 보면 된다. 이런 유의 책은 한 권의 고전을 한 학기 동안 강의하고 이를 대중의 눈높이에 맞게 풀어내는 식으로 쓰였다. 해설서를 읽고 고전을 다 이해했다고는 할 수는 없으나, 나중에 직접 읽는 데 큰 도움이 되는 것은 분명하다.

동서양의 고전을 읽으려면 반드시 먼저 거쳐야 할 책이 있다. 동양은《논어》부터다. 공자의 사상이 형성된 다음, 그 영향을 받았거나 맞선 철학이 등장했기 때문이다. 그런데《논어》는 제자가 공자의 말씀을 기록해놓은 것이라 쉽게 이해하기 어렵다. 논리성과 체계성을 띠지 않고 잠언을 모아놓은 듯해서다. 대안으로《맹자》를 먼저 읽어보기를 권한다. 맹자는 공자의 사상을 수용하면서도 이를 넘어섰다. 공자를 이해하고 수용하는 측면에서《맹자》는 논어 해설서 역할을 톡톡히 해낸다.《맹자》해설서로는 장현근의《맹자: 바른 정치가 인간을 바로 세운다》와 이혜경의《맹자, 진정한 보수주의자의 길》이 좋다. 이 책을 읽은 다음 배병삼의《논어, 사람의 길을 열다》를 읽고, 다음으로 전호근의《대학 강의》와 신정근의《중용, 극단의 시대를 넘어 균형의 시대로》를 읽으면 이른바 사서를 다 읽게 되는 셈이다.

유가를 읽었다면 다음으로 이에 맞짱 뜬 철학을 읽으면 된다. 오강남의《도덕경》《장자》나 전호근의《장자 강의》가 좋다. 묵자는 박영하의《묵자, 사랑, 그리고 평화를 향한 참지식인의 길》을, 한비자는 이상수의《이야기의 숲에서 한비자를 만나다》를 추천한다.

서양철학은 플라톤부터 시작해야 한다. 화이트헤드 가라사대, 서양철학사는 플라톤에 대한 각주에 불과하다고 했잖은가. 플라톤 철학의 고갱이는 단연《국가》이지만 처음부터 도전하기에는 버겁다. 일단 안광복의《소크라테스의 변명》을 읽고 나서 장영란의《플라톤의 국가, 정의를 꿈꾸다》나 이종환의《플라톤 국가 강의》를 읽으면 된다. 플라톤의 제자이면서도 그의 철학을 비판한 아리스토텔레스를 공부하고 싶다면 유원기의《아리스토텔레스의 정치학, 행복의 조건을 묻다》를 추천한다.

현대철학에 관심이 많다면 그 무엇보다 푸코와 들뢰즈를 공부하고 싶을 터. 하지만 두 사람을 이해하려면 니체를 먼저 읽어두는 것이 좋다. 고병권이 탁월한 해설서를 냈으니《니체의 위험한 책, 차라투스트라는 이렇게 말했다》《언더그라운드 니체》《다이너마이트 니체》이다. 푸코 저작의 해설서로는 허경의《미셸 푸코의 「지식의 고고학」 읽기》《미셸 푸코의 「광기의 역사」 읽기》가 있다. 들뢰즈 저작 해설서로 이정우의《사건의 철학》《천하나의 고원》이 있다.

고전해설서는 출판사에서 시리즈로 내는 경우가 많으니 그린비의〈리라

이팅 클래식〉, 사계절의 〈주니어 클래식〉, 살림의 〈e시대의 절대사상〉, 세창미디어의 〈세창명저산책〉, 풀빛의 〈청소년 철학창고〉 등의 목록을 살펴보고 관심사와 수준을 감안해 선택하면 된다.

이권우 도서평론가. 경희대학교 국문과를 나오고 경희대학교와 한양대학교에서 특임교수를 지냈다. 저서로《고전 한 책 깊이 읽기》《마이 시크릿 독서 노트》《책읽기부터 시작하는 글쓰기 수업》등이 있다.

2 문학도서 읽는 법

고봉준

문학도서 읽는 법

고봉준

소설가 이탈로 칼비노의 한 소설에는 컴퓨터 프로그램을 이용하여 소설을 읽는 인물이 등장한다. 이 사람은 소설 전체를 컴퓨터에 입력하여 모든 단어의 목록을 빈도수에 따라 기록하는 방식으로 소설을 읽는다. 시간을 절약할 수 있다는 것이 이유이다. "되풀이되는 주제, 계속 강조되는 형식과 의미를 기록하지 않는다면 텍스트를 읽는 게 무슨 의미가 있겠어요? 컴퓨터로 독서를 하면 빈도수 목록을 손에 넣을 수 있어요. 그걸 한 번 훑어보는 것만으로도 책이 제 비판적 연구에 제시하는 문제들과 관련된 아이디어를 얻을 수 있어요. 물론 관사, 대명사, 불변화사가 제일 빈도수가 높고 그 목록도 길지만 제 관심은 거기에서 끝나지 않아요. 곧 가장 의미가 풍부한 단어들로 관심이 돌아가지요. 그런 단어들은 책의 이미지를 아주 정확하게 제공하고요." 자신의 작업을 '비판적 연구'라고 소개하는 대목에서 알 수 있듯이 이 사람에게 문학작품은 연구의 대상이고, 따라서 작품을 대하는 그의 시선은 과학자에 가깝다.

어떤 일이든 '직업'이 되면 그것에 대한 태도가 바뀌는 법이다. 건강을 위해서, 또는 그 자체가 즐거워서 축구를 즐기는 사람과 '축구'가 직업인 프로 선수의 태도가 같을 수는 없다. 마찬가지로 노래 부르기를 좋아해서 노래방을 자주 찾는 사람과 그것이 직업인 가수는 노래와 음악에 대한 태도 자체가 다르다. 어떤 일을 직업으로 삼는다는 것은 매 순간 보이지 않는 누군가와의 경쟁을 의식한다는 것, 탁월한 기량을 위해 끊임없이 노력해야 한다는 것을 의미한다. 그렇다면 책읽기가 직업인 경우도 있을까? 있다. 책을 연구 대상으로 대면해야 하는 사람들, 예컨대 학자들이 여기에 해당한다. 이들에게 독서는 직업적인 행위다. 좋아서 읽는 것보다는 읽어야 해서 읽는 것에 더 가깝다. 우리는 그것을 '일'이라고 부른다. 그러니까 책을 읽는 것과 일은 다르다. '독서'는 책읽기 자체가 목적이지만, '일'이라면 책에서 쓸 만한 자료를 끄집어내야 한다.

내가 어릴 적부터 책읽기를 좋아했는지는 기억나지 않는다. 다만 대학 시절 지겨운 강의를 듣는 대신 캠퍼스 이곳저곳에 틀어박혀 꽤 많은 책을 읽었던 것 같다. 그리고 지금, 문학평론가와 교수라는 직함을 달고 하는 책읽기의 대부분은 '일'이다. 독서를 하면서 기대할 법한 재미나 감동이 여기에는 별로 없다. 가능한 적은 시간을 투자해서 많은 '자료'를 찾아내는 것, 그것이 '일을 위한 책읽기'의 핵심이 아닐까. 사정이 이렇다 보니 내 책상 주변에는 항상 책들이 수북이 쌓여 있다. 그중에 절반은 '일'의 재료이고, 나머지는 절반은 일을 빨리 끝내고 읽으려고 장만해놓은 '독서'의 대상이다. '일'을 할 때는 짧은 시간에 많은 책을 접하게 된다. 때로는 테트리스 게임의 벽돌을 쌓듯이 책들을 '독파'하는 일도 허다하다. 하지만 그렇게 읽은 책은 '일'이 끝나고 나면 대부분 기억에서 사라진다. 용도를 다했기 때문일 것이다. 대입 시험이 끝나면 거짓말처럼 미적분 문제가 풀리지 않는 것과 같은 이치가 아닐까. 실용적인 목적에서 읽은 책은 언제나 그 '용도'가 끝나면 잊힌다. 그 책들은 읽는 동안에도 우리를 자극하지 못하고, 읽고 난 후에도 '정보' 이상의 것을 가져다주지 않는다. 그런데 문학작품은 그렇지 않다. 문학작품을 실용적 목적 때문에 읽는 경우는 드물기 때문일 것이다. 만일 문학작품을 제대로 읽는 법이 존재한다면 그 첫 장에는 이런 내용이 적혀 있어야 마땅할 듯하다. 실용적인 목적을 벗어나 읽을 것, 따라서 '정보'를 얻어야 할 때처럼 빠르게 읽지 말고 책이 나에게 정보 이상을 주도록 될 수 있으면 천천히 읽을 것, 그리하여 때로는 읽기를 멈추고 자신이 읽은 내용을 머릿속에서 정리하면서 그 세계 속에 자신을 넣어볼 것. 만일 당신이 읽고 있는 책이 시집이라면, 시인은 왜 이 순간에 이런 표현과 이런 단어를 썼을까 하고 속으로 물어보는 시간을 가질 것. 우리는 이런 방식의 책 읽기를 '대화'라고 부른다. '대화'의 핵심은 일정한 시간을 함께 보낸다는 데 있다. '밑줄 긋기'는 책과 시간을 보내는 데, 그리하여 너무 빨리 책장을 넘기지 않기 위해 우리가 취할 수 있는 유용한 방법의 하나이다.

1. 문학도서는 왜 읽어야 하는가

18세기 영국의 소설가 제인 오스틴의《이성과 감성》은 상반된 성격을 지닌 두 자매가 진정한 사랑을 찾아가는 이야기이다. 이 소설에서 언니 엘리너는 합리적이고 이성적인 존재로서 '이성'을, 동생 메리앤은 열정적이고 감성적인 존재로서 '감성'을 각각 대표한다. 소설은 이들 자매가 각자의 방식으로 시련을 경험하고 마침내 진정한 사랑에 눈뜨는 과정을 그려낸다. 이성과 감성 가운데 어느 하나가 과도하게 발달한, 그리하여 이성과 감성의 균형과 조화가 깨진 인간이 어떤 시련에 부딪히게 되는가를 사랑, 결혼, 출세 같은 지극히 현실적인 문제를 중심으로 보여주는 것이다. 이러한 설정에는 이성과 감성의 조화가 이상적인 상태라는 믿음이 전제되어 있다.

이성과 감성은 인간의 중요한 기본 능력들이다. 이성능력과 감성능력이 조화를 이룰 때 인간은 올바른 의미에서의 인간다움에 이를 수 있다. 이성은 탁월하나 감성이 메마른 인간, 반대로 감성은 발달했지만, 이성적으로는 무능력한 존재를 이상적으로 생각하기는 어렵다. 하지만 제인 오스틴의 소설에 등장하는 편향적인 인간이 우리의 현재 모습임을 부정할 수는 없다. 특히 현대인은 이성능력이 기형적으로 발달한 존재에 가깝다. 근대 이후 인류는 이성능력을 인간 위대함의 증거로 내세웠다. 인간이 동물과 다른 이유도 '이성'이 있기 때문이고, 인간이 자연을 지배·개발할 수 있는 원동력도 '이성'에서 찾았다. 이러한 이성능력이 집약된 세계가 바로 근대, 특히 대도시임을 쉽게 이해할 수 있다. 사회학자 게오르크 지멜의 주장처럼 우리가 살고 있는 대도시는 감성이 아닌 이성능력으로 건설된 세계이고, 그곳에서 생활하기 위해서도 감성보다 이성이 절대적으로 필요하다.

장뤼크 고다르 감독의 영화 〈알파빌(Alphaville)〉(1969)은 '사랑'이 금지된 가상의 도시를 배경으로 하고 있다. 이 영화는 초현실주의 시인 폴 엘뤼아르의 시 〈고통의 도시(La Capitale de la douleur)〉의 영향을 받아 만들어졌다. 미래의 도시 '알파빌'은 '알파60'이라는 컴퓨터 시스템에 의해 지배된다. 이 영화에는 아내가 죽을 때 눈물을 흘린 남자를 처형하는 장면이 나온다. 이 장면은 '알파빌'의 통치 원리가 무엇인지 분명히 보여준다. '눈물'은 '사랑'과 더불어 감성/감정을 상징한다. '알파빌'에서는 타인의 고통 앞에서 '왜'라고 묻는 일도 금지되어 있다. 과장된 측면이 없지 않지만 〈알파빌〉은 타인의 고통에 공감하는 능력, '왜'라고 질문하는 능력, '사랑'과 '눈물'이 금기시되는 세계의 모습을 통해 현대사회의 비인간적인 면모를 비판적으로 조명하고 있다. 그런데 '알파60'이 금기시하는 이 요소들은 전통적으로 '문학'이 중시하는 것들이다. 일찍이 톨스토이는 예술의 목적이 한 사람의 마음에서 다른 사람의 마음으로 '감정'을 전달하는 것이라고 주장했다. 모든 문학작품이 '감정'을 표현하거나 전달하기 위한 목적에서 창작되는 것은 아니지만, 문학에서 '감정'이나 '정서'의 가치가 중요한 것은 부정할 수 없는 사실이다. 따라서 누군가가 왜 문학작품을 읽어야 하느냐고 묻는다면 우리는 문학이야말로 현대사회의 중요한 '해독제'라고 말해야 할 것이다. 문학은 이성만을 중시하는 현대사회의 분위기, 그런 분위기 속에서 오로지 이성능력에만 의존하여 사는 현대인의 '병적인' 상태를 조금이나마 중화시키는 해독제라고 말이다.

문학은 우리를 타인의 삶으로 데려간다. 알다시피 인간은 유한한 존재이다. 유한하다는 것은 생명에 한계가 있다는 의미이지만, 경험 자체에 한계가 있을 수밖에 없다는 것, 특히 자신 이외의 존재가 생각하고 느끼는 바를 이해할 수 없다는 뜻이기도 하다. 프로이트가 지적한 것처럼 인간은 자신의 신체와 정신에서 발생하는 일들에 대해서도 정확히 알지 못한다. 하지만 타인의 신체와 정신에 대해서는 더 무지하다. '소통'과 '관계'가 인간사회의 중요한 가치로 부각되고 있지만, 그것으로 우리가 타인을 이해할 수 없다는 사실 자체를 부정하기 어렵다. 어떤 사람들은 이 이해할 수 없음을 타인의 고통에 대한 무관심을 정당화하는 논리로 제시한다. 하지만 알 수 없다는 '조건'과 알려고 하지 않는 '의지'는 같은 문제가 아니다. 문학이 우리에게 타인에 대한 완전한 이해를 가져다주는 것은 물론 아니다. 그렇지만 최소한 타인에게 가장 근접한 지점까지 데려가는 것은 분명한 사실이다.

어떻게 이런 일이 가능할까? 작가는 작품을 쓰면서, 독자는 작품을 읽으면서, 타인의 삶에 다가간다. 작품을 쓴다는 것은 작품 속 인물의 삶을 산다는 것, 그 인물의 시선과 신체로 세상을 보고 느낀다는 것이다. 영화배우들이 그렇듯이, 작가는 작품을 쓰면서 타인의 삶을 산다. 독자 역시 문학작품을 읽으면서 비슷한 경험을 한다. 누구나 한 번쯤은 영화나 연극, 텔레비전 드라마나 소설 등을 접하면서 타인의 고통에 깊게 공감한 경험이 있을 것이다. '공감' 혹은 '감동'은 고통받는 타인에 대한 연민이나 동정과 달리 타인의 삶과 나의 삶을 겹쳐놓는 지점에서 발생하기 마련이다. 이러한 감정적 일체감이 발생하지 않으면 드라마, 영화, 소설 등을 접하고 슬퍼하거나 분노하는 일이 생기지 않는다. 물론 이 포갬이 완전한 의미의 일심동체를 의미하는 것은 아니다. 그렇지만 '나'의 관심과 이익 등에 골몰하면서 살아가는 우리가 타인의 감각에 조금이나마 다가갈 수 있는 때는 이런 순간을 제외하면 드물다. 특히 이때의 다가섬은 이성적인 지식과 판단이 아니라 감성적인, 감각적인 층위에서 발생한다는 점을 주목해야 한다. 문학작품을 읽는 행위는 두 삶의 주파수가 공명(resonance)하는 상태를 경험하는 일이라고 말할 수 있다.

'문학'을 항상 감정의 관점에서 읽어야 하는 것은 아니다. 실제로 우리가 접하는 많은 작품, 그 가운데 '현대문학'이라는 수식어가 붙어 있는 작품들의 상당수는 사실 감정과는 전혀 다른 관점과 태도를 요구한다. 가령 어떤 작품은 '문학'이라는 단어에서 연상하기 쉬운 고정관념을 깨뜨리는 것을 목표로 삼기도 하고, 또 어떤 작품은 상당한 지적 노력을 기울여야 겨우 이해할 수 있다. 따라서 '문학'을 항상 감정의 문제로만 이해해서는 안 된다. 소위 **'현대문학'이라고 명명되는 문학은 우리의 삶을 옥죄고 있는, 모든 억압의 실체를 가시화하는 것을 주요 목표로 삼고 있다**. 세속적인 존재인 우리는 이미, 항상 특정한 규율과 욕망 등의 질서를 내면화하고 살아간다. 그 질서는 법, 규칙, 권력처럼 눈에 보이는 것일 수도, 소유, 출세 등에 대한 집착처럼 무형의 욕망일 수도 있다. 문학이 우리의 삶을 가두고 있는 정체를 가시화한다고 해서 그것이 손쉬운 탈출법을 알려준다고 생각해선 안 된다. 문학은 우리가 당연시하는 것들이 당연하지 않을 수 있음을, 자유로운 것처럼 보이는 우리의 일상이 특정한 질서와 욕망에 통제되고 있음을 평범한 사람들의 일상을 통해 보여준다. 우리는 문학작품을 읽으면서 자신의 삶을 성찰하고, 우리의 삶에 놓여 있는 지점을 이해하는 경험을 한다. 문학작품에 등장하는 타인의 삶이란 결국 같은 시대를 살아가는 '나'의 또 다른 모습일 수밖에 없다. 감성능력의 회복, 타인의 삶에 대한 경험, 그것들을 통해 '나'의 삶을 성찰하는 능력을 기르는 것. 이것들이 바로 우리가 문학작품을 읽어야 하는 이유이다.

2. 문학도서는 어떻게 읽어야 하는가

절단 방식에 따라 과일의 모양이 달라지듯이 문학작품도 읽는 방식에 따라, 그리고 무엇에, 어디에 초점을 두고 읽느냐에 따라 전혀 다른 작품이 된다. 이런 탓에 문학작품을 제대로 읽기 위해서는 충분한 이론 학습이 선행되어야 한다고 생각하는 사람들도 있다. 하지만 '이론'이란 특정한 요소와 맥락을 강조하는 읽기 방법일 뿐, 그것 자체가 우리의 독서 경험을 풍요롭게 만들어주는 것은 아니다. 문학 '이론'을 무대 위의 조명처럼, 특히 특정한 대상을 돋보이게 만드는 강렬한 스포트라이트처럼 여기면 좋을 듯하다. 그것은 특정 대상을 밝게 비추지만, 나머지 것들은 어둠 속에 남겨둠으로써 그렇게 한다.

한편 '문학'이라는 이름으로 통칭하고 있지만 '소설'과 '시'를 읽는 방식에는 차이가 있다. 소설과 시는 '언어' 예술이라는 성격을 공유하고 있지만, 소설에서의 '언어'와 시에서의 '언어'는 다른 방식으로 기능한다. 독자들 가운데는 시의 언어, 즉 시어의 특징이 압축에 있다는 점을 지나치게 강조한 나머지 시를 압축된 산문으로 이해하기도 한다. 극단적으로 말하자면 산문 문장에서 조사 등만 생략하면 시적인 표현이 된다고 생각하는 것이다. 하지만 시어의 압축적 특징은 조사를 생략하는 것 같은 형태적 문제와 관계가 없다. 장 폴 사르트르는《문학이란 무엇인가》에서 시와 산문이 본질에서 다른 언어활동이라고 주장했다. 그에 따르면 시인이 언어를 섬기는 사람이라면, 산문가는 언어를 이용하는 사람이다. 시의 언어가 그 자체로 존재한다면, 산문의 언어는 어떤 대상을 지시하기 위한 수단이라는 것이다. 비슷한 시각에서 프랑스의 상징주의 시인 폴 발레리는 산문이 '보행(걸음걸이)'이라면 시는 '춤'이라고 말했다. 핵심은 산문의 언어는 지시성에서 자유롭지 않지만, 시의 언어는 지시 기능을 수행하지 않을 수 있다는 것이다. 따라서 문학작품을 읽는 방법에서도 크게 소설과 시의 경우를 구분해야 한다.

소설 제대로 읽는 법

㉮ '첫 문장'에 집중하라!

"소설의 첫 문장을 읽는 것은 열린 문틈 너머로 한 줄기 빛을 일별하는 것과 같다." 수전 와이즈 바우어는 소설 '첫 문장'과의 만남을 이렇게 표현했다. 소설은 작가의 손끝에서 탄생하는 하나의 '세계'이다. 중요한 것은 그것이 작가에 의해 '탄생'한 세계라는 것, 그러니까 우리가 사는 세계의 일부이거나 연장이 아닌 만들어진 세계라는 점이다. 작가들은 이러한 소설의 특성을 완곡히 독자에게 알리기 위해 도입부에 일정한 장치를 마련해두는 것을 잊지 않는다.

가령 우리가 어렸을 적에 누군가에게 들은 옛날이야기나 민담 등을 떠올려보라. 그 이야기들은 공통으로 '옛날 옛적에 호랑이가 담배 피던 시절에…' 같은 진술로 시작된다. 왜 늘 그런 방식으로 시작되는 것일까? '호랑이가 담배 피던 시절'이라는 말을 시간적인 의미, 아주 오래전의 일이라는 의미로 해석할 수도 있겠지만, 그것보다는 '사실 이건 지어낸 이야기일 뿐이야.' 하고 완곡하게 표현한 것으로 받아들이는 것이 적절할 듯하다. 옛날이야기를 듣는 아이에게는 실제로 일어났던 일인지 여부보다 이야기를 발화하는 인물과 함께 있다는 느낌이 훨씬 중요한 법이다. 그래서 이야기를 들을 때 아이들은 사실 여부를 물고 늘어지지 않는다. 만일 아이가 '호랑이가 어떻게 담배를 피워요?'라고 논리적으로 따지고 들면 옛날이야기를 들려주는 분위기는 순식간에 깨지고 만다.

영화의 첫 장면도 마찬가지이다. SF나 역사적 사건을 배경으로 하는 영화의 첫 장면에는 대개 '서기 20××년, 지구로부터 ××억 광년 떨어진 ××행성'처럼 시공간을 알려주는 자막이 등장한다. 가령 〈매트릭스〉는 인공지능에 의해 인류가 지배되는 서기 2199년이 배경이다. 처음에 제시되는 이러한 배경은 관객에게 미래의 시공간을 상상하면서 관람하라는 일종의 주문이자 요청이다. 그것은 영화를 만드는 사람과 관객 사이에 암묵적으로 맺는 약속이기도 한데, 만일 누군가가 이 약속을 수락하기를 거부한다면, 결코 작품에 몰입할 수 없다. 예를 들어, 〈어벤져스(Avengers)〉 시리즈를 관람하려고 영화관을 찾는다는 것은 영화 속에서 펼쳐지는 세계가 지금-이곳의 현실에서 실현 가능한지 따지지 않겠다고 '약속'하는 행위이다. 역사적인 시간이나 사건을 배경으로 하는 경우도 마찬가지이다. 과학적 사실이나 물리법칙, 역사적 진실 등을 따지고 들면 SF영화나 역사물을 관람하기 어렵다.

소설이나 영화의 도입부에서 시공간적 배경을 제시하는 이유에는 이야기 전개에 필요한 맥락의 제시라는 현실적 필요도 존재한다. 모든 이야기에는 일정한 맥락이 필요하다. 영화에서는 이러한 설명이 대개 '자막'으로 이루어진다. 소설의 도입부, 특히 첫 문장은 향후 펼쳐질 이야기에 대한 상당한 정보를 함축하고 있다. 물론 모든 소설 작품이 이와 같은 방식으로 진행되는 것은 아니다. 이러한 관습을 깨뜨리거나 비트는 방식으로 소설을 쓰는 작가도 수없이 많다. 그렇지만 상당수의 작품이 이러한 방식인 것 또한 사실이다. 소설의 첫 문장은 독자의 주의를 환기한다는 소극적인 기능에 그치지 않고 이후 펼쳐질 이야기를 읽는 방식에 대한 합의와 약속을 요구하는 적극적인 의미를 함축하고 있다.

"세 남매의 아버지는 자주 모자가 되었다."

2005년 〈경향신문〉 신춘문예 당선작 황정은 〈모자〉의 첫 문장이다. 이 소설은 세 남매와 아버지로 구성된 한 가족의 부침 많은 일상을 그린 작품이다. 중심 사건은 아버지가 자주 '모자'로 변신하는 것이다. 첫 문장은 독자에게 하나의 선택, 아니 믿음을 요구한다. 이 세계에 들어오기 위해서는 '아버지'가 '모자'로 변신하는 일이 가능하다는 사실을 받아들여야 한다. 독자들 가운데는 어떻게 인간이 '모자'로 변신할 수 있느냐고, 실현 가능성을 앞세워 작가의 상상력을 비난할 수도 있다. 반면 어떤 독자는 '음, 흥미로운 상상력이로군. 재밌는걸?'이라고 가볍게 수락할 수도 있다. 전자는 '사실'이나 '현실'이라는 가치를 중요하게 생각하므로 소설 읽기를 단념할 가능성이 크고, 후자는 작가의 상상력을 뒤쫓으면서 즐거운 마음으로 소설을 읽어나갈 가능성이 크다. 그렇다면 소설의 등장인물들은 아버지의 '변신'에 대해 어떻게 반응할까? 아버지의 갑작스러운 변신에 대해 이웃에 사는 부부는 "모두가 볼 수 있는 장소에서 모자가 되는 것은 바람직하지 않은 일이라고, 우리 부부는 생각하고 있어요."라고 반응한다. 요컨대 이 소설에 등장하는 인물들은 아버지가 '모자'로 변신하는 사건 자체의 비현실성을 문제시하지 않는다.

유명한 작품의 '첫 문장'을 찾아서 읽어보자. 카프카의 대표작《변신》의 첫 문장은 이렇다. "어느 날 아침 그레고르 잠자가 불안한 꿈에서 깨어났을 때, 그는 자신이 침대 속에 한 마리의 커다란 해충으로 변해 있는 것을 발견했다." 사실주의가 지배적이던 20세기 초, 낯선 상상력을 담은 카프카의 이 문장은 독자들을 그로테스크한 세계로 불러들이는 초대장 같은 역할을 했다. 카프카의 소설 또한 독자들에게 선택 또는 믿음을 요구하고 있다. 이것 외에도 몇몇 유명한 소설의 인상적인 첫 문장들을 떠올려보자.

- 그들은 제일 먼저 백인 소녀를 쏜다.《파라다이스》, 토니 모리슨
- 최고의 시절이자 최악의 시절이었고, 지혜의 시대이자 어리석음의 시대였다.《두 도시 이야기》, 찰스 디킨스
- 내 이름을 이슈메일이라고 해두자.《모비딕》, 허먼 멜빌
- 모든 행복한 가정은 서로가 엇비슷하지만, 불행한 가정은 제각기 나름대로 불행을 안고 있다.《안나 카레니나》, 톨스토이
- 오늘 엄마가 죽었다. 어쩌면 어제였는지도 모른다.《이방인》, 카뮈

미국의 소설가 토니 모리슨은 '백인'과 '여성'을 공격하는 흑인 공동체의 모습을 통해 공동체(집단주의)가 이질적 존재, 즉 타자에 대해 갖는 배타적인 폭력성을 고발한다. 모리슨의 소설에 등장하는 흑인 공동체에게 타자는 '백인'과 '여성'이니, 타자의 두 가지 형상을 모두 지닌 '백인 여자'에게 어떠한 폭력이 자행되었을지는 쉽게 상상할 수 있다. 찰스 디킨스는 동일한 시간/시대를 '최고'와 '최악', '지혜'와 '어리석음'처럼 상반되게 평가함으로써 공식적인 평가와 그 이면에 은폐된 실상을 드러낸다. 카뮈는 '어머니'의 죽음이라는 중차대한 사건이 발생한 시간을 불확실하게 진술함으로써 인간 실존에 관계된 세계의 부조리를 암시한다.《모비딕》의 "내 이름을 이슈메일이라고 해두자."라는 진술에는 그가 '이슈메일'이 아니라는 사실이 전제되어 있다. 그는 '이슈메일'이 아님에도 그렇게 자신을 소개한다. 왜 그는 이 이름을 고집하는 것일까? 이슈메일은 구약성서 〈창세기〉에 등장하는 이스마엘과 관련된 이름이다. 이스마엘은 이스라엘인의 조상인 아브라함과 하녀인 하갈 사이에서 태어났으나 아브라함의 아내 사라가 집에서 쫓아냈다. 그래서 '이스마엘'은 방랑자, 세상에서 추방된 자라는 의미로

통용된다. 소설 속의 이슈메일 역시 고아로 자라 배를 타고 떠돌면서 생활한다. 이처럼 소설의 첫 문장은 이후에 펼쳐질 이야기의 내용과 방향을 암시하거나 한 세계의 분위기를 함축하는 경우가 대부분이다. 물론 소설의 독자가 첫 문장에서 그 모든 것을 이해하는 것은 불가능하다. 이런 이유로 소설 읽기는 마지막 문장이 아니라 '첫 문장'에서 끝날 수밖에 없는데, 이때의 '첫 문장'은 소설의 맨 처음에 등장하는 문장이 아니다. 마지막 문장을 읽은 다음에 도입부로 되돌아와 다시 만나는 '첫 문장'이다. 소설 읽기는 '첫 문장'을 두 번 읽음으로써 종결된다. 그리고 첫 문장을 반복해서 읽을 때가 되면 이미 '첫 문장'의 의미에 대해 이전과 전혀 다른 관점을 가진 자기 모습을 발견하게 될 것이다. 소설의 첫 문장에 집중하는 것, 그 문장을 마지막에 다시 읽는 방식이야말로 소설 작품을 풍요롭게 읽는 독서법이다.

㈏ 작품이 겨냥하는 바를 발견하라

문학에 대한 현대 이론들은 작가는 또 한 사람의 독자, 다만 자신이 쓴 작품을 제일 먼저 읽을 기회를 가진 독자일 뿐이라고 이야기한다. 실제로 작가는 작품을 쓰는 동안에는 '저자'이지만 마침표를 찍는 순간 '독자'가 된다. 이 주장의 핵심은 작품이 '저자'의 의도대로 읽히지 않는다는 것이다. 비교적 쉽고 명확한 의미를 지닌 일상어를 통한 커뮤니케이션에서도 '의도'가 제대로 전달되기 어렵다는 사실을 생각하면, 함축적인 표현을 통해 이면적 의미를 전달하는 문학작품이 작가의 의도대로 받아들여질 가능성이 크다고 말하기는 쉽지 않다. 문학작품에 '저자의 의도'라는 것이 존재하는지도 의문이지만, 설령 존재한다고 할지라도 그것이 오해나 왜곡 없이 독자에게 전달될 수 있는지는 더욱 단정하기 어려울 듯하다.

한편 문학작품을 반드시 '저자의 의도'를 생각하면서 읽어야 하는 것은 아니다. 물론 문학작품 중에는 단순한 이야기의 전달이 아닌 특정한 '목적'을 위해 쓰인 것들도 있다. 특히 문학이나 예술에서 사조나 유파, 특정한 경향에 속하는 작품의 경우 그것이 담고 있는 내용보다는 작품을 통해 작가가 목표하고 있는 것이 무엇인가를 이해하는 일이 핵심이다. 왜냐하면 예술작품은 그것을 지배하고 있는 질서나 전통에서 벗어나려는, 도전하려는, 새로움에 대한 욕망을 지니고 있기 때문이다. 사조, 유파, 경향 등을 형식이라고 말할 수는 없지만, 때로는 문학작품의 내용보다 그것을 표현하는 방식이나 형식이 절대적으로 중요한 경우들도 있다. 이런 경우 작가의 창작은 특정한 형식이나 경향에 대한 반발, 또는 지배적인 경향에서 벗어나려는 의식적인 노력에서 시작된다. 작가가 기존의 방식과 다르게 쓰겠다고 결심하고 쓴 작품들, 지배적인 경향과는 다른 경향성을 지향하겠다는 다짐을 함축하고 있는 작품들은 '작가의 의도'를 알고 읽어야 제대로 이해되기 마련이다.

'의도'의 문제는 문학보다는 회화나 음악에서 훨씬 분명하게 드러난다. 현대 회화의 역사는 기존의 전통과 주류(상식)에 대한 반항의 역사라고 할 수 있다. 현대 회화의 출발선을 그린 인상주의자들은 종교화나 영웅의 초상화를 회화의 본질로 여기는 당대의 지배적 경향에서 벗어나 19세기 부르주아의 일상과 그들의 여가 장면, 도시 풍경 등을 화폭에 담았다. 또한 어두운 작업실에서 그림을 그리는 관례를 깨고 캔버스를 들고 직접 야외로 나갔다. 이런 이유로 인상주의 회화에서는 '빛'이 중요한 요소이다. 그들은 대상이 아닌 '빛'을 그렸다. 입체파는 사실주의 회화의 핵심적인 구성 원리인 르네상스 원근법 전통에서 벗어나 '동시성'의 원리를 이용하여 대상의 입체감을 재현하려고 했다. 원근법이란 3차원의 세계(대상)를 2차원 평면으로 옮기려면 필요한 시각 장치로, 르네상스 이후 유럽의 회화사는 원근법의 역사라고 말해도 과언이 아니었다. 하지만 피카소 등의 입체파는 대상의 복수적 단면을 하나의 화면에 병치시킴으로써 평면(캔버스)에 입체를 담고자 했다. 이외에도 현대 예술에 획을 그은 작품들, 가령 마르셀 뒤샹의 기성품, 키네틱아트, 잭슨 폴록의 액션페인팅, 앤디 워홀의 브릴로 박스 등은 예술의 '전통'과 '주류' 감각에서 벗어나려는 실험이라는 관점에서 이해해야 한다. 이들이 선택한 대상(내용)도 중요하지만, 무엇보다도 어떤 전통과 흐름에 반기를 들었는지, 작품 이전과 이후 예술의 역사가 어떻게 나뉘는지 아는 것이야말로 예술 작업을 정확하게 이해하는 것이다.

다시 소설 이야기로 돌아오자. 현대 소설들 가운데 일부는 등장인물의 이름을 P, K, M처럼 알파벳 대문자로 제시하기도 한다. 이름을 이니셜 표기하는 방식이 왜 중요한지 이해하기 위해서는 소설의 역사를 잠시 살펴보아야 한다. 이른바 '고전'이 된 유럽소설 대부분은 19세기에 창작된 작품이다. 영국은 찰스 디킨스, 조지 엘리엇, 토머스 하디, 브론테 자매 등이, 프랑스는 발자크, 스탕달, 에밀 졸라, 프루스트 등이 대표적 작가이다. 이들은 흔히 사실주의 경향의 작가로 분류된다. 사실주의 소설은 대개 당대 현실과의 연관성이 두드러진다. 다수의 등장인물을 등장시켜 그들의 인생과 사회현실을 교차시키는 것을 선호하며, 핍진성이나 인과성 같은 특정한 방식을 선호한다. 따라서 사실주의 작품의 초반부는 대개 시공간 배경과 등장인물 소개에 많은 지면을 할애한다. 요컨대 몇몇 인물이 등장하면 그가 살아온 내력은 물론 그가 속한 가계와 혈통 등이 매우 상세하게 제시된다. 이처럼 매우 자세한 인물 소개를 읽으면서 독자는 소설 속의 인물이 마치 현실에 존재하는 인물인 것처럼 친근하게 느끼게 된다. 사실주의 경향은 소설이 창작된 가상의 이야기임을 강조하기보다는 현실에서 발생한 실화 같은 느낌을 주려고 노력한다. 이런 전통에서 등장인물, 특히 주인공의 이름을 짓는 일은 상당히 중요하다. 왜냐하면 이름에는 상당히 많은 정보가 담겨 있기 때문이다. 그래서 사실주의 소설에서는 주인공을 처음 소개하면서 그의 '이름'과 '혈통'에 대한 부연 설명이 생략되는 경우가 드물 정도이다. 얼핏 떠오르는 사례 가운데 하나가 헨리 제임스의《데이지 밀러》에 등장하는 데이지 밀러와 프레더릭 윈터본이다. 이 소설은 흔히 천진난만하고 자유분방한 여자와 뻣뻣한 남자의 엇갈린 사랑 이야기라고 소개된다. 이들의 관계는 두 사람의 이름에 이미 숨겨져 있다. 소설에서 데이지(Daisy)는 '봄'을, 윈터본(Winterbourne)은 '겨울'을 가리키기 때문이다. 물론 헨리 제임스의 이 소설은 단순히 남녀의 관계가 아닌 '미국'과 '유럽'의 관계를 배경으로 읽어야 하지만 말이다. 소설가 밀란 쿤데라는 이러한 사실주의적 전통을 다음과 같이 요약한다.

> 사실 200년 동안의 심리적 리얼리즘은 거의 거역할 수 없는 몇 가지 규범들을 만들어냈습니다. ① 인물에 관한 최대한의 정보를 주어야 한다. 그의 생김새, 말투, 행동거지 등, ② 인물의 과거를 알 수 있게 해주어야 한다. 왜냐하면 그의 현 행동의 모든 동기는 거기에서 찾을 수 있는 것이므로. ③ 인물은 전적인 독자성을 지니고 있어야 한다. 다시 말해 공상에 젖어 들고 허구를 사실처럼 생각하고 싶어하는 독자들을 방해하지 않기 위해 작가와 작가의 생각은 사라져야 한다는 것들이죠.
>
> 《소설의 기술》, 밀란 쿤데라, 권오룡 옮김, 책세상, 2004, 48쪽.

소설의 역사에서 20세기 초는 상당히 중요한 시기이다. 카프카의 주인공 'K'를 시작으로 이 시기에 발표된 상당수의 소설은 밀란 쿤데라가 지적한 사실주의 전통에 공개적으로 반기를 들었다. 그 문학적 저항은 주인공의 이름을 이니셜로 제시하거나 19세기 소설이 중요하게 생각한 인과성 등을 의도적으로 무시하는 듯한 방식으로 구체화했다. 주인공의 이름을 이니셜로 제시하는 방식은 몇 가지 관점에서 생각해볼 문제를 제기한다. 먼저 어떤 작품은 인물의 이름을 이니셜로 제시함으로써 그가 현존하는 인물이 아니라 가공의 인물, 가상의 인물임을 강조하고자 한다. 또 어떤 작품은 인물을 이니셜로 제시함으로써 개인의 고유성을 상실하고 익명의 대중으로 전락한 현대인의 처지를 부각하려 한다. 하지만 무엇보다도 인물을 이니셜로 제시하면 사실주의 전통이 강조해온 번거로운 일들, 가령 인물의 출생, 혈통, 배경 등을 자세히 설명할 이유가 없어진다는 장점이 있다. 요컨대 인물을 이니셜로 제시함으로써 20세기 소설은 19세기 소설이 강조했던 것들에서 벗어나 다른 것들을 중시하기 시작했다.

소설은 '전통'을 의식하면서 창작된다. 어떤 작품은 '전통'을 충실하게 계승하는 방식으로 창작되지만, 어떤 작품은 '전통'을 위반하는 방식으로, 그것에 맞서 다른 규범을 만들어내는 방식으로 창작되기도 한다. 따라서 전자에 해당하는 작품을 읽을 때는 '전통'의 맥락에서, 후자에 해당하는 작품을 읽을 때는 무엇을 '위반'하고 그 결과로 제시된 새로운 규범의 실체가 무엇인지 찾아야 작품의 진가를 만끽할 수 있다. 가령 메타픽션 또는 하이퍼픽션의 대표작이라고 평가되는 이탈로 칼비노의 《어느 겨울밤 한 여행자가》를 사실주의 전통에 충실한 발자크나 에밀 졸라의 소설을 읽는 방식으로 읽으면 도무지 이해할 수 없는 텍스트가 되고 만다. 이 소설은 하나의 중심 이야기 안에 열 개의 다른 이야기가 들어있는 액자 구조, 그것도 단순한 액자 구조가 아니라 그 이야기들이 꼬리를 물고 이어지면서 글쓰기와 읽기, 원본과 모방에 대한 사변적 논의를 전개하는 매우 복잡한 방식으로 집필되었다. 따라서 이 작품은 내용보다 오히려 그것이 어떤 방식으로 직조되었는가를 이해하는 일이 한층 중요하다.

㉰ 작가가 '말하지 않는 것'과 '제목'에 주목하라

이탈로 칼비노의 소설에 등장하는 소설가 실라스 플래너리는 글쓰기에 대해 이렇게 이야기한다. "글을 쓴다는 것은 나중에 발견될 수 있게 무언가를 항상 숨기는 것"이라고. 실제로도 작가는 모든 것을 말하지 않는다. 아니, 작가는 말하지 않는 방식으로 말한다. 이 때문에 문학작품에서는 작가가 말한 것보다 말하지 않은 것, 말할 수 있음에도 끝끝내 침묵한 것을 아는 일이 중요하다.

20세기 미국의 위대한 소설가 윌리엄 포크너의 〈에밀리에게 바치는 한 송이 장미(A Rose for Emily)〉는 소설에서 '침묵'이 갖는 의미를 잘 보여준다. 이 소설은 에밀리 그리어슨이라는 한 여성의 죽음으로 시작된다. 작품의 배경은 남북전쟁 이후의 남부. 주인공 에밀리는 남부의 귀족 가문인 그리어슨가(家)의 마지막 혈통이다. 화자인 마을 사람들은 그녀를 "살아 있는 동안 에밀리 양은 하나의 전통이자 의무이며 관심의 대상이었다."라고 소개한다. 전쟁에서 패배한 남부에서는 신분제가 해체되고 귀족 가문이 몰락한다. 아버지의 죽음으로 홀로 남겨진 에밀리는 결혼도 하지 않은 채로 한때 영화를 누렸던 가문의 저택과 함께 늙어간다. "전통이자 의무이며 관심의 대상"이라는 말처럼 마을 사람들은 홀로 남겨진 에밀리를 한편으로는 존중하면서도 다른 한편으로는 호기심의 시선으로 본다. 에밀리 또한 마을 사람들의 그런 시선을 모르지 않기 때문에 외부와의 접촉을 차단하고 혼자 지낸다. 그러던 어느 날 북부 출신의 일용직 노동자인 호머 배런이 우연히 마을에 등장하고, 곧이어 에밀리와 배런이 교제하는 모습으로 대중들 앞에 등장한다. 이때에도 마을 사람들은 에밀리의 사랑을 기뻐하면서도 내심 신분이 미천한 남자와 사랑에 빠진 그녀를 불쌍히 여긴다. 하지만 포크너는 끝내 에밀리에 대한 마을 사람들의 속마음을 표현하지 않는다. 소설의 첫 장면에서 마을 사람 모두가 에밀리의 장례식에 참석한 것은 애도의 목적도 있지만, 동시에 오랜 세월 아무도 보지 못한 그녀의 집 내부를 보고 싶은 호기심이 이유이기도 하다.

문학작품에서 '제목'은 단순한 표제 이상의 의미이다. 작가들은 제목을 지을 때 심혈을 기울이기 마련인데, '제목'이 모든 것을 말하되 아무것도 말하지 않는 이중 맥락을 지닐 때 매력적일 수 있기 때문이다. 가령 피츠제럴드의 《위대한 개츠비》를 읽고 개츠비라는 인물이 '왜 위대한지' 설명할 수 있으면 이 작품을 제대로 읽었다고 할 수 있다. 마찬가지로 모파상의 〈보석〉에서 '보석'은 단순히 귀금속만을 의미하지 않는다. 〈에밀리에게 바치는 한 송이 장미〉에는 '장미'가 등장하지 않는다. 이 작품을 처음 접하는 사람들은 제목 때문에 '장미'가 등장하기를 학수고대할지 모르지만, 작품이 끝날 때까지 '장미'는 나오지 않는다. 그렇다면 왜 이런 제목을 붙인 것일까? 소설의 마지막 쪽을 읽고 이 질문에 대한 해답을 떠올릴 수 있다면 성공한 독서라고 말할 수 있을 듯하다. 이 소설 자체가 '에밀리'라는 인물에게, 주변의 시선 때문에 이루어지지 못한 그녀의 사랑에 바쳐진 '장미'이기 때문이다.

시는 어떻게 읽을까

시는 '정의'하기 어려운 장르이다. 지금까지 많은 시인이 '시(詩)'에 대해 인상적인 주장을 남겼다. 하지만 그 모두가 '시'에 관한 정의라기보다는 자신의 시에 관한 고백에 그칠 수밖에 없었다. 어떠한 시에 대한 정의도 그것으로 설명할 수 있는 작품보다 없는 작품이 많은 것 같다. 그래서 에드거 앨런 포는 "시란! 아홉 개의 이름을 가진 케르키라섬처럼 변화무쌍한 관념"이라고 말했다. T. S. 엘리엇 역시 이런 난처한 상황을 가리켜 시에 관한 정의의 역사는 "오류의 역사"라고 표현했다.

이 세상에 '소설'이 없는 민족이나 문화권은 있어도 '시'나 노래가 없는 민족이나 문화권은 존재하지 않는다. 소설과 달리 '시'는 고대부터 존재한 인류 사회의 보편적인 문학 양식이다. 다만 과거에는 '시(詩)'가 아니라 '시가(詩歌)'라는 명칭이 일반적이었다. 과거부터 존재한 시가의 전통이 최근까지 이어지는 문화권도 있지만, 대다수 국가/민족에서는 근대 이후 '시가'가 '시'로 바뀌어 새로이 자리를 잡았다. 시가는 가(歌), 즉 노랫말에 가깝지만, 오늘날의 시는 음악성이 특징일 때조차 '노래'와는 무관한 쓰기-읽기의 한 형태이다.

전통 시가가 근대 시로 변하는 과정에서 전통 요소와 외래 요소의 융합과 충돌로 다양한 변형이 생겨났다. 근대 이후 시의 역사는 이전의 양식이나 규범을 계속 비판적으로 갱신하면서 새로운 규칙을 만들어낸 부정의 역사이므로 일관된 정의를 적용하기가 어려운 것이 사실이다. 근대 이후 문학의 새로운 흐름이 모두 시에 관한 논의에서 시작되었다는 사실은, 시가 규칙의 재생산보다는, 새로운 규칙을 만들어내는 실험과 파괴에 최적화된 장르라는 것을 말해준다. 사람들은 이 실험과 파괴적 성격이 두드러지는 경향을 가리켜 '모더니즘'이라고 부른다. 이러한 실험적 성격은 20세기 이후 유럽문학 전반의 특징이기도 하다. 알다시피 유럽은 20세기 두 차례의 세계대전을 겪었다. 그 사건들은 수많은 사람이 죽거나 다쳤다는 점에서 끔찍한 비극이고, 동시에 유럽이 천 년 이상 유지해온 전통적 질서와 가치가 완전히 파괴된 문명사적 비극이기도 했다. 20세기 예술에서 이러한 파괴는 전통적인 질서와 가치에 대한 부정으로 구체화했으니 문학을 포함한 예술의 실험적 성격은 그 변화의 연장선으로 이해되어야 한다.

대다수 독자는 학교교육에서 처음 시를 접한다. 우리 모두 경험했듯이 학교교육의 한 부분으로 시를 읽는 데는 상당한 제약이 따른다. 학교에서는 독자의 다양한 해석을 권장하는 대신 '정답'을 찾는 방식의 시 읽기를 지향하기 마련이다. 이러한 태도는 한국전쟁 이후에 도입된 신비평에서 정점에 달했는데, 그것은 시에 대한 학생들의 흥미를 반감시키고 문학작품의 독서에서 독자가 마땅히 누려야 할 해석의 권리를 차단하는 결과를 초래했다. 특히 교육의 관점에서 선별된 작품들은 다양한 경향성을 보여주지 못해서 시에 대한 일정한 편향을 만들었고, 그로 인하여 성인 독자들의 시에 대한 이해력도 상당히 왜곡되었다. 여전히 많은 독자가 '시'라는 단어를 들으면 윤동주, 한용운, 김소월 등의 이름을 떠올리지만, 동시대에 창작된 작품을 알지 못하거나 일정한 심리적 거리감을 느끼는 까닭은 이러한 편향 때문이다.

시는, 시인들은, 저마다의 방식으로 시대성을 드러낸다. 그리고 시가 본질에서 주관의 장르인 한, 그것을 받아들이고 표현하는 방식은 천차만별일 수밖에 없다. 시대와 장소에 따라 지배적인 흐름이나 주류 경향은 존재하지만, 그 역시 다양한 경향 중에서 두드러지는 것일 뿐 유일한 것은 아니다. 사정이 이러하므로 시를 읽을 때는 자신이 '시'에 대해 가진 상식을 고집하기보다는, 그 상식이 다른 시각에서는 선입견일 수 있음을 인정하는 것이 바람직하다. 실제로 '시'에 대한 지식이 많은 사람일수록 시를 읽을 때 심리적 반발감을 경험하는 경우가 많다. 눈앞에 마주하고 있는 작품이 자신이 알고 있는 '시'의 범위를 벗어났다고 판단될 때 우리는 반발을 느끼고 충격을 받는다. 시에 대한 당위, 그러니까 시는 이래야 한다는 식의 믿음이 강할수록 현실에 존재하는 시를 그대로 수긍하기 힘든 법이다. 그런데도 지금껏 시인들이 새로운 방식의 시 쓰기를 통해 재래의 규범에서 벗어나려고 노력한 이유는 그 반발과 충격이야말로 우리를 진정으로 사유하게 한다는 것을 잘 알기 때문이다. 이 때문에 시를 읽을 때는 미리 정해진 규칙을 염두에 두기보다는 경험에 비추어 읽는 것, 즉 시 읽기의 빈도를 늘림으로써 자기만의 노하우를 개발하는 것이 중요하다.

㉮ 시는 이야기가 아니다

시에 대한 대표적 오해 가운데 하나는 앞서 말했듯이 산문적 진술에서 조사 등의 문법적 요소를 생략한 형태를 시적인 표현이라고 생각하는 것이다. 하지만 상식적으로 생각해도 산문에서 조사를 생략한다고 시가 되지는 않는다. 시의 언어가 압축성을 지향하는 경향이 있는 것은 분명하지만, 압축성이 어떤 것을 생략하는 문제는 아니다. 산문의 '언어'는 지시 기능을 수행한다. 반면 시는 지시 기능이나 의미 전달보다도 '언어'가 갖는 정서적 능력을 긍정한다. 가령 정현종의 〈섬〉에 등장하는 '섬'은 사전적 의미의 '섬(island)'이 아니다. 그렇다고 해서 '섬'이라는 단어와 완전히 관계가 없지도 않다. 이러한 시 언어의 특징이 시 읽기의 어려움 가운데 하나임은 분명하다. 철학자 프랑코 베라르디는 이러한 시의 특징을 "시는 규정되지 않은 것의 다시 열림이며, 단어들의 기존 의미를 초과하는 아이러니한 행위이다."라고 요약했다. 그렇다고 시의 언어가 지시 기능과 완전히 무관하다고 말하는 것 역시 적절하지 않다. 김춘수의 무의미시나 이상(李箱)의 작품처럼 의도적으로 지시 기능을 벗어난 언어로 시를 쓸 수는 있지만, 우리가 일반적으로 접하는 시의 대부분은 일정 정도 지시 영역과도 관계한다. 다만 느슨하게 관계될 뿐이다. 시에서는 시어나 진술의 의미보다 표현이 주는 정서적 울림이 한층 중요하다. 이런 이유로 진술된 것보다 진술과 진술 사이의 공백, 발화되지는 않았지만, 행간에 숨겨져 있는 느낌이나 감정 등을 느끼는 일이 중요하다.

사람들 사이에 섬이 있다
그 섬에 가고 싶다

〈섬〉, 정현종

시를 읽는다는 것은 말한 것을 통해 말하지 않은 것에 도달하는 일이라고 말할 수 있다. 시어나 시적 진술을 산문체로 변환하면 언어가 지닌, 행간에 숨겨진 울림이 좀처럼 느껴지지 않는다. 왜냐하면 산문적인 진술로의 변환은 분석한다는 의미이기 때문이다. 시는 논증적 사유를 가로막는다. 바꿔 말하면 논증적 사유로는 도달할 수 없는 것이 바로 시이다. 그러니까 어떤 시를 읽을 때는 그것을 산문적 방식으로 정리하거나 논증적으로 사유하려 노력하지 말고 언어가 주는 정서적 울림과 행간의 기능에 충분히 집중하는 것이 좋다. 이를 위해서는 묵독(默讀)보다는 음독(音讀)이 한층 유리하다. 소리 내어 읽거나 필사(筆寫)를 해보면 시인의 목소리가 어느 지점에서 멈췄다가 다시 시작되는지, 그 소리의 리듬을 느낄 수 있다. 정현종의 〈섬〉은 평범한 두 개의 문장으로 구성되었다. 너무나 평범한 진술이어서 문장의 지시적 의미를 이해하지 못할 가능성은 없다. 하지만 이 시를 읽고 '섬'이 무엇인지, 시인이 말하려는 바가 무엇인지 정확히 말하기는 어렵다. "사람들 사이에 섬이 있다"는 것은 무슨 뜻일까? 그 의미를 설명할 수 없어도 이 시를 반복해서 읽다 보면 사람들 사이에 존재하는 '섬'이 지닌 매력에 끌리게 된다. 사실 우리가 어떤 것에 '매혹'되는 것과 그것을 정확히 '이해'하는 일은 별로 상관이 없다. 그러니 시적 진술이나 표현을 산문적 진술로 번역하려고 노력하지 말고 때로는 표현 그 자체의 울림을 느끼려고 노력해보라.

㉯ 시가 '언어' 예술임을 이해하라

나의 구두는 우주선
밤마다 내 두개골을 싣고 밤하늘을 유영한다
나의 구두는 잠수함
밤마다 황산으로 뒤덮인 바다에 나를 내다버린다

구두는 나의 육체 나의 무덤인 언어
구두는 자신의 전생애를
구두라는 제 이름의 새장에 갇혀
병든 새처럼 고통스러워하며 상처받는다

사물의 이름은 인간이 만들어놓은 단단한 감옥
인간이 인간만을 위해 만들어놓은 무서운 질서
무서운 폭력, 나는 밤마다
검은 복면을 쓴 방화범이 되어
그 감옥 지하실에 폭약을 설치하고 불을 지른다
내 육체 속에서 번식하는 내 아비의 우상들을 죽이고
발 아래 침묵하는 대지를 살해한다

시인은 제 피와 뼛가루가 묻은 자신만의 언어로
자신의 교수대와 관을 만들어야 한다
치열하게 유희하듯 유희하듯

장미를 계속해서 장미라 불러야 하는 까닭은 무엇인가
수백 마리 뱀들이 우글거리는 관(棺)인 그것을
나는 간단히 시체라 부른다
이제, 장미는 빨알간 나의 시체
나는 밤마다 나의 시체에 불을 지른다

시인은 모두 방화범이 되어야 한다
썩어가는 제 언어와 정신에 불을 지르는

썩어가는 세계의 항문과 사타구니에 불을 지르는
고유한 방화범이 되어야 한다

〈고유한 방화범〉, 함기석

시는 '언어' 예술이다. 이 간명한 주장에 대해 반대하는 사람은 없다. 하지만 시가 언어 예술이라고 할 때, 음악이 소리의 예술이라거나 회화가 색채의 예술이라는 이야기를 하는 것은 아니다. 그러니까 시에서 '언어'는 소재나 도구 이상의 의미를 지닌다. 시는 언어 예술이되, 산문이나 소설과 달리 특별한 의미에서 '언어' 예술이다. 시의 언어가 산문의 언어와 근본적으로 다르다는 뜻이다. 산문에서 언어는 지시 기능을 충실하게 수행한다. 가령 소설에 쓰인 '사과'는 우리가 즐겨 먹는 과일의 일종이 분명하다. 반면 시에 등장하는 '사과'는 과일의 이름일 수도 있고 사과(謝過)일 수도 있으며, 또는 '사'와 '과'라는 글자의 조합일 수도 있다. 요컨대 시인은 언어의 지시 기능에 그다지 신경을 쓰지 않는다. 아니, 신경을 안 쓰는 정도가 아니라 때로는 적극적으로 그러한 언어의 규칙을 해체하거나 파괴하려고 시도한다. 앞의 시에서 화자는 이런 시인의 캐릭터를 '방화범'으로 명명하고 있다.

'방화범'은 불을 지르는 사람이다. 그렇다면 '시인=방화범'은 무엇에 불을 지르려는 것일까? 함기석은 "썩어가는 제 언어와 정신"과 "썩어가는 세계의 항문과 사타구니"라고 답변한다. 고인 물은 쉽게 썩는다는 말을 떠올려보자. 썩어간다고 말할 때 그것은 어떤 것이 고정되어 있다는 의미에 가깝다. 모든 고정된 것은 썩어가는 것이고, 시인은 그런 고정된 것에 불을 지르는 방화범과 같은 존재라는 것이 함기석이 말하려는 바인 듯하다. 그런데 시인들에게는 고정된 것의 대표적 사례가 바로 '언어'이다. 시인에게 기존의 언어는 '단단한 감옥' '무서운 질서' '무서운 폭력'이다. 이런 이유에서 시인들은 기존의 언어를, 그 언어를 뒷받침하고 있는 언어의 질서, 즉 문법을 신뢰하지 않는다. 시인들이 단어를 이용하여 말장난하거나 비문법적인 표현을 쓴다면 '언어'에 불을 지르는 일, 즉 파괴하려는 행위로 이해하면 좋을 듯하다. 결국 시를 읽을 때 시인이 '언어'에 불을 지르려는 사람인지 아닌지를 먼저 확인해보면 그 시에 등장하는 '언어'를 어떻게 이해해야 할지 판단할 수 있다. 만일 누군가가 말끝마다 '사랑'이나 '희망'이라는 단어를 사용한다고 생각해보라. 여러분이 누군가로부터 매일 하루에 천 번 이상 '사랑한다'는 말을 듣는다고 생각해보라. 그때 '사랑'이라는 단어가 여러분에게 정말 유의미한 느낌을 줄까? 대부분은 그렇지 않다고 이야기할 것이다. 이렇게 사용되는 언어가 바로 "썩어가는 제 언어와 정신"에 등장하는 '언어'이다. 시인이 어떤 단어를 낯선 용법으로 사용할 때, 그것을 낡고 상투적인 단어에 불을 지르려는 것으로 받아들이면 될 듯하다. 시인 중에는 이처럼 '언어에 불을 지르는 일'에 신경을 집중하는 사람들이 있다. 모든 시인이 이들의 생각에 동의하지는 않지만, 이들에게 '언어'는 시의 모든 것으로 간주된다.

㉰ 시에 형상화된 주관성 상상하며 읽기

시인은 자신의 작품에 묘사된 세계나 주제에 대해 중립적인 태도를 보이지 않는다. 어떤 이는 시인들의 이러한 태도를 사랑에 빠진 사람의 마음 상태 같다고 표현하기도 했다. 사랑은 우리에게 사소한 것에도 크게 반응하고, 상투적인 것조차 특별하게 바라보는 능력을 가져다주는 법이니까. 이론적으로만 생각하면 객관적인 시가 불가능하지는 않다. 시인들은 간혹 역사적 사건 등을 증언하기 위해 극도로 객관적인 태도를 보이기도 한다. 신의 계시나 무당의 접신처럼 '주관'이라고 말할 수 없는 목소리로 쓰인 시가 존재할 가능성도 있다. 고정관념을 뒤흔들기 위해 이런 예외적인 시를 쓸 수는 있겠지만, 대부분 시는 시적 대상이나 현상에 대한 시인들의 느낌, 감각, 생각 등 주관적인 경험을 표현한 것이다.

주관적 느낌이나 감각은 언어로 정확하게 표현하는 것이 불가능하다. 그런데도 시인에게 허락된 것은 '언어'뿐이다. 이런 이유에서 간혹 인쇄되는 활자의 크기를 확대하거나 축소해서, 즉 큰 슬픔을 표현하고 싶을 때는 슬픔을 가리키는 활자를 크게 확대하는 방식으로 감정의 크기를 나타내려고 한 시적 실험도 있었다. 문제는 감정의 크기만이 아니라 감정 자체를 정확히 어떤 단어로 표현하기가 어려운 경우들도 얼마든지 존재한다는 것이다. 이것은 비단 '시'의 문제만은 아니다. 우리도 일상에서 음식의 맛이나 개인의 기분 등을 표현할 때 형언하기 어렵거나 적절한 단어를 찾지 못하는 상황에 놓인다. 다만 우리는 그런 때 맛, 기분 등을 정확히 표현할 단어를 찾기 힘들다는 한계를 쉽게 인정하고, 이미 존재하는 단어들에 끼워 맞추어 표현할 따름이다. 하지만 시인들에게는 이러한 조건이 절망적일 수밖에 없다. 그래서 시는 '언어'로 표현할 수 없는 것을 언어화하는 불가능한 작업이라는 주장이 등장한다. 시는 말할 수 없는 것을 말로 표현하는 것, 나아가 말할 수 없음 그 자체를 말하는 것이기도 하다. 학교교육을 통해 습득한 표준화된 언어만을 신뢰하는 사람이라면 사정이 다르겠지만, 시인들은 주관적 경험을 언어로 표현하려고 시도한다.

지금까지의 이야기를 정리해보자. 시인은 자신의 느낌이나 생각 그 자체를 표현하고 싶지만, 구체적인 느낌이나 생각은 좀처럼 언어로 표현하기 어렵다. 특히 정보 전달을 위해 만들어진 표준화된 언어로는 제대로 표현하기가 불가능하다. 이처럼 경험의 실제 내용과 '언어' 사이에는 틈이 있다. 시인들은 언어 너머의 경험을 제대로 표현하고자 발버둥 치지만 그것은 표준화된 언어를 경유해서만 가능하기에 불가능한 작업이라고 말할 수밖에 없다. 이 틈을 조금이나마 줄이고자 시인들은 표준화된 언어를 사용하되 그것을 정보 전달과 다른 방식으로 사용한다. 이것이 바로 우리가 시에서 목격하는 '언어'이다. 따라서 독자 역시 **시를 읽을 때는 표준화된 언어가 실어 나르는 '정보'가 아니라 그 불완전한 언어를 통해서라도 시인이 표현하고자 했던 것에 집중하고, 나아가 경험의 실제 내용에 도달하고자 노력해야 한다**. 이러한 읽기 방식을 가리켜 '행간을 읽는다.'라고 하는데, 쓴 것만이 아니라 쓰지 않은 것, 끝내 표현되지 못한 것을 읽는 것이 시 읽기의 본질이라는 것이다.

눈이 그친다.
인천(仁川)집 흐린 유리창에 불이 꺼지고
낮은 지붕들 사이에 끼인
하늘은 딱딱한 널빤지처럼 떠 있다
가늠할 수 없는 넓이로 바람은
손쉽게 더러운 담벼락을 포장하고
싸락눈들은 비명을 지르며 튀어오른다.
흠집투성이 흑백의 자막(字幕) 속을
한 사내가 천천히 걷고 있다.
무슨 농구(農具)처럼 굽은 손가락들, 어디선가 빠뜨려버린
몇 병의 취기를 기억해내며 사내는
문 닫힌 상회(商會) 앞에서 마지막 담배와 헤어진다.
빈 골목은 펼쳐진 담요처럼 쓸쓸한데
싸락눈 낮은 촉광 위로 길게 흔들리는
기침 소리 몇, 검게 얼어붙은 간판 밑을 지나
휘적휘적 사내는 어디로 가는 것일까.
이 밤, 빛과 어둠을 분간할 수 없는

> 꽝꽝 빛나는, 이 무서운 백야(白夜)
> 밟을수록 더욱 단단해지는 눈길을 만들며
> 군용(軍用) 파카 속에서 칭얼거리는 어린 아들을 업은 채
>
> 〈백야(白夜)〉, 기형도

이 시는 흑백영화의 한 장면을 연상시킨다. 눈이 내리다 그친 쇠락한 동네, 바람이 휩쓸고 지나가자 바닥에 쌓여 있던 싸락눈들이 흩날리기 시작하고, 그 백야(白夜)의 밤을 배경으로 한 사내가 문이 닫힌 가게 앞에서 마지막 담배를 내던지고 어딘가로 발걸음을 옮긴다. 사내의 군용 파카 속에는 칭얼거리는 어린 아들이 업혀 있다. 이 얼마나 쓸쓸하고 비극적인 풍경인가. 시인은 풍경이나 대상에 대한 자신의 주관적 느낌을 최대한 자제하는 듯한 태도를 보이면서 오직 풍경을 사실적으로 묘사하는 데 집중하고 있는 것처럼 보인다. 이 시는 전형적인 '보여주기' 작품으로, 사실적으로 묘사된 상황 자체에서 비극적 느낌이 최대한 표출될 때 성공적이라고 평가할 수 있다. 하지만 앞에서 우리는 시인이 자신이 묘사한 세계에 대해 중립적인 태도를 보일 수 없다고 말했다. 이 설명을 대입해보면 이 시에서의 비극적 느낌 역시 상황이나 장면 자체에서 기원하는 것이 아니라고 말할 수밖에 없다. 이 시에서 묻어나는 비극적 느낌은 상황이나 장면이 아니라 시인의 시선이 이미 세계를 비극적으로 바라보고 있음에서 기원하는 것이다. 시인은 잔뜩 찌푸린 하늘을 "딱딱한 널빤지처럼" 떠 있다고 표현한다. 또한 시인은 인적이 끊긴 골목이 "펼쳐진 담요처럼 쓸쓸"하다고 진술한다. 기형도는 자신의 대표작인 〈안개〉에서도 "두꺼운 공중의 종잇장 위에/노랗고 딱딱한 태양이 걸릴 때까지"나 "순식간에 공기는/희고 딱딱한 액체로 가득찬다." 등처럼 세계에 대한 부정적 느낌을 견고하고 딱딱한 고체적인 것으로 표현하는 경향을 보였다. 그러니까 이 시 또한 세계를 긍정할 수

없는 시인 내면의 시선에 비친 풍경이라고 말할 수 있다. 그 풍경의 비극성은 다분히 풍경 자체가 아니라 시인의 내면에 의해 가공된 것으로 이해하는 것이 타당하다. 요컨대 시가 현실 세계에 대한 시적인 변형이라면, 우리가 시를 읽으면서 관심을 쏟아야 할 것은 왜, 어떤 상태가 시인에게 현실을 특정한 방식으로 변형하도록 만들었을까 상상하는 것이어야 한다. 이 과정에서 우리는 시인이 반복하는 것, 즉 시에서 반복되는 것에 주목해야 한다. 기형도에게 '딱딱한 것'이 그러했듯이, 시인들의 내면은 대개 반복적인 요소를 통해 이해할 수 있는 법이다.

3. 나는 이렇게 썼다

최근 두 편의 글을 썼다. 하나는 천수호 시인의 시집 《수건은 젖고 댄서는 마른다》에 수록된 해설이고, 다른 하나는 김혜순 시인이 최근 출간한 시집들을 '포스트 휴먼'이라는 관점에서 분석한 학술논문이다. 시집 해설을 쓸 때는 두 가지 사항을 빠뜨리지 않으려고 노력하는 편이다. 이미 출간된 시인의 시집들을 읽고 시 세계의 전반적 경향을 파악하는 것과 이번 시집에서 두드러진 점을 찾는 것. 이것이 내 해설 쓰기의 핵심이다. 천수호의 시는 일상적 사물을 낯선 감각으로 표현하는 것이 특징이다. 그런데 이번 시집에서는 두 개의 공간, '서울'과 '양평'에 대한 이야기가 선명하게 구분된다는 사실을 발견했다. 시인에게 '서울'은 생활과 일상의 공간이지만, '양평'은 아픈 사람들, 특히 생사의 갈림길에 있는 사람들이 사는 곳으로 경험되고 있었다. 비교적 가까운 관계에 있는 사람이 '양평'에서 투병 생활을 했고, 주기적으로 그곳을 방문하게 되면서 '양평'에서 투병 중인 환자가 많다는 사실을 알게 된 듯했다. 그래서 시인에게 '양평'은 '죽음'과 '고통'에 가까운 세계처럼 느껴진 것이다.

해설을 쓰면서 '죽음'과 '고통'에 관한 책들을 많이 읽었다. 다니엘 페나크의 소설《몸의 일기》는 인간을 정신이나 이성능력이 아닌 신체를 중심으로 이해할 수 있는 시선을 제공한다는 점에서 흥미로웠고, 수전 손택의《타인의 고통》은 타인의 '고통'을 호기심의 대상으로 바라보면 안 되는 윤리적 성찰을 제공한다는 점에서 유용했다. 시인들은 흔히 세계를 주관적인 방식으로 변주하면서 시를 쓰는데, 시적 대상이 가까운 이의 '고통'이나 '죽음'이어서 그런지 천수호의 이번 시집에서는 그런 변주의 노력보다는 타인의 '고통'에 다가가려는 태도가 더욱 두드러졌다. 우리는 각종 위험과 질병, 자살 등 죽음의 가능성에 노출된 상태로 살고 있다. 그런데도 자신이 죽을 수 있다는 사실을 생각하면서 사는 사람은 드물다. 하지만 질병으로 인해 고통받는 사람들, 위중한 질병 때문에 힘든 투병 생활을 하는 사람의 경우는 사정이 다르다. 마찬가지로 조금씩 죽음으로 향해가고 있는 사람을 바라보는 일 또한 상당히 낯선 경험일 수밖에 없다. 이러한 시인의 경험을 이해하는 일은 쉽지 않다. 특히 친밀한 존재의 죽음은 아무리 반복적으로 경험해도 좀처럼 익숙해지지 않기 때문이다. 해설 원고가 생각대로 풀리지 않을 때는 롤란트 슐츠의《죽음의 에티켓》과 엘리자베스 퀴블러 로스의《죽음과 죽어감》같은 책들을 찾아서 읽었다. 이 책들은 관념으로서의 죽음이 아닌 실제 죽음, 소중한 누군가가 오랫동안 질병 등에 시달리다가 우리 곁을 떠나는 죽음의 전 과정을 중심으로 이야기를 전개한다는 점에서 현대적인 '죽음'에 대한 통찰을 담았다고 평가하고 싶다.

김혜순의 최근 시집들에는 '동물' 이야기가 자주 등장한다. 시집 제목만 살펴보아도《날개 환상통》(2019)에는 새의 '날개'가,《피어라 돼지》(2016)에는 '돼지'가 등장하지 않는가. 심지어 최근 출간된 산문집의 제목도《여자짐승아시아하기》(2019)이다. '짐승'이라는 단어에 주목하자. 이들 시집과 산문집을 읽어보면 이것들이 '인간'에 대한 철학적 존재론 자체에 대한 반론, 구체적으로 말하면 '휴머니즘' '이성' '합리성' 등 전통적으로 '인간'을 설명할 때 동원되는 가치를 비판하고 있음을 알 수 있다. 최근 유행하고 있는 '포스트 휴먼' 논의도 비슷한 주장을 펼친다. 초점을 어디에 두느냐에 따라 전개 양상은 다를 수 있지만, '포스트 휴먼'이라는 개념은 '인간'에 대한 근대적 규정을 넘어선 시대의 '인간'에 관한 이야기이다. 그러니까 인간에 대한 전통적 이해와 그것을 비판적으로 넘어선 또 다른 '인간'에 관한 이해, 그것이 '포스트 휴먼' 담론이다. 시인은 '새'와 '돼지'의 목소리를 빌려 인간의 비인간적인 면모를 비판하고, '휴머니즘'이 인간중심주의에 대한 한낱 이데올로기에 불과함을 밝힌다. 특히 '인간중심주의'에 대한 시인의 비판은 최근의 철학적 흐름인 신유물론이나 뇌과학 등과 교차하는 부분이 있으며, 그 출발점은 우리가 '사물'이라고 부르는 것, '동물'에 대한 인간의 인식이나 태도를 비판적으로 성찰하는 문제와 직결되어 있다. '사물'에 관한 인간 태도의 문제점에 대해서는 마르쿠스 가브리엘, 제인 베넷, 그레이엄 하먼, 레비 브라이언트 등의 저작에 잘 설명되어 있고, '동물'을 대하는 인간의 태도가 지닌 문제점은 자크 데리다, 조르조 아감벤, 피터 싱어 등의 책을 통해 확인했다.

사실 후자의 문제는 굳이 철학적 논의를 인용하지 않아도 충분히 알 수 있다. 언제부터인지는 모르겠지만 구제역 같은 가축 질병이 유행하면 뉴스에는 어김없이 소, 닭, 돼지 등을 산채로 땅에 묻는 장면이 등장하기 시작했다. 가축들의 필사적인 저항과 비명, 생명을 산 채로 땅에 묻으면서 작업자들이 겪는 심리적 충격, 시간이 흐른 뒤 동물의 사체에서 뿜어져 나오는 악취와 부유 물질 등은 우리 시대가 '동물'을 대하는 방식의 단면이다. 하지만 경험에 기초한 이러한 비판적 태도 외에도 내가 놓치고 있는 중요한 문제들이 있을 수 있기에 그 부분을 찾기 위해서는 인류가 '동물'을 어떻게 대해왔고, 그것이 철학과 문명사적으로 어떤 문제를 야기하는가를 확인할 필요가 있다. 철학자들의 저작은 내가 알지 못하는 '지식'을 제공하기도 하지만, 미처 사유하지 못한 지점을 정확히 짚어준다는 점에서 고정관념을 깨뜨리는 '망치'의 역할도 수행한다.

일찍이 피터 싱어는 '권리'의 문제를 인간에게 한정하지 않고 '고통'을 느끼는 모든 존재로 확대해야 한다고 주장하면서 최초로 '동물권'을 주장한 철학자이다. 그런데 자크 데리다는 '인간'이라는 개념이 동물을 비롯하여 인간 아닌 모든 생명에 대한 폭력과 배제를 통해 성립된 것이라면, 그런 인간의 권리를 동물에게까지 확대 적용하는 것(동물권)이 근본적인 대안이 될 수 없다고 주장한다. '인간'이라는 개념 속에 이미 동물에 대한 폭력의 흔적이 포함되어 있으니, 그것을 동물에게 되돌려주는 것은 모순이라는 지적이다. 데리다의 주장에 따르면 '채식'을 한다고 해서 '육식'에 대한 책임에서 절대 자유로울 수 없다. 이미 '인간'이라는 개념 자체에 동물에 대한 폭력이 포함되어 있기 때문이다. 이러한 철학적 논의는 시인이 '동물'에 대해 취하는 태도를 비판적으로 바라볼 수 있는 지점을 제공한다. 이 지점에서 '읽기'와 '쓰기'는 교차한다. 무언가를 쓰기 위해서는 반드시 읽기가 필요하고, 읽기는 또 다른 읽기로 이어지는 것이 글쓰기의 운명이다. 글을 쓰는 사람들이 책을 좋아하고 많은 책을 읽는 이유도 그것이 새로운 사유를 촉발하고 생각을 교정해줌으로써 궁극적으로 글쓰기에 도움을 주기 때문이다.

4. 읽을 만한 문학작품

문학의 '역사'는 작품의 단순한 집적체가 아니다. 작품을 연도순으로 나열하는 것과 문학의 '역사'를 기술하는 것은 다른 문제이다. 문학에서 '역사'는 다수의 문턱으로 구성된다. 특정한 스타일이 등장하여 일정 기간 지속됨으로써 하나의 질서나 전통적 형식이 만들어지고, 그 질서에서 벗어난, 그런데도 강력한 영향력을 지닌 다른 스타일이 등장하여 또다시 일정 기간 지속됨으로써 새로운 질서나 전통적 형식을 형성하는 것, 문학의 역사는 이러한 과정의 반복을 의미하므로 그것은 변화와 발전, 계승과 단절의 역사다. 문학사에서 소위 '명작'으로 일컬어지는 작품들은 바로 이 스타일의 문턱에 해당하는 것들이다. 그래서 개인의 취향이나 흥미에 따른 문학작품 읽기도 중요하지만, 문학에 대한 전반적 이해를 위해서는 이 여러 문턱을 섭렵하는 것이 필수다.

한 가지 염두에 두어야 할 점이 있다. 오늘날 우리가 '문학'이라고 부르는 것이 유럽의 산물이고, 유럽 근대와 그 영향력의 지구적 확장을 통해 광범위한 영향력을 획득한 만큼, 명작의 선정이 유럽의 문학작품이 중심이 될 가능성이 크다는 사실이다. 유럽 이외의 지역에서도 매우 이른 시기부터 고유의 문학작품이 존재했으나 '명작'을 중심으로 한 문학의 역사에 수용되는 경우는 거의 없다. 현존하는 문학사 대부분이 유럽문학의 관점에서 쓴 것이기 때문이다. 따라서 여기서 소개하는 작품들을 읽되 한국문학사의 맥락도 놓치지 않도록 주의하기를 권한다.

• 대니얼 디포, 《로빈슨 크루소》(1719)

근대문학의 주인공은 중세 전통이나 집단 논리에서 벗어나 자신의 욕망을 추구하는 존재, 자신의 문제에 대해서는 종교는 물론이고 가족의 결정도 받아들이기를 거부하는 인물의 모습으로 등장했다. 역사는 이 주인공에게 '개인'이라는 명칭을 부여했다. 이런 이유로 로빈슨 크루소는 근대적 개인의 탄생을 설명할 때 제일 먼저 언급되는 인물 가운데 한 사람이고, 대니얼 디포의 이 작품은 종종 근대소설의 기원으로 평가된다. 이 소설의 원제목은 '요크의 선원 로빈슨 크루소의 생애와 그의 신기하고 놀라운 모험'이다.

1632년 영국 요크시의 중산층 가정에서 출생한 로빈슨 크루소는 어릴 적부터 선원이 되어 바다를 방랑하는 꿈을 간직한 채 성장한다. 하지만 그것은 크루소가 중산층의 삶에 충실하여 안정적인 생활을 영위하기를 원하는 부모의 희망과는 배치되는 것이었다. 열여덟 살이 된 크루소는 어느 날 아버지의 배를 타고 런던으로 항해를 떠난다는 친구를 만나 그 배에 탑승한다. 런던에 도착한 그는 그곳에서 알게 된 선장의 배를 타고 기니로 향하는 여행길에 오르게 되지만, 중간에 터키 해적선의 습격을 받아 포로 신세가 된다. 해적 선장의 노예가 된 그는 2년 후 그곳에서 탈출하는 데 성공하고, 선장의 도움으로 브라질 농장에 안정적인 일자리를 얻는다.

그로부터 4년 뒤 로빈슨 크루소는 농장주의 의뢰를 받고 흑인 노예를 데려오기 위해 아프리카로 향하는 배에 탑승한다. 하지만 크루소가 탄 배는 중간에 폭풍우를 만나 난파하고, 그는 악전고투 끝에 어느 섬에 상륙하게 된다. 그리고 그때부터 28년 2개월 19일 동안의 무인도 생활이 시작된다. 그는 섬에서 탈출하기 위해 갖은 수단을 동원하지만 실패하고 점차 그곳 생활에 적응한다. 18년이 흐른 어느 날 그는 바닷가에서 인간의 발자국을 발견하고 충격을 받는다. 그 발자국의 주인이 그곳에 사는 '야만인'들임을 알게 된 크루소는 그 후로 두려움과 공포심에 휩싸인 채 살아간다.

그러던 어느 날 야만인들이 두 명의 사내를 끌고 가는 장면을 목격하게 된다. 두 사내 가운데 한 명이 감시가 느슨한 틈을 타서 크루소가 있는 방향으로 도주하는데, 크루소는 총을 사용하여 그를 쫓는 사람들을 살해하고 사내를 구해준다. 크루소로 인해 목숨을 건진 사내는 노예가 되겠다고 약속하고, 크루소는 그에게 '프라이데이'라는 이름을 지어주고 영어를 가르친다. 야만인이었던 프라이데이는 크루소를 만난 후 자신이 원래 지녔던 습성을 버리고 빠르게 문명화되었고, 급기야 기독교인이 된다.

시간이 흐른 뒤 크루소와 프라이데이가 거주하는 섬에 영국 배 한 척이 나타난다. 일부 선원이 선상 반란을 일으켜 선장 일행을 끌고 섬에 들어온 것이다. 이에 크루소와 프라이데이는 선장과 포로 일행을 구출하고, 그들과 힘을 합쳐 반란을 진압한다. 그리고 그 배를 타고 영국으로 향한다. 크루소는 백인의 문명을 배우고 싶어 하는 프라이데이를 데리고 고향으로 돌아온다.

17세기에 접어들어 지리상의 발견 등으로 유럽의 해상 강국들에서는 바다를 통한 무역과 식민지 개척, 미지의 세계를 향한 모험이 새롭게 등장하기 시작했다. 당시 유럽 바깥으로의 이동은 '바다'를 통할 수밖에 없었고, 유럽인들에게 '바다'는 곧 낯선 세계를 향한 모험과 방랑을 뜻했다. 대니얼 디포의 이 소설은 중산층의 삶을 물려받기를 거부하고 스스로 자신을 삶의 주인으로 간주하는 인물을 내세움으로써 유럽의 근대사상이 강조한 가치를 구현하고 있고, 동시에 당시 유럽인들이 유럽 바깥의 세계를 어떻게 상상했는가를 분명하게 보여준다. 이런 점에서 로빈슨 크루소의 모험은 한 개인의 욕망으로도, 나아가 유럽이라는 문명의 욕망으로 읽을 수도 있다.

• 오노레 드 발자크, 《고리오 영감》(1834)

보세앙 자작부인의 사촌 동생인 라스티냐크는 법학 공부를 위해 파리에 온 유학생이다. 그의 목표는 하나, 법학을 공부하여 가문을 일으키는 것이다. 그는 보케르의 하숙집에 기거하면서 그곳 사람들을 통해 파리의 현실을 알게 되고, 법학보다는 사교계를 통해 출세하고자 한다. 그리고 마침내 친척인 보세앙 부인의 도움을 얻어 파리의 사교계에 진출한다. 그 과정에서 그는 하숙집에 기거하고 있는 고리오 영감의 둘째 딸인 뉘싱겐 남작 부인인 델핀을 유혹한다. 고리오 영감은 프랑스대혁명의 혼란기에 재면업을 통해 막대한 부를 축적했으나 아내가 사망한 후 두 딸을 높은 신분의 집안에 시집보내기 위해 막대한 지참금을 지불하고 지금은 하숙집에서 사는 인물이다. 하지만 딸을 사랑하는 아버지의 마음과 달리 두 딸은 사치와 향락에 빠져 아버지의 존재를 불편하게 생각한다. 그런데도 고리오 영감은 자신의 전 재산을 딸과 사위에게 주고, 그것도 모자라 딸들이 사치를 일삼느라 진 부채마저 떠안는다. 자신의 재산을 모두 딸들에게 쏟아부은 후 고리오 영감은 가난하게 살다가 죽음을 맞이하지만, 딸들은 아버지의 죽음조차 외면하고 장례식에 참석하지 않는 비정한 태도를 보인다. 반면 사교계를 통해 입신출세를 꿈꾸는 허황된 욕망의 소유자임에도 라스티냐크가 노인의 임종을 지킨다. 작품의 끝부분에서 라스티냐크는 "이제부터 파리와 나의 대결이다."라는 유명한 말을 남기고 고리오 영감의 둘째 딸인 델핀, 즉 뇌싱겐 남작 부인을 만나러 간다.

19세기의 파리는 급격한 변화의 과정에 있었다. '돈'이 세상을 지배하는 중요한 수단이 됨에 따라 귀족계급과 부르주아계급의 타락이 극심한 상태에 이르렀고, 그런 사회를 배경으로 젊은이들은 사치와 향락을 일삼거나 사교계를 통해 출세하는 꿈을 꾸고 있었다. 발자크는 이러한 파리의 타락상과 가치의 혼돈을 사실적인 방식으로 형상화했고, '파리'라는 거대 도시, 그리고 근대적인 사회에서 개인의 운명이 어떻게 결정되는가를 비판적인 시선으로 조망했다. 소설 중간에 등장하는 "파리라는 좋은 도시의 특권 중 하나는 거기서 태어나 살다가 죽어도 아무도 당신에게 주의를 기울이지 않는다는 것이오. 오늘 죽은 사람만 해도 예순 명이나 되는데, 파리의 그 숱한 죽음을 일일이 불쌍하게 생각하려오?"라는 누군가의 목소리는 19세기 파리의 특징을 단적으로 드러낸다.

• 에밀 졸라, 《여인들의 행복 백화점》(1883)

발로뉴 출신의 스무 살 처녀 드니즈 보뒤는 부모님이 모두 돌아가시자 두 남동생을 데리고 파리로 상경한다. 고향에서는 생계를 해결하기가 어려워 파리에서 직물 전문점을 운영하는 큰아버지의 도움을 얻기 위해서이다. 하지만 큰아버지는 가게 맞은편에 들어선 백화점으로 인해 사업에 실패할 운명에 처해 있어 그들을 도울 형편이 되지 못한다. 당장 생활비를 마련해야 하는 드니즈는 때마침 '여인들의 행복 백화점'에서 직원을 구한다는 소식을 접하고 수습 직원으로 근무를 시작한다. 하지만 그곳은 개인의 매출 성과에 비례하여 급여를 받는 곳이었으며 드니즈는 매장 직원들에게 연이어 따돌림을 받게 된다.

한편 백화점의 사장인 무레는 아내의 죽음으로 백화점을 물려받은 인물이다. 평사원으로 입사한 그는 사장인 아내의 눈에 띄어 그녀와 결혼하는 한편 부사장으로 초고속 승진했고, 아내가 죽은 후에는 사장 자리에 오르게 된다. 사장에 취임한 후 무레는 자신만의 방식으로 백화점을 경영하기 시작했고, 무레가 고안한 다양한 판매 방식은 파리의 전통적인 소매업자들을 연이어 도산시키면서 백화점을 상품 판매업의 정점에 올려놓는다. 이 과정에서 무레는 소비 주체인 '여성'을 지배하면 세상을 지배할 수 있다는 생각을 하게 된다. 여성에 대한 무레의 이러한 태도는 작품에서 두 가지 방식으로 표현된다. 하나는 백화점을 상품의 대성당으로 재편하여 상품 구매를 위해 그곳을 찾는 여성들의 욕망을 지배하는 것이고, 다른 하나는 사장이라는 지위를 이용하여 백화점에 근무하는 여직원들을 자신의 성적 대상으로 만드는 것이다. 그리하여 무레는 '돈'을 앞세워 드니즈를 자신의 성적 대상으로 삼으려는 야욕을 드러낸다. 하지만 드니즈는 이러한 무레의 유혹에 굴복하지 않는다. '돈'을 앞세운 유혹에 실패함으로써 옥타브 무레는 더욱 드니즈에게 집착하게 되고, 이 과정에서 무레는 '돈'을 통한 소유와 지배가 아닌 진정한 사랑에 조금씩 눈을 뜨게 된다. 그리고 마침내 무레는 드니즈의 진심 어린 충고를 받아들여 점차 새로운 사람으로 바뀌어 간다.

에밀 졸라의 소설들은 19세기 후반 자본주의가 본격화하기 시작한 '파리'를 배경으로 하고 있다. 흔히 제2제정기로 명명되는 이 시기는 '백화점'과 '극장' 등으로 상징되는 소비자본주의가 꽃을 피운 때이기도 하다. 이러한 자본주의화로 '파리'는 거대한 소비 공간으로 변했고, 동시에 주변 도시는 모두 파리 사람의 소비를 뒷받침하는 예속적 세계로 전락했다. 훗날 사람들은 이 소설에 나타난 옥타브 무레와 드니즈 보뒤의 대립을 '파리'와 그 주변 세계의 대립, 자본주의와 전자본주의사회의 대립 과정으로 읽었다. 당시 사람들은 '돈'을 앞세워 드니즈를 차지하려는 무레의 욕망을 곧 '상품'과 '화폐'를 앞세운 자본주의의 논리로 경험했던 것이다.

- **프란츠 카프카, 《변신》(1916)**

주인공 그레고르 잠자는 어느 날 아침 자신이 흉측한 벌레로 변해버린 것을 발견한다. 자고 일어났더니 딱딱한 각질과 여러 개의 다리를 지닌 벌레가 되어 있는 것이다. 그런데 충격도 잠시, 잠자는 책상 위에 놓인 시계를 보며 출근 걱정을 시작한다. 한 기업의 평범한 영업 사원인 잠자는 파산한 아버지와 어머니, 여동생의 생활비를 벌어야 하는 가장이다. 출근 시간이 지났음에도 잠자가 출근하지 않자 회사의 지배인이 집으로 찾아온다. 잠자가 방문을 열고 나오자 그 모습에 놀란 지배인은 도망가고, 어머니는 충격을 받고 쓰러진다. 시간이 흐른 후 가족은 자신들의 생계를 놓고 회의를 한다. 그리고 잠자의 방을 정리하기로 한다. 하지만 잠자는 자신이 좋아하는 그림을 지키려고 벽에 걸린 그림에 들러붙는다. 그 모습을 본 어머니가 실신하자 아버지는 화를 참지 못하고 쟁반에 있던 사과를 잠자에게 던진다. 아버지가 던진 사과는 잠자의 등에 박혀 커다란 상처를 만든다. 상처를 입은 잠자는 사실상 방 안에 감금되는데, 가족들은 그에게 음식을 주는 것도 잊는다. 벌레가 된 잠자의 존재로 하숙생들이 떠나는 등 생계가 위태로워지자 가족들은 그를 버리기로 결정한다. 다음 날 아침 잠자는 사과로 생긴 상처 때문에 끝내 숨을 거둔다. 잠자, 한때는 가장이었던 존재가 죽자 가족들은 환호하면서 기도한다. 그리고 전차를 타고 교외로 나들이를 떠나 자신들의 희망찬 미래에 대한 이야기를 나눈다.

인간이 벌레로 변신한다는 카프카의 상상력은 역사, 현실, 사회, 인간 등에 초점을 둔 19세기 리얼리즘 소설에서 완전히 벗어난 것이었다. 당시 이 낯선 상상력을 처음 접한 사람들이 느꼈을 충격은 충분히 상상할 수 있다. 하지만 천 년 동안 연속성을 유지하던 유럽의 역사가 완전히 새로운 국면으로 접어드는, 즉 제1차세계대전 무렵에 전에 없던 새로운 상상력이 등장했다는 사실은 많은 것을 시사한다. 이뿐만 아니라 자신의 몸이 벌레로 변했음에도 제일 먼저 '출근' 걱정을 해야 했던 직장인 잠자, 가족 구성원이 벌레로 변하자 걱정하기보다는 그 사실을 숨기는 데 급급해하며, 결국 잠자가 사망하자 기쁜 마음으로 자신들의 미래를 상상하는 가족의 모습은 카프카에게 '직장'과 '가족'이 어떤 의미였는가를 단적으로 말해준다.

• 샤를 보들레르, 《파리의 우울》(1869)

19세기 문학사에서 보들레르는 《악의 꽃》(1857)의 시인으로 기억된다. 낭만주의와 상징주의 사이에 있는 보들레르의 작품은 시에 있어서 새로운 감각을 선보였고, 그 새로움으로 인해 상당한 고평(高評)과 악평(惡評)을 동시에 들어야 했다. 보들레르는《악의 꽃》출간 직후 미풍양속을 해쳤다는 이유로 기소되는 수난을 겪기도 했다. 산문 시집《파리의 우울》은 제목 그대로 19세기의 수도로 부상하고 있던 '파리'를 열광과 도취의 시선이 아닌 '우울'한 시선으로 그려낸다. 프랑스는 제2제정기에 접어들어 파리 전체를 새로운 도시로 바꾸는 국가적 프로젝트를 시작했고, 근대성의 폭력을 동반한 그 대규모 건설 사업은 '파리'를 소비와 유흥의 세계로 바꿔놓았다. 하지만 이 시집에서 보들레르는 새롭게 단장한 파리가 아니라 변두리, 화려한 건물의 전면이 아니라 이면을 부각해 근대성의 폭력을 비판적으로 조망한다. 이 시집에서 보들레르는 걸인, 매춘부 등을 비롯하여 가난한 사람들의 모습을 집중적으로 드러낸다.

고봉준 경희대학교 후마니타스칼리지 교수로 재직하고 있다. 고석규비평문학상(2006), 젊은평론가상(2015), 시와시학평론상(2017)을 수상하였다. 저서로《근대시의 이념들》《문학 이후의 문학》《한국 현대시의 공간연구》등이 있다.

3 인문고전 읽는 법

전호근

인문고전 읽는 법

전호근

나는 책 읽는 시간이 영화나 다른 매체를 접하는 시간보다 많다. 책이 영화보다 더 재미있다거나, 책이라는 매체가 더 우월하다고 생각해서가 아니다. 책을 읽을 때 상상력이 더 커지고 자유도가 높기 때문이다. 책을 읽을 때는 등장인물의 대사는 말할 것도 없고 걷거나 뛰는 속도, 풍경을 얼마든지 마음대로 조정할 수 있다. 심지어 거꾸로 돌리거나, 단편을 장편으로, 장편을 단편으로 바꿀 수도 있다. 이런 마술은 책을 읽을 때만 가능한 일이다. 영화나 여러 영상 매체는 내게 그런 점에서 닫혀 있는, 아니 갇혀 있는 장르에 가깝다. 읽은 책의 권수를 기준으로 말하자면 많은 편은 아니다. 천천히 읽기 때문이다. 빨리 읽지 않는 까닭은 속독이 읽는 즐거움을 앗아간다는 것을 알기 때문이다. 생각해보라. '제제'와 '뽀르뚜가'의 우정이 얼른 지나가길(《나의 라임 오렌지 나무》), 인디언 '작은나무'와 '체로키족 할아버지'의 사랑이 빨리 끝나기를(《내 영혼이 따뜻했던 날들》) 바라는 바보가 어디 있겠는가? 느리게 달려야 매일 달릴 수 있고 매일 달려야 멀리까지 달릴 수 있다는 말은 달리기에만 해당하는 이야기가 아니다. 내 생각에 모름지기 책이란 천천히 읽어야 매일같이 읽을 수 있고 제맛을 느낄 수 있는 법이다. 한 번 읽은 책을 두 번 세 번 반복해서 읽는 경우도 많다. 내 경험을 빌어 이야기하자면 한 권의 책을 백 번 읽는 것이 백 권의 책을 한 번씩 읽는 것보다 나았다. 한 권을 여러 차례 읽어서 앞 문장을 읽으면 이어지는 문장이 바로 생각날 즈음이 되면 비로소 책 속의 주인공이 되어 또 다른 삶을 살아보는 즐거움을 누리곤 했다.

책을 읽으며 얻는 가장 큰 즐거움은 몰입이다. 몽테스키외는 한 시간의 독서로 이겨내지 못할 걱정거리는 없다고 했는데 나도 그랬다. 책의 중독성은 생각보다 강하며 그로 인한 위로의 크기는 헤아릴 수 없다. 제2차세계대전 중 독일군 병사들이 참호 안에서 헤르만 헤세의 《수레바퀴 아래서》를 읽었던 까닭은 독서가 전쟁의 공포마저도 잊게 해주었기 때문일 것이다. 책을 읽고 있을 때만은 술도 담배 생각도 나지 않는다. 게다가 폼까지 난다. 누군가 책에 몰입하고 있는 모습은 아름다운 정경이 된다.

책을 읽을 때 나는 행간을 읽기도 하고, 단어와 단어 사이의 통로를 따라 가로로 조판된 책을 세로로 읽거나, 세로로 조판된 책을 가로로 읽기도 하면서 책 속에 난 길을 여행한다. 때론 한 칸씩 띄어 읽거나 대각선으로 읽어보기도 한다. 혹 저자가 몰래 넣어둔 암호가 있을지 모르기 때문이다.

책갈피를 고르는 일도 빼놓을 수 없는 즐거움이다. 내게는 모딜리아니의 그림이 그려진 금속제 책갈피와 클림트의 〈키스〉가 그려진 자석식 책갈피가 있다. 선물 포장용 끈을 잘라 직접 만들기도 한다. 간혹 누가 근사한 책갈피를 선물로 주면 기꺼이 식사를 대접한다. 그러한 친절은 내게 그만한 대접을 받을 자격이 있다.

버트런드 러셀은 《행복의 정복》에서, 관심 분야가 많은 사람일수록 행복할 기회가 그만큼 늘어난다고 주장했다. 관심 분야가 많으면 어떤 한 가지를 잃게 된다고 해도 다른 것에 의지할 수 있기 때문이다. 이어서 그는 즐거움의 두 가지 예로 축구 경기 관람과 독서를 들면서 다음과 같은 재미있는 이야기를 했다. 축구 경기 관람을 좋아하는 사람은 싫어하는 사람에 비해 그만큼 더 즐겁고, 책읽기를 좋아하는 사람은 싫어하는 사람에 비해서 훨씬 더 즐겁다. 그런데 축구 경기 관람보다 책읽기가 더 즐거운 까닭은 책을 읽을 기회가 훨씬 많기 때문이라고 했다. 글을 읽거나 쓰는 데는 비용이 거의 들지 않으니 이런 즐거움을 왜 마다하겠는가.

1. 인문고전은 왜 읽어야 하는가

길고 긴 독서 목록을 가진 건 아니라고 했지만, 전공 분야인 인문고전은 참 많이도 읽었다. 그런데 그런 독서는 반드시 즐겁지만은 않다. 직업으로, 그러니까 생존을 위해 읽기 때문이다. 번역이라도 하려 하면 필경 문자와 사투를 벌여야 하니 때론 고통스럽기조차 하다. 이런 독서에서 즐거움은 늘 저만치 물러나 있기 마련이다. 직업으로서 글을 읽는다는 것은 즐거움을 위한 독서와는 결이 한참 다른 것이다. 그 때문에 전공 영역에서 살짝 비켜 있는 문학작품을 읽을 때 나는 독서의 진정한 즐거움을 맛본다.

그렇다면 생존을 위해, 다시 말해 직업으로서 읽는다는 것은 어떤 의미인가. 예컨대 내가 한 분야의 전공자로서 어떤 고전을 읽었다고 할 때 '읽었다'는 뜻은, 한두 번 읽은 적이 있다는 과거의 독서 경험을 가리키는 말이 아니다. 수십 번 수백 번 읽었다는 말이며 지금도 머릿속에 그 고전의 내용이 들어 있어 책을 펼치고 있지 않아도 실은 계속해서 읽고 있다는 의미다. 이런 식의 책읽기는 단순히 책의 내용을 머릿속에 담아두기 위해서 하는 게 아니다. 그렇게 읽지 않으면 책을 읽으면서 던진 물음에 답할 수 없을 뿐더러 책에 담겨 있는 통찰을 내 것으로 만들 수 없다.

인문고전을 읽는 까닭은 세계를 더 깊이 이해하고 나를 진지하게 성찰하는 데 있다. 이는 다른 책을 읽을 때도 마찬가지다. 인문고전에 담겨 있는 질문들은 이를테면 '나는 누구인가' '어떻게 살아야 하는가' '이 세계는 어떻게 지탱되고 있는가' '삶에는 어떤 의미가 있는가' '나는 왜 이 지구에 있는가'와 같이 쉽사리 답할 수 없는 근본적인 물음들이다. 당연하게도 이런 물음의 답은 책에서 바로 찾을 수 있는 것이 아니다. 책을 읽은 뒤 자신이 발 딛고 있는 구체적인 현실 속에서 끊임없이 되물음하며 찾는 가운데 스스로 발견하는 것이다. 만약 책을 한 번 읽고 내려놓아 버리면 책에 담긴 물음이나 통찰이 나의 삶과 무관한 것으로 멀어지고 말 것이다. 옛사람들이 '책 따로 나 따로'가 되어서는 안 된다고 경계한 것은 이런 이유에서다.

인문 분야에서 고전에 해당하는 책들은 대부분 오랜 시간을 견뎌온 책들이다. 이를테면 동아시아의 대표적인 고전인《논어》와 서양의 대표적인 고전인 플라톤의《대화편》은 모두 2,500년이라는 오랜 세월을 견뎌온 헌책 중의 헌책이다. 모든 사라지는 것들은 그럴 만한 이유가 있고 지속되는 것들 또한 그럴 만한 이유가 있기 때문이지만, 책의 경우에는 더 그렇다. 어떤 책의 존속 여부를 가늠하는 데 시간의 흐름보다 더 공정한 심판관은 없다. 그러므로 고전을 읽을 때는 이 책이 어떤 이유로 사람들에게 잊히지 않고 지금까지 전해졌는지 질문을 던져야 한다. 그리고 이 질문에 답하려면 모름지기 고전이 성립한 시대를 살피고 고전의 저자가 당대를 어떻게 바라보았는지에 마음을 써야 한다.

실천적 지식인의 한 명인 신영복 선생은 독서의 목적에는 세 가지가 있다고 이야기했다. 독서는 모름지기 자신을 열고 자신을 확장하고 자신을 뛰어넘는 비약(飛躍)이어야 한다는 것이다. 이른바 삼독(三讀)이다. 책을 읽을 때는 먼저 글을 읽음으로써 그 글을 쓴 저자를 읽어야 하며, 다음으로 그 글이 제기하고 있는 문제와 함께 저자가 어떤 시대 어떤 세상에 발 딛고 있는지를 읽어야 하며, 마지막으로 그 글을 읽고 있는 독자 자신을 읽어야 한다. 그렇게 함으로써 자신의 처지와 우리 시대의 문맥(文脈)을 깨달을 수 있다는 것이다.

결국 책을 읽는다는 것은 저자와 만나는 일뿐 아니라 독서로 변화하는 또 다른 나와의 만남이기도 하다. 읽고 난 뒤의 나는 읽기 이전과 또 다른 나이기 때문이다. **또 어떤 새로운 나를 만날 것인가, 책을 읽기 전에 이런 설렘을 가진다면 비로소 읽을 준비가 된 것이다.** 어떤 책은 바늘처럼 나를 찌르고, 어떤 책은 생각에 잠기게 할 것이고, 어떤 책은 무릎을 치게 하고, 어떤 책은 눈물짓게 할 것이다.

2. 인문고전은 어떻게 읽어야 하는가

마크 트웨인은 "고전이란 모두가 읽고 싶어 하지만 아무도 안 읽는 책"이라고 말했다. 막상 고전을 읽는 사람이 드문 것처럼 보이는 까닭은 고전 읽기가 생각보다 쉽지 않기 때문이다. 고전이 어려운 데는 여러 가지 이유가 있지만, 대체로 독자를 배려하지 않는 책이라는 데 일차적인 이유가 있다. 고전의 저자는 이미 오래전에 고인이 된 옛사람이다. 지금의 독자가 내용을 이해하려면 시대를 뛰어넘는 노력을 해야 한다.

다행히 고전은 세상에 나온 이래 짧게는 수십 년 길게는 수천 년 동안 전해지면서 헤아릴 수 없을 정도로 많은 독자를 만나왔다. 마크 트웨인은 아무도 읽지 않는다고 했지만 실은 오래된 세월만큼이나 많은 독자를 가진 것이 고전이다. 이렇게 역사 속에서 독자들을 만남으로써 시대마다 새롭게 태어나는 책이기도 하다. 고전의 진정한 힘은 여기에 있다.

고전은 당대의 베스트셀러는 아니었을지 몰라도 시대를 넘어 여느 베스트셀러보다 많이 읽힌 책이다. 따라서 고전을 읽으면 수백, 수천 년을 살아온 이들과 대화를 나눌 수 있다. 고전을 읽을 때 앞서 그 책을 읽은 이들의 해설을 함께 읽으면 더 많은 것을 깨달을 수 있다. 예컨대 《논어》를 읽는다면 과거의 독자였던 맹자, 노자, 장자와도 대화할 수 있고, 훨씬 뒤의 독자인 주희나 왕수인, 이황과 이이, 박지원, 정약용을 만날 수 있을 뿐 아니라, 지금 읽는 사람들과도 이야기할 수 있다. 물론 처음부터 해설까지 찾아 읽을 필요는 없으며, 그럴 수도 없다. 이를테면《논어》는 단 한 권이고 글자 수가 15,000여 자에 지나지 않지만, 해설을 붙인 주석서는 3천 종이 넘고 글자 수는 수천만 자에 달한다. 따라서 처음에는 한두 종의 대표적인 주석만 참고하면 된다. 해설을 함께 읽는 이유는 앞서 고전을 읽은 다른 독자들의 의견을 참고함으로써 저자의 의도를 더 정확하게 이해하기 위해서이지만, 무엇보다 잘못 읽는 오류를 범하지 않기 위해서다.

예컨대 플라톤《대화편》중《소크라테스의 변명》이나《크리톤》을 읽고 악법도 법이라고 잘못 이해한다든지,《논어》를 읽고 임금과 신하의 관계를 절대시한다면 안 읽느니만 못한 결과가 된다. 어떻게 읽느냐가 중요하다는 말이다. 플라톤《대화편》과《논어》는 각각 동아시아와 서양 고대를 대표하는 고전이지만, 잘못 읽으면 엉뚱한 소크라테스와 공자를 만나게 된다. 엉뚱한 소크라테스를 만나면 악을 정당화하는 오류를 범하게 되고,《논어》를 잘못 읽으면 나라를 팔아먹는 배신을 저지를 수도 있다. 실제로 어떤 이(윤봉길)는《논어》를 읽고 나라를 위해 목숨을 바쳤는데, 어떤 이(이완용)는《논어》를 읽고 나라를 팔았다. 인문고전을 읽을 때 길잡이가 필요한 까닭이다.

사전을 옆에 두고 읽어라

인문고전을 읽기 어려운 또 다른 이유가 있다. 고전에서는 구체적이고 알기 쉬운 대상을 논하기보다 보이지 않는 추상적인 개념을 이야기하는 경우가 많기 때문이다. 이를테면 동양의 고전《장자》에는 이런 대목이 나온다.

'처음'이라는 말이 있으며, 처음에 '처음이라는 말'이 아직 있지 않았다는 말이 있으며, 처음에 '처음에 처음이라는 말이 아직 있지 않았다.'는 말도 아직 있지 않았다는 말이 있다. 있음이라는 말이 있으며, 없음이라는 말이 있으며, 처음에 '없음이라는 말'이 아직 있지 않았다는 말이 있으며, 처음에 '처음에 없음이라는 말이 아직 있지 않았다는 말'이 아직 있지 않았다는 말이 있다. 이윽고 없음이 있게 된 것이다. 그런데 아직 알지 못하겠다. 있음과 없음 중에서 과연 어느 것이 있고 어느 것이 없는 것인지를. 이제 내가 이미 말함이 있는데 아직 알지 못하겠다. 내가 말한 것이 과연 말함이 있는 것인가 아니면 과연 말함이 없는 것인가.

《장자》, 전호근 외 옮김, 전통문화연구회, 2017, 58~59쪽.

시간과 존재에 대한 깊은 통찰이 담긴 이런 글은 독자에게 절망스러울 정도로 모호하게 다가올 것이다. 사람들 대부분은 구체적인 시간과 공간 속에 살고 있으면서도 막상 시간과 공간 자체를 대상으로 삼아 사유하기 어렵다. 그 까닭은 이해력이 부족해서가 아니라 보이지 않는 대상을 사유하는 방법에 익숙하지 않기 때문이다. 그 때문에 고전 중에서도 추상적 대상을 이야기하는 글을 읽을 때는 다른 책을 읽을 때보다 훨씬 더 많은 공을 들여야 한다. 수동적 독서만으로는 이런 글을 이해할 수 없기 때문이다. 따라서 이해하기 어려운 표현이나 개념이 나올 때는 사전과 주석을 참고하면서 읽어가는 학습 과정이 필요하다. 자신만의 사전을 만들면서 읽으면 더 좋다. 예컨대 플라톤《대화편》을 읽을 때는 〈플라톤 사전〉을 만들고, 《논어》를 읽을 때는 〈논어 사전〉을 만들면서 읽으면 어느새 전문가가 되어 있는 자신을 발견할 수 있을 것이다.

사전을 만드는 정도까지는 아니더라도 고전을 읽을 때는 책을 깨끗하게 다룰 생각을 버려야 한다. 책을 깨끗하게 읽은 뒤 모셔놓거나 다시 내다 팔려고 하기보다 오히려 책을 더럽히는 것이 좋다. 어려운 책일수록 반복해서 읽으면서 인상 깊은 대목에 밑줄을 긋고 자기 생각을 적거나 감상을 써두면 다음에 읽을 때는 더 쉽고 재미있다. 어차피 고전은 한 번 읽었다고 금세 이해되는 책이 아니다. 밑줄을 긋는 것은 생각보다 중요하다. 어떤 사람이 어떤 대목에 줄을 그었는지 살펴보면 그 사람을 알 수 있다. 밑줄을 긋는 것은 실은 자기를 긋는 일이기 때문이다. 물론 밑줄 정도가 아니라 아예 서평을 쓴다면 더할 나위 없다.

반복해서 읽고 필사하고 머릿속에 기억하라

이해하기 어려운 대목이 나오면 건너뛰거나 천천히 반복해서 읽는다. 중국 근대의 문호 노신은, 책을 읽다가 의문이 생겼다고 계속 그곳만 보고 있으면 아무리 오래 있어도 이해가 안 될 것이므로 건너뛰었다가 다시 앞으로 돌아가라고 조언한다. 반면 중국의 지도자 마오쩌둥은 세 번 반복해 읽고 네 번 익히라는 이른바 '삼복사온(三復四溫)'을 강조하며 붓으로 쓰지 않는 독서는 독서가 아니라는 원칙을 세웠다. 이해하기 어려운 문장을 직접 써보면 읽기만 할 때보다 훨씬 깊이 이해할 수 있다. 그가 풍부한 지식과 남다른 통찰을 갖추어 탁월한 지도자가 된 까닭은 이 같은 독서법이 크게 작용했다.

덧붙여 정말 간절하게 알고 싶다면 암기를 권한다. 인간의 기억은 놀라운 데가 있어서 뜻을 몰라도 외울 수 있다. 이를테면 노자의《도덕경》전문을 암기하는 이들이 많지만 뜻을 아는 이는 극히 드물다. 하지만 뜻을 모른다 해도 머릿속에 있으면 상황이 되었을 때 뜻을 알 기회를 잡을 수 있다. 말할 것도 없이 머릿속에 넣어두지 않으면 그런 기회가 와도 살리지 못한다.

중국 송나라의 주희는 평생의 정력을 기울여《대학장구》를 완성한 뒤에

"《대학》은 경문(經文)이 있고 주석인 혹문(或問)이 있는데 여러 차례 반복해서 읽다 보면 주석인 혹문은 읽지 않고 경문만 보아도 될 것이고, 경문을 오랫동안 읽게 되면 마침내 《대학》이 내 가슴속에 간직되어 경문조차 볼 필요가 없게 될 것이다."라고 했는데, 아무리 어려운 글이라도 반복해서 읽고 머릿속에 넣어두면 마침내 이해할 수 있게 된다는 뜻이다.

눈으로만 읽지 말고 입으로 소리 내어 읽어라

책을 읽는다는 건 본래 소리 내어 읽는다는 뜻이다. 안중근 의사의 휘호로 유명한 일일부독서 구중생형극(一日不讀書 口中生荊棘)이라는 말은 본래 조선시대 어린이 학습 교재 중 하나인 《추구집》에 보이는 구절로 하루라도 글을 읽지 않으면 입안에 가시가 돋는다는 뜻이다. 글이란 모름지기 입으로 소리 내어 읽어야 한다고 생각했기 때문에 그렇지 않으면 가시가 입안에 돋는다고 한 것이다. 본래 독서(讀書)의 '讀'에 말을 뜻하는 '言'이 붙어 있는 것도 그런 이유다.

소리 내어 읽는 전통은 동서가 다르지 않다. 이를테면 호메로스의 《일리아스》는 호메로스 혼자 지어낸 작품이 아니라 구전되어 오던 이야기를 호메로스가 정리한 것이다. 입에서 입으로 전해지려면 말할 것도 없이 소리 내어 읽어야 가능한 일이다. 《일리아스》 중에서 트로이아의 프리아모스왕이 그리스의 영웅 아킬레우스를 만나는 마지막 장면에서도 소리 내어 읽기에 딱 좋은 문장이 나온다. 트로이아의 용사이자 프리아모스의 아들인 헥토르는 아킬레우스와 싸우다 창에 찔려 죽는다. 아킬레우스는 친구 파트로클로스를 죽인 헥토르를 증오한 나머지 그의 시신을 수레에 매달고 트로이아 성을 열두 바퀴 돈 다음 시신을 돌려주지 않고 그대로 그리스 진영으로 돌아가 버린다. 프리아모스왕은 아들 헥토르의 시신을 돌려받기 위해 주위 사람들의 만류를 뿌리치고 보물을 가득 싣고 무장하지 않은 채 그리스 진영으로 아킬레우스를 찾아간다. 그다음이 내가 곧잘 소리 내어 읽는 대목이다.

> 프리아모스는 두 손으로 아킬레우스의 무릎을 잡고 자기 아들들을 수없이 죽인, 남자를 죽이는 그 무시무시한 두 손에 입을 맞추었다. 프리아모스는 이렇게 애원했다.
>
> "신과 같은 아킬레우스여, 그대의 아버지를 생각하시오! 나와 동년배이며 슬픈 노령의 문턱에 서 있는 그대의 아버지를! … 그래도 그는 행복한 사람이오. 그는 그대가 살아있다는 소식을 들으면 날이면 날마다 사랑하는 아들이 트로이아에서 돌아오는 것을 보게 되기를 고대하고 있을 것이오. 하나 나는 참으로 불행한 사람이오. 드넓은 트로이아에서 나는 참으로 훌륭한 아들들을 낳았건만 그중 한 명도 안 남았으니 말이오. … 나는 세상의 어떤 사람도 차마 못한 짓을 하고 있지 않소! 내 자식들을 죽인 사람의 얼굴에 손을 내밀고 있으니 말이오."
>
> 《일리아스》, 호메로스, 천병희 옮김, 도서출판 숲, 2015. 700~702쪽.

프리아모스의 애원에 마음이 움직인 아킬레우스는 자신의 아버지 펠레우스를 떠올리고는 프리아모스를 붙잡고 함께 울기 시작한다. 한 사람은 자기 아들을 생각하며 울고 또 다른 한 사람은 자신의 아버지를 생각하며 운 것이다. 두 영웅의 울음소리는 그리스 진영을 넘어 트로이아 성까지 들렸다고 한다. 이 대목을 소리 내어 읽은 날 잠을 이루지 못했다.

입을 넘어 몸으로 읽어라

소리 내어 읽어야 한다고 했지만 어떤 책은 그것만으로는 부족하다. 입으로 읽는 것이 아니라 몸으로 읽어야 할 글들이 있다. 이를테면 혁명가 로

베스피에르의 연설문이나 마르크스의 《공산당 선언》, 인권운동가 킹 목사의 연설문을 읽을 때 또박또박 읽기만 하는 것으로는 아무리 뛰어난 글이라 해도 나를 변화시키는 데 이르지 못한다. 누군가 목숨을 걸고 쓰고 또 읽었을 이런 글은 모름지기 당시 현장 상황을 생각하며 온몸으로 읽어보는 것이 좋다. 선율과 박자에 맞춰 몸을 움직이면 음악을 더 깊이 이해할 수 있는 것처럼, 팔다리를 움직이며 때로 책상도 치고 고함도 지르며 읽을 것을 권한다. 어떤 글은 단숨에 읽어야 한다. 자유와 혁명을 노래한 김수영 시인의 시 〈푸른 하늘을〉은 숨 한 번 쉬지 않고 단숨에 읽어야 비로소 노고지리가 무엇을 보고 노래하는지, 어째서 자유에는 피의 냄새가 섞여 있는지, 왜 혁명은 고독한 것인지 느낄 수 있다.

소포클레스나 셰익스피어의 작품을 읽을 때는 연극의 주인공이 되어보는 것이 좋다. 이를테면 《안티고네》를 읽을 때는 안티고네와 이스메네의 대화 장면을 연기해본다. 국가의 법을 지킬 것이냐, 신의 법을 따를 것이냐, 삶과 죽음을 가르는 판단을 내릴 수밖에 없는 상황이다. 주인공들의 절박함을 목소리와 몸동작으로 표현하거나, 죽은 자의 시체가 되어 산 자를 바라보는 연기를 하면 작품을 이해하는 깊이가 달라질 수밖에 없다. 무엇보다 이렇게 하면 스스로 책 속 주인공이 되어 다른 사람의 삶을 살아볼 수 있다. 다시 태어나지 않고도 다른 사람의 삶을 살아볼 기회를 놓친다면 안타깝기 짝이 없는 일이다.

책을 덮고 탄식하거나 눈물 흘릴 줄 알아야

사마천은 《맹자》를 읽다가 양나라 혜왕이 맹자에게 어떻게 자신의 나라를 이롭게 해줄 것인지 묻는 대목에 이르러 책을 덮고 탄식했다. 한 나라의 왕이 오로지 이익에 골몰한 나머지 의리를 저버리는 대목에서 탄식하지 않을 수 없었기 때문이다. 사마천이 《사기》의 〈열전〉을 편찬하면서 의리를 지키다 굶어 죽은 백이와 숙제의 이야기를 맨 앞에 배치한 까닭이 있다. 온 세상 사람들이 이익을 향해 달려갈 때 그들만 의리를 지켰다고 생각했기 때문이다. 이는 오로지 이익만 추구하는 폐단을 보고 탄식한 나머지 그 폐단을 바로잡으려 한 결과일 것이다.

박지원이 죽은 형을 그리워하며 쓴 시 〈연암억선형〉을 읽은 이덕무는 "형제간의 정이 진실하고 간절하게 드러나 나도 모르게 눈물을 흘렸다."라고 했다. 누군가 어떤 글을 읽고 탄식하는데 나는 그렇지 못하다면 정말 탄식해야 할 대상은 내가 아닐까. 누군가 어떤 글을 읽고 눈물을 흘렸는데 나에게는 그런 일이 전혀 일어나지 않는다면 정말 눈물 흘려야 할 사람은 나일지도 모른다.

이황은 제자 정유일에게 보낸 편지글에서 이렇게 썼다.

> 내가 몇 달 동안 병으로 누워 있으면서 주자(朱子)의 글을 한 번씩 보았다. 간절하게 마음에 와닿는 구절을 만날 때마다 세 번씩 반복해서 읽었는데 마치 바늘이 내 몸을 찌르는 것 같았고 잠이 확 깨는 것 같았다.

이황은 글을 읽으면서 마치 바늘에 찔리는 것 같았고 잠이 확 깨는 것 같았다고 했다. 만약 나의 독서에서 그런 일이 전혀 일어나지 않는다면 실은 책을 한 권도 읽지 않은 것인지도 모른다.

나를 성찰하며 읽어라

책을 읽을 때 생각하면서 읽어야 한다. 지식인의 가장 큰 문제는 어떤 사안을 두고 이야기할 때 자신을 쏙 빼놓는 못된 버릇이다. 지식만 추구하는 독서는 인간을 위에서 아래로 내려다보는 어리석음을 범하게 한다. 이런 식의 읽기는 참된 독서와는 거리가 멀다. 참된 독서는 모름지기 글을 통해서 나를 돌아볼 때 가능하다.

예컨대 굴원의 〈어부사〉에는 이런 대목이 있다. 굴원이 "온 세상이 다 흐린데 나 홀로 깨끗하고 모든 사람이 다 취했는데 나 홀로 깨어 있어서 쫓겨났다."라고 탄식하자, 어부가 굴원의 태도를 나무라면서 "창랑의 물이 맑으면 내 갓끈을 씻을 것이고, 창랑의 물이 흐리면 내 발을 씻으리라."라고 노래한다. 어부는 물이 맑으면 맑은 대로 흐리면 흐린 대로 그에 따라 자신의 태도를 결정하는 것이 마땅하다고 이야기한다. 그러니까 세상이 깨끗하면 깨끗하게 행동하고, 세상이 더러우면 함께 더러운 짓을 하면 되는 것이지 무엇 때문에 홀로 깨끗한 척, 잘난 척하느냐고 굴원의 태도를 풍자한 것이다. 이 어부의 노랫말은 《맹자》에도 기록되어 있다. 《맹자》에는 어느 어린아이가 이 노래를 부르자, 공자가 듣고 제자들에게 "어린 제자들은 잘 들어두어라. 물이 맑으면 갓끈을 씻고 물이 흐리면 발을 씻으니 모두 물이 스스로 초래한 것이다."라고 말한다. 똑같은 노래지만 받아들이는 관점이 전혀 다르다. 어부의 경우는 창랑의 물을 세상에 견주어서 '세상이 깨끗하면 나도 깨끗하게, 세상이 더러우면 나도 더럽게'라는 뜻으로 이해했는데, 공자의 경우는 창랑의 물을 자신에 견주어서 '내가 깨끗하면 깨끗한 사람이 모이고 내가 더러우면 더러운 사람이 모여든다.'라고 이해한 것이다. 성찰적 독서란 이런 것이다. 새가 지저귀는 모습을 보아도, 흐르는 물을 보아도, 푸른 대나무를 보아도, 아름답게 핀 국화를 보아도 모두 나의 올바른 행동을 촉구하는 가르침으로 읽는 것이다. 새가 사람에게 교훈을 주기 위해 숲에 둥지를 트는 것도 아니고, 물이 사람을 비추기 위해 존재하는 것도 아니지만 사람은 그런 존재를 보면서 자신을 돌아볼 줄 안다. 글을 읽을 때도 나를 지우지 않아야 읽은 글이 비로소 나의 삶 속으로 들어올 수 있다.

플라톤의 《국가》에 나오는 기게스의 반지 이야기가 있다. 선량한 목동이었던 기게스는 마법의 반지를 얻은 뒤 그것을 이용해 왕이 된다. 만약 나에게 그런 반지가 생긴다면 과연 플라톤이 말하는 것처럼 반지를 없애버릴 수 있을 것인가. 이런 성찰 없이 단순히 지식을 습득하기 위해 글을 읽는다면 아무리 고전을 읽는다고 하더라도 한때 유행하다 잊히고 말 것이다. 조선 시대 사대부 대부분이《논어》를 읽었지만, 과거 공부를 위해 읽었기 때문에 책에서 이야기하는 삶과 정반대의 삶을 살았는데 지금도 다르지 않다.《논어》를 읽고도 읽지 않은 사람만 못한 것은 글을 읽기만 하고 자신을 성찰할 줄 몰랐기 때문이다.

멋진 문장을 찾아라

책을 읽으면서 멋진 문장을 찾는 일은 또 다른 즐거움이다. 특히 첫 문장이 명문인 경우가 많다. 첫 문장을 읽었는데 마치 책을 모두 읽은 듯 생각에 잠기게 하는 문장을 만나는 경우가 있다. 이를테면《순자》의 첫 문장이 그러하다.

"배움은 그만둘 수 없다. 푸른색은 쪽에서 뽑아내지만 쪽보다 푸르고, 얼음은 물로 만들어졌지만 물보다 차다. 꼬불꼬불하게 자라는 쑥도 삼밭에서 자라게 되면 받쳐주지 않아도 저절로 곧게 자라고 깨끗한 모래도 진흙 속에 놓이게 되면 물들이지 않아도 저절로 더럽혀진다."

루소의《사회계약론》의 첫 문장도 있다.

"인간은 자유롭게 태어났지만 도처에서 사슬에 묶여 있다. 무엇이 이것을 정당화하는가?"

조세희의《난장이가 쏘아올린 작은 공》도 빠트릴 수 없다.

"사람들은 아버지를 난장이라고 불렀다. 사람들은 옳게 보았다. 아버지는 난장이였다. 불행하게도 사람들은 아버지를 보는 것 하나만 옳았다. 그 밖의 것들은 하나도 옳지 않았다."

가와바타 야스나리《설국》의 첫 문장은 또 어떤가.

"국경(國境)의 긴 터널을 빠져나오자 설국(雪國)이었다. 밤의 밑바닥이 하얘졌다. 신호소에 기차가 멈춰 섰다."

글을 읽기도 전에 이미 다 읽은 것처럼 감흥을 주는 문장들이다.

소포클레스의《콜로노스의 오이디푸스》에는 이런 문단이 있다.

> 적당한 몫에 만족하지 못하고 더 긴 수명을 바라는 자는, 내가 보기에, 어리석음에 집착하는 자가 분명하오. 긴긴 세월은 즐거움보다는 슬픔에 가까운 많은 것을 쌓기 마련이고, 적당한 몫 이상 지나치게 오래 살게 되면 즐거움은 더 이상 아무 데에서도 찾을 수 없을 테니까요. 그리고 종국에는 누구에게나 공평하게 구원자인 죽음이 찾아오지요. 하데스의 운명이 축혼가도 없이, 뤼라도 춤도 없이 나타나면. 태어나지 않는 것이 더할 나위 없이 좋은 일이지만, 일단 태어났으면 되도록 빨리 왔던 곳으로 가는 것이 그다음으로 좋은 일이라오. 경박하고 어리석은 청춘이 지나고 나면 누가 고생으로부터 자유로우며, 누가 노고에서 벗어날 수 있단 말이오? 시기, 파쟁, 불화, 전투와 살인, 그리고 마지막으로 비난받는 노년이 그의 몫으로 덧붙여진다오. 힘없고, 뻣세고, 친구 없고, 불행 중의 불행들이 빠짐없이 함께 사는 노년이.
>
> 《소포클레스 비극 전집》, 소포클레스, 천병희 옮김, 도서출판 숲, 2008, 206~207쪽.

이 또한 삶과 죽음에 대한 도저한 통찰이 없으면 만들어낼 수 없는 문장들이다. 이런 문단은 노트에 따로 옮겨 적었다가 두고두고 읽는 것이 좋다.

자료형 고전은 빠르게 읽어라

천천히 읽어야 할 책이 있고 속도를 내서 빨리 읽어야 할 책이 있다. 앞서 도무지 무슨 말인지 이해할 수 없는 절망적인 문장들을 만났을 때는 천천히 반복해서 읽거나 건너뛰라고 했다. 하지만 자료형 도서나 역사서를 읽을 때는 빨리 읽는 것도 괜찮다. 연대기를 포함한 이런 책들은 방대함을 특징으로 삼고 있지만 일련의 자료가 동등한 수준으로 엮여 있기에 그다지 이해하기 어려운 책에 속하지는 않는다. 이를테면 사마천의《사기》나《조선왕조실록》을 비롯한 동아시아의 역사서나 서양의 역사서가 이에 해당한다. 이런 책을 읽어야 하는 이유는 사실의 선후 관계를 정리함으로써 일종의 시간 지도를 만들기 위해서다. 가능한 한 빠른 속도로 읽으면서 역사적 맥락을 파악해두는 것이 좋다.

역사서 중에서도 자료형 고전에 해당하는 글들이 있는데 이를테면《한서》〈예문지〉나《수서》〈경적지〉 같은 고전이 그에 해당한다. 이런 글들은 빨리 읽느냐 천천히 읽느냐가 아니라 끈기 있게 읽는 것이 가장 중요하다. 자료가 풍부하게 쌓이면 자료 스스로 말을 하기 때문이다.

오래전 어느 교수가《한서》〈예문지〉를 강독했다가 학생들의 불만을 사 결국 다음 학기 강의가 열리지 못한 적이 있다. 당시 교수가 이 책을 강독한 까닭은 학생들의 학문적 기초를 단단하게 다지는 자료를 제공하기 위해서였다. 하지만 불행히도 학생들은 무미건조한 데이터를 대면할 만한 학문적 끈기가 없었다. 재미없는 자료로 가득 찬 이런 책들은 그 시대에 현존하였던 서적의 이름을 수록하고 있기에 문헌에 대한 기본적인 이해를 높여준다는 점에서 유익하다. 자료형 고전은 읽는 재미는 없지만 읽는 재미가 있는 책을 제대로 읽기 위한 밑거름이 된다.

비판하면서 읽어라

역사적으로 아무리 탁월한 지혜를 갖춘 지식인이라도 오늘날의 관점에서 보면 한계가 있기 마련이다. 예컨대 모든 사람은 법 앞에서 평등하다며 흑인 노예제에 반대한 몽테스키외가 흑인에게는 영혼이 없다고 말한 것이나, 영구 평화를 주장한 이마누엘 칸트가 흑인은 스스로 다스릴 능력이 없다고 말한 것, 데이비드 흄이 흑인은 자연적으로 백인보다 열등하다고 말한 것들은 지금 우리로서는 조금도 동의할 수 없다. 어리석기 짝이 없을 뿐 아니라 그들의 철학에 비추어볼 때도 전혀 타당하지 않다. 아울러 최대다수의 최대행복을 주장한 공리주의자 J.S.밀이 식민지인을 인간으로 여기지 않은 것은 그가 인류에 대해 얼마나 무지했는지 알려줄 뿐 취할 만한 견해가 아니다. 공자나 플라톤도 여성에 대해서는 무지했고 장 자크 루소나 밀턴도 여성을 맹목적이고 순종적인 존재로 보았다. 그들의 책을 애독한다고 해서 이런 한계를 눈감아주어서는 안 된다. 지금의 내가 서 있는 자리에서 그들의 견해를 비판하면서 읽어야 한다. 다만 주의할 것이 있다. 현재의 관점에서 과거를 비판할 때는 당시의 현실을 간과하고 일방적으로 비판해서는 안 된다, 우리는 과거를 살아보지 않았기 때문이다. 과거의 관점에서 현재를 비판할 때도 마찬가지다. 자칫 과거로 돌아가자는 퇴행적 읽기가 되어서는 안 된다. 공인된 견해를 읽을 때조차 나를 지우는 일이 있어서는 안 된다.

중국 송나라의 성리학자 장재는 글을 읽을 때 머리를 숙였다가 들기를 반복했는데 머리를 숙였을 때는 글을 읽고 머리를 들었을 때는 읽은 것을 생각했다고 한다. 선현들의 글을 읽으면서도 생각과 판단을 멈추지 않고 의심하고 비판하면서 읽은 것이다.

읽었으면 읽은 대로 실천하라

언제나 읽은 것을 자신의 삶 속에서 실천할 준비를 해야 한다. 참된 지식은 읽는 행위를 넘어 실천을 통해서만 진리의 지위를 얻을 수 있기 때문이다.《논어》의 첫 문장이 배우고 익힌다(學而時習)는 말로 시작하는 것도 익힘이라는 구체적 실천이야말로 배움을 완성하게 해준다는 뜻이다. 같은 책에서 공자는 "길에서 듣고 길에서 말해버리면 덕을 버리는 것과 같다."라고 했고, 묵묵히 기억하는 '묵이지지(黙而識之)'를 강조했다. 배운 것을 함부로 말하지 않고 마음에 넣어두는 까닭은 장차 실천할 계기를 기다리기 때문이다. 그런데 길에서 듣고 길에서 말해버린다면 한쪽 귀로 듣고 한쪽 귀로 흘려듣는 것처럼 나와 상관없는 이야기가 되고 만다. 공자의 제자들이 스승의 말씀을 듣고 나면 허리띠에 적어두었던 까닭도 실천할 기회를 찾기 위해서였다. 글을 읽을 때도 마찬가지다. 만약 글만 읽고 실천이 따르지 않는다면 지식을 소비하는 것에 지나지 않는다. 고전을 읽는 까닭은 지식의 소비자가 아니라 지식의 생산자가 되기 위해서이고, 지식을 생산하려면 지식에 걸맞은 실천이 따라야만 한다.

조선의 양명학자 매천 황현은 경술국치를 당하자 아편을 마시고 자결했는데, 절명시 칠언절구 4수 중 제3수에서 "인간 세상에 글 읽은 자 되기가 참으로 어렵다."라고 썼다. 그는 나라를 책임진 자가 아니었건만 단지 글을 읽었다는 이유로 나라가 망하자 목숨을 끊었다. 그가 말한 것처럼 "평소에 읽은 글을 저버리지 않기" 위해서였다. 글을 읽기는 쉬우나 글 읽은 자가 되기는 어려운 것이다. 글 읽은 자의 책임을 다하려고 목숨을 끊은 황현은 글을 잘 쓰는 사람이었지만 그에 앞서 글을 잘 읽었던 사람이라 할 수 있다.

《소크라테스의 변명》에서 소크라테스는 "검토하지 않는 삶은 살 가치가 없고 저렇게 사느니 이렇게 죽겠다."라고 항변하며 죽음이 삶보다 나을 수 있다고 주장했다. 그 또한 말로만 그렇게 한 것이 아니라 도망치지 않고 독배를 마심으로써 어떤 죽음은 삶보다 좋은 것이라는 자신의 주장을 스스로 입증했다. 글을 읽을 때도 마찬가지다. 위대한 고전은 그 자체로 위대한 것이 아니라 읽는 이가 위대해져야 비로소 위대한 고전이 될 수 있는 것이다.

좋은 벗을 찾아 함께 읽어라

글을 쓰는 일은 부득불 외로운 작업일 수밖에 없지만, 글을 읽는 일은 반드시 그렇지는 않다. 주위에 비슷한 취향을 가진 사람들이 있다면 그들과 함께 책을 읽는 것이 좋다. 책을 함께 읽는 일은 더욱 즐거운 일이기 때문이다. 영화 〈피아니스트의 전설〉에서 주인공이 "함께 이야기 나눌 친구가 있다면 인생은 그런대로 살 만하다."라고 말하는 대목이 나오는데, 책을 읽고 이야기를 나눌 수 있는 벗이 있다면 인생은 한층 더 살 만할 것이다. 찾아보면 도서관을 비롯하여 독서동아리 프로그램을 운영하는 기관이 많다. 없으면 주변 사람을 모아 직접 모임을 만들어 이른바 사회적 독서를 시도해보자. 이런 모임을 통해 자신이 읽고 싶은 책뿐 아니라 다른 사람들이 읽는 책을 함께 읽을 수 있다. 낭독회도 열고 고전 번역자를 초청해 강의도 들으면서 친교를 나눈다면 세상이 새롭게 열릴 것이다.

석가모니의 제자 아난이 어느 날 좋은 벗과 함께 수행할 수 있다면 인생의 절반을 이룬 것이 아니겠느냐고 여쭙자 석가모니는 이렇게 말한다.

"아니다, 그렇게 말하지 말라. 좋은 벗을 얻어 함께 수행할 수 있다면 인생의 모든 것을 이룬 것이다."

좋은 벗을 얻어 함께 책을 읽고 이야기를 나눌 수 있다면 어떨까. 인생의 모든 것까지는 아닐지라도 적어도 살 만한 인생일 것이다.

좋은 스승을 찾아 배워라

이해하기 어려운 고전을 정말 제대로 읽고 싶을 때는 혼자 읽으며 끙끙대기보다 좋은 스승을 찾아서 배우는 것이 좋다. 대부분의 대학에서 인문고전 강좌를 개설하고 있고 개중에는 원문을 직접 읽는 강독 과목도 있다. 먼저 읽고 싶은 고전을 개괄적으로 정리해주는 강의를 듣고 익숙해지면 원문을 읽는 강독 과목에 도전해보자.

대개의 고전은 해당 고전을 기록한 언어를 알지 못하면 깊이 이해하기 어렵다. 특히 고전에 담긴 고유의 운율이나 비유, 독특하고 함축적인 표현까지 맛보려면 원어를 직접 익혀서 읽는 수밖에 없다. 번역된 고전을 읽는 것과 원전을 직접 읽는 것 사이에는 넘을 수 없는 벽이 존재하기 때문이다. 예컨대 사전 열 권짜리 문화권의 언어를 사전 한 권짜리 문화권 언어로 옮기는 것은 무척 어려운 일이다. 전체 어휘 수와 상관없이 특정 사물에 대한 명칭이 유달리 많은 문화권의 언어를 그렇지 않은 문화권의 언어로 번역하는 일도 쉽지 않다. 이를테면 북극의 이누이트에게는 눈(snow)을 가리키는 단어가 다른 언어보다 특별히 많다고 하는데, (프란츠 보아스의 이 주장은 다소 과장된 견해로 밝혀지긴 했지만) 번역만으로는 특정 언어가 지닌 고유성을 이해하기 어려운 까닭을 알려준다.

만약 학자가 되고 싶다면 더더욱 해당 고전을 원문으로 읽을 수 있어야 한다. 이런 경우 대학에서 개설하는 강좌를 듣는 것만으로는 부족하기에 전문적으로 고전을 연수하는 기관의 문을 두드리는 것이 좋다. 한문으로 기록된 동아시아고전을 읽고 싶다면 한국고전번역원, 성균관 한림원, 태동고전연구소 등의 고전 연수기관이 있고, 플라톤《대화편》을 비롯한 그리스 고전이나 라틴어로 기록된 고전을 읽고 싶다면 정암학당과 각 대학의 외국어학당이 있으니 정규 과정을 찾아보고 본격적으로 학습할 것을 권한다.

3. 나는 이렇게 썼다

글쓰기와 관련된 유명인의 책이 많다. 저마다 어떻게 하면 글을 잘 쓸 수 있는지 온갖 조언과 비법이 난무하지만, '성공하는 사람들의 습관'이나 '돈 많이 버는 법' 따위의 책과 크게 달라 보이지 않는다. 고백하건대 어떻게 해야 글을 잘 쓸 수 있는지 알지 못하지만, 글 잘 쓰는 법을 알려주는 책을 읽는다고 글을 잘 쓰게 된다고 생각하지는 않는다. '공부 잘하는 법'이라는 책을 읽는다고 공부를 잘하게 되지 않는 것과 같은 이치다. 글쓰기의 어려움은 쓰는 데 있는 것이 아니라 생각하는 데 있고, 생각하는 것은 잘 읽는 데에서 비롯된다. 잘 말하기가 잘 듣기에서 시작하는 것처럼 잘 쓰려면 잘 읽어야 한다. 좋은 글을 읽는 즐거움은 좋은 글을 쓰는 기쁨 아래에 있지 않다.

거듭 말하지만, 글을 잘 쓰자면 먼저 잘 읽어야 한다. 잘 읽는 방법 가운데 하나는 앞서 이야기한 것처럼 마음에 드는 문장을 외우는 것이다. 중요한 것은 마음에 드는 문장을 찾는 일이다. 마음에 들지 않는 문장은 마음에 들여놓을 수 없으니 쉽게 외워질 리가 없기 때문이다. 그러자면 먼저 내 마음을 잘 들여다보아야 한다. 글쓰기뿐 아니라 남을 잘 이해하기 위해서라도 내 마음을 잘 들여다보는 것이 필요하다. 다들 글쓰기에서 창의력이 중요하다고 하지만, 창의력은 앞서 지닌 지식의 결합과 재구성이라는 사실을 놓쳐서는 안 된다. 글쓰기에서 창의력이 중요한 것은 사실이지만, 진정한 창의력은 질문을 만들어내는 힘에서 나오고 질문은 내가 모른다는 사실을 발견하는 데서 나오는 것이다.

볼테르는 "답변으로 사람을 판단하지 말고 질문으로 사람을 판단하라."라고 했다. 어떤 질문을 던지느냐가 그 사람이 누구인지 알려준다는 뜻이다. 글을 쓸 때도 마찬가지다. 질문을 만들어야 글을 쓸 수 있다. 왜 묻는가? 모르기 때문이다. 흔히 내가 아는 것을 글로 쓴다고 생각하기 쉽지만 내가 아는 것은 다른 사람도 아는 것이다. 사실 그런 글은 쓰나 마나다. 내가 모르면 남들도 모른다. 모르기 때문에 글을 써서 알려고 하는 것이다. 그런 글이 사람들에게 읽힌다. 궁금증을 풀어주기 때문이다. 사람들이 내 글을 읽기 시작하면 그때부터는 일사천리다. 글을 쓰는 데 내 글을 기다리는 독자들이 있다는 사실보다 더 강력한 동기는 없기 때문이다. 글을 쓰는 이유는 내가 아는 것으로 다른 사람을 가르치기 위해서라기보다 내가 모르기 때문에 알기 위해서이다. 결국 글을 쓰기 위해서는 모르는 것과 마주하는 용기가 필요하다. 나는 그렇게 써왔다.

4. 읽어볼 인문고전

동아시아고전

동아시아 인문고전 중에서 가장 먼저 읽어야 할 책들은 진(秦)나라 중국 통일 이전 시기에 성립한 고전들이다. 진나라를 기점으로 삼는 이유는 진나라 시황제 때 전적을 불태우고 유학자를 생매장한 이른바 분서갱유(焚書坑儒)로 문명사적 단절이 일어났기 때문이다. 진나라 이후에 들어선 한나라에서 사라진 문헌을 복원하기 위한 훈고학(訓詁學)이 발달한 까닭도 여기에 있다. 이를테면 진나라 이전 시기의 문헌이 원형에 해당하는 창작물이라면 이후의 문헌은 원형을 복원하기 위한 학문적 노력이 만든 결과물이라고 할 수 있다. 따라서 원형을 먼저 접하고 이후의 문헌을 읽는 것이 순서에 맞다.

진나라 이전 시기에 만들어진 고전은 이른바 제자백가의 주장을 담은 고전들이다. 그 가운데서 가장 먼저 학문적 세력을 형성한 학파가 공자, 맹자, 순자로 대표되는 유가다. 따라서 이들 고전을 먼저 읽고 다른 학파의 고전을 읽는 것이 좋다. 왜냐하면 이후 모든 학파가 유가를 계승 및 비판하고 있기에 유가를 먼저 읽어두어야 이후의 문헌을 읽기가 쉽기 때문이다. 이 시기 유가 학파의 고전은《논어》《맹자》《순자》가 있지만, 위에서 말한 것과 같은 이유로《논어》를 먼저 읽고《맹자》와《순자》를 읽는 것이 좋다. 다만 이 순서를 기계적으로 따를 필요는 없다. 어떤 경우에는 반대의 순서로 읽는 것이 더 깊은 이해에 도달할 수도 있기 때문이다. 유가의 문헌을 읽었다면 유가의 비판자 가운데 시기가 가장 빠른 묵가 학파의《묵자》를 읽는 것이 좋다. 이어서 도가 학파의 대표적인 문헌인《노자》와《장자》를 읽는다. 이 두 책은 그 자체로 독창적인 사유를 품고 있기도 하지만 동시대의 다른 모든 사유를 비판하고 있다는 점에서 당시 지성계의 전반적인 문제점을 짚어내는 데 도움이 된다. 법가의 대표적인 저술인《상군서》와《한비자》도 함께 읽는다. 법가는 당시의 현실을 가장 날카롭게 이해한 학파로 이상론에 치우친 다른 사유의 한계를 이해하는 데 도움이 된다.

수많은 동아시아고전 중에서《논어》의 위치가 특별한 까닭은 이후의 수많은 책을 배태한 동아시아고전의 어머니와 같은 존재이기 때문이다. 이 책은 공자의 말과 행동을 기록한 일종의 언행록이다. 공자는 이 책을 읽어본 적이 없다. 공자가 한 말이 제자들에 의해 입에서 입으로 전해지다가 제자의 제자 대에 이르러 비로소 문자로 기록된 것이《논어》이기 때문이다. 고전 중의 고전이라는《논어》의 내용은 막상 일상을 넘어서는 이야기가 거의 없다. 상식을 가지고 있는 대다수 사람에게 그다지 새로울 게 없는 너무나 평범한 이야기로 가득한 책이다. 배움의 기쁨을 담담하게 말하는 대목, 인간에 대한 사랑이 무엇이며, 그것이 얼마나 중요한지 이야기하는 대목, 사람답게 살기 위해서는 어떻게 해야 하는지 이야기하는 대목에 이르기까지《논어》에 나오는 대부분의 이야기가 누구나 말할 수 있고 누구나

고개를 끄덕이게 하는 내용이다. 하지만 이처럼 평범한 이야기가 동아시아 사회에서 수천 년 동안 대다수 지식인에게 전승되고 재해석되면서 삶의 중요한 문제를 결정하는 데 절대적인 영향을 끼쳐왔다. 새삼 일상의 힘이 얼마나 위대한지 확인할 수 있다.

중국 송나라의 유학자였던 정이는 "《논어》를 읽고 난 뒤에 전혀 변하지 않는 사람도 있고, 한두 구절 얻어 기뻐하는 사람도 있으며, 읽은 뒤 좋아할 줄 아는 이가 있고, 급기야 자신도 모르게 춤추는 이가 있다."라고 했다. 《논어》를 읽기 전에 새겨둘 만한 말이다.

다음으로 읽을 책 《맹자》에는 이와 같은 내용이 보인다. "임금의 푸줏간에는 살진 고기가 가득하고, 임금의 마구간에는 살찐 말이 가득한데, 백성들에게는 굶주린 기색이 역력하고, 들판에는 굶어 죽은 시체가 널려 있다. 이것은 짐승을 몰아다 사람을 잡아먹는 것이다." 이 문장은 양나라 혜왕을 만났을 때 맹자가 한 말이다. 맹자는 왜 이처럼 당시의 지배자와 백성들의 삶을 극명하게 대비했을까? 진정한 실패는 생산이 부족한 것이 아니라 생산이 충분한데도 굶주리는 것이라는 사실을 알려주기 위해서다.

맹자가 살았던 시대는 이전보다 생산력이 수백 배 늘어난 풍요의 시대였지만 백성의 삶이 나아지기는커녕 생존을 유지하기도 어려웠다. 자고 나면 전쟁이 일어나는 폭력의 시대였기 때문이다. 이런 시대에 맹자는 여러 나라의 임금을 찾아다니며 백성을 사랑하는 정치인 왕도를 권고하고 혁명을 경고하고 성선설을 주장했다.

왕도정치란 가난하고 외로운 사람부터 보살피는 정치다. 혁명이란 무엇인가? 맹자는 "백성이 가장 중요하고, 나라가 그다음이고, 임금은 가장 가벼운 존재다. 임금이 나라를 위태롭게 하면 임금을 바꾸고, 사직이 제 역할을 못 하면 사직을 갈아엎는다."라고 했다. 임금답지 못한 임금을 갈아치우는 것이 혁명이다. 이 세상에 통치자와 나라가 있는 이유는 오직 백성을 살리기 위해서일 뿐이라는 준엄한 목소리가 들린다.

폭력이 난무하던 혼란의 시대, 전쟁의 한가운데에서 맹자는 한 치도 물러서지 않고, 모든 사람의 본성은 착하다는 성선설(性善說)을 주장했다. 사람이라면 누구나 남에게 차마 하지 못하는 마음을 지니고 있다는 것이다. 강렬한 시대정신, 세상을 향한 뜨거운 열정, 무엇보다 인간에 대해 흔들리지 않는 깊은 신뢰를 느낄 수 있는 책이《맹자》다.

이제 유가의 비판자 노자의《도덕경》을 읽자. 노자는 언제 태어나서 언제 세상을 떠났는지조차 알 수 없는 은자다. 전설에 따르면 노자는 자신의 나라를 떠나기 전에 5천여 자의 글을 남겼는데 그게 바로《도덕경》이다. 이 책의 특징은 시대를 나타내는 말이나 사람 이름을 비롯한 고유명사가 전혀 보이지 않는다는 점이다. '누가' '언제' '어디서'가 빠져 있는 글이다. 그만큼《도덕경》은 다양한 해석이 가능하다. 세계대전을 두 차례 겪었던 20세기 독일의 작가 브레히트는《도덕경》을 노자가 전하는 평화의 메시지로 읽었고, 2천 년 전 진나라에서 억울한 죽임을 당한 한비자는 험한 세상에서 살아남기 위한 처세술로 읽었다. 그래서《도덕경》을 읽을 때는 눈을 크게 떠야 한다.

노자는 만물을 쓸모 있는 것과 쓸모없는 것으로 나누는 인위적인 기준을 거부한다는 점에서 모든 차별에 반대하는 평등주의자다. 또 강함보다 부드러움을 강조하고 전쟁에 반대한다는 점에서 반전평화주의자이며, 인간이 만든 화려한 채색이나 아름다운 음악은 인간의 순수성을 상실하게 하는 해로운 것들이라 비판한 문명비판자이기도 하다.

하지만 "상대를 약하게 하고 싶다면 반드시 짐짓 강하게 해주고, 상대가 가진 것을 빼앗고 싶다면 반드시 일부러 주라."는 말에서 술수와 계략의 냄새가 나기도 한다. 또 '물러남'과 '부드러움'을 강조하지만 그런 태도의 결과가 항상 승리자로 표현되고 있다는 사실도 지나쳐서는 안 된다. 무욕을 이야기하면서 실은 더 큰 욕망을 이야기하고, 무소유를 이야기하면서 기실은 모두 다 차지하려는 소유의 극한을 말하고 있는 대목도 보인다. 그 때문에《도덕경》을 만물의 근원인 도에 관한 한가로운 사색이나 삶의 이치를 낭만적으로 이야기하는 책으로만 대하는 것은 옳지 않다. 오히려 어지럽고 위험하기 짝이 없는 세상에서 적을 거꾸러뜨리고 나의 생존을 유지하기 위한 권모술수를 기록한 책으로 보는 것이 정확할 수도 있다. 하지만 그렇다고 해서 노자를 멀리할 필요는 없다. 같은 물을 소가 마시면 우유가 되고 뱀이 마시면 독이 되는 것처럼《도덕경》을 어떻게 읽느냐에 따라 노자의 말이 어둠의 술책이 될 수도 있고 삶을 밝히는 한 줄기 빛이 될 수도 있다.

《장자》는 철학우화집이다. 장자는 맹자와 마찬가지로 전쟁과 폭력의 시대를 살면서 자신이 하고 싶은 말을 하기 위해 우화를 창작했다. 그는 전쟁의 소용돌이 속에서 낮잠이나 자겠다고 하고, 모든 사람이 이익이라는 하나의 목적을 향해 달려갈 때 홀로 자유를 찾아 방황했다. 그는 백정이 소를 잡는 동작에서 삶을 구원하는 이치를 찾고 가장 밑바닥에 있는 이로 하여금 지고(至高)의 도를 말하게 한다. 온갖 시비와 차별을 가차 없이 부수어버리는 장자의 우화는 각종 은유와 상징으로 가득하다. 이런 은유와 상징이 무엇을 가리키는지 간파하지 못하면《장자》를 이해하기 어렵다. 그렇다면 장자는 왜 이런 식의 글쓰기를 택했는가? 그 이유는 우화라는 게 본디 이렇게 해석될 수도 있고, 저렇게 해석될 수도 있어서 정치적 박해로부터 비교적 안전하기 때문이다.

장자의 우화에는 사람뿐 아니라 여러 동식물이 주인공으로 등장한다. 구만리 장천을 나는 붕새와 메추라기가 한 이야기에 등장하고, 까치와 오동나무가 도에 관한 이야기를 주고받는가 하면 수십만 년을 사는 거북이와 수백만 년을 사는 상고시대의 대춘나무가 등장한다. 또 꿈속의 꿈을 이야기하고 그림자의 그림자를 주인공으로 등장시키는가 하면 죽음이 삶과 같은 몸이라고 이야기하다가 급기야 아내가 죽자 노래를 부른다. 또 형용 불가능한 기형인들의 커다란 행복을 이야기하는가 하면, 나비의 꿈에서는 자신을 이야기의 주인공으로 등장시킨다.

장자는 이런 우화를 통해 우리를 소리 없는 음악에 귀 기울이게 하고, 꿈속의 꿈과 그림자의 그림자를 불러내 커다란 깨어남으로 인도한다. 그러는 동안에 옳고 그름, 크고 작음, 아름다움과 추함, 온갖 시비와 차별의 경계가 무너져 하나가 되는 도의 세계로 한 걸음씩 다가간다. 장자를 읽을 때는 모름지기 터무니없는 상상을 즐길 준비가 되어 있어야 한다. 《장자》는 끝나지 않는 이야기다.

《사기》는 전쟁에서 패배한 장수 이릉을 옹호하다 궁형을 받고 치욕적인 삶을 이어갔던 사마천이 기록한 총 130권, 52만 6천여 자의 방대한 역사서다. 그런데 가장 많은 분량을 차지하는 〈열전〉의 기술 순서가 참으로 이상하다. 맨 앞에 굶어 죽은 이가 서 있고, 돈을 벌어 치부한 부자들이 맨 뒤로 물러나 있기 때문이다. 그렇다고 사마천이 부의 중요성을 몰랐던 것은 아니다. 오히려 부가 인간의 삶에 꼭 필요하다고 힘주어 말했다. 하지만 인간의 삶에는 그보다 더 중요한 가치들이 헤아릴 수 없을 정도로 많다는 것이 그가 끝내 하고 싶었던 말이다. 이를테면 정의와 우정은 인간의 삶에서 가장 높은 자리에 있다. 열전의 맨 앞에 놓여 있는 〈백이열전〉은 정의를 위해 굶어 죽은 사람에 관한 기록이고, 두 번째 편 〈관중안영열전〉은 참다운 우정을 이야기하고 있다.

사마천은 역사를 움직이는 주체를 개개의 인간으로 파악하고, 그것을 극명하게 부각했다. 《사기》에는 사상가와 웅변가, 위인, 호걸을 비롯하여 문인이 있는가 하면 장군과 병법가가 있고, 유학자가 있는가 하면 자객이나 협객이 있고, 절의를 숭상했던 애국지사가 있는가 하면 나라를 망친 간신이나 작은 일에 목숨 거는 졸장부가 등장한다. 역사는 지배자나 뛰어난 장수 혹은 권력자 같은 주역만으로 이루어지는 것이 아니라, 무대 뒤편의 조연이나 힘없고 천한 자가 같이 어울려 형성하는 것이다. 사마천은 애초에 운명적으로 결정된 역사의 주역이 따로 있는 것은 아니며 등장하는 인물 한 사람 한 사람이 모두 역사의 주인공이라고 보았다. 그러므로《사기》를 읽을 때는 다양하게 생동하는 개개인의 삶에 주목해야 한다. 〈관중안영열전〉을 읽을 때는 관중보다 포숙을 보아야 하고, 안영뿐 아니라 안영의 마부와 그 아내까지 눈여겨볼 필요가 있다. 물론 회음후 한신에게 밥을 준 촌부와 그를 자기 가랑이 밑으로 기어가게 한 동네 백정도 놓쳐서는 안 된다. 역사 속에서 자신의 이야기를 찾고 싶다면 말이다.

서양고전

서양고전을 읽을 때는 먼저 플라톤《대화편》부터 시작하는 것이 마땅하다. 특히 서양철학 분야에서 플라톤의 위치는 절대적이다. 철학은 플라톤이고, 플라톤은 철학이라고 한 미국 시인 에머슨의 말은 결코 과장이 아니다. 플라톤의 영향은 비단 철학 분야에 국한되지 않고 서양의 모든 문화예술에 지대한 영향을 끼쳤다. 그 때문에 유명한 화가의 그림(라파엘로, 에드워드 호퍼)에 플라톤이 등장하기도 하고 오페라의 대사(〈안드레아 세니에〉)에 나오며 심지어 개를 주인공으로 하는 애니메이션(〈월레스와 그로밋〉)에도 빠지지 않는다. 한마디로 플라톤을 읽는다는 것은 철학을 읽는 일일 뿐 아니라 서양 문명의 기원을 읽는 것이다.

물론 플라톤의 방대한《대화편》을 모두 읽기는 누구라도 벅찰 것이다. 대표적인 저작을 먼저 골라서 읽고 이어서 아리스토텔레스의 저작을 읽는 것이 좋다. 아리스토텔레스 또한 스승이던 플라톤 못지않게 서양철학의 역사에서 지대한 영향을 끼쳤고 근대 이전까지 형이상학과 자연철학을 비롯한 거의 모든 영역에 절대적인 진리로 인정받았으며 몇몇 분야는 지금까지도 그에 빚지고 있다. 한마디로 이 두 사람의 글을 읽지 않고는 서양의 문명을 이해할 수 없다. 그렇다고 이들의 철학이 난데없이 세상에 출현한 것은 아니니, 둘의 저작을 어느 정도 읽었다면 소크라테스 이전 철학자들의 단편을 읽어보는 것도 좋다.

플라톤의 《대화편》을 읽을 때는 《소크라테스의 변명》과 《크리톤》을 먼저 읽는다. 《대화편》의 기록자는 플라톤이지만 이 두 책은 역사적으로 실재했던 소크라테스의 행적과 사상을 있는 그대로 보여준다고 평가받는 저작이다. 《소크라테스의 변명》은 "나는 모른다."라는 말로 시작하여 "우리는 알 수 없다."라는 말로 끝난다. 그리스에서 가장 지혜롭다고 평가받은 소크라테스가 자신의 운명을 결정하는 법정에서 "모른다."라는 말로 이야기를 시작해서 "모른다."라는 말로 진술을 끝낸 것이다.

《소크라테스의 변명》을 읽었다면 다음에는 《크리톤》이다. 동갑내기 친구 크리톤이 새벽에 감옥을 찾았는데 소크라테스가 깨우지 못할 정도로 밤잠을 편안하고 달게 자고 있었다는 사실에서 사형을 앞둔 그가 얼마나 태연했는지 알 수 있다. 그리고 플라톤 《대화편》의 백미는 뭐니 뭐니 해도 역시 《향연》이다. 여섯 명의 그리스 현자가 함께 술을 마시며 어떤 대화를 나누었는지 확인해보자. 그들이 술을 마시면서 대화했으니 한잔하며 읽는 것도 좋겠다. 그리고 준비가 되었다면 어렵더라도 플라톤의 가장 위대한 저작 《국가》를 읽자. 이후 정치사상을 다룬 서양고전 중에서 이 책에 빚지지 않은 작품은 없을 것이다.

이제 아리스토텔레스를 읽을 차례다. 그는 플라톤의 제자였지만 지금까지도 스승의 철학에 대한 가장 강력한 비판자로 남아 있다. 먼저 《니코마코스 윤리학》을 읽자. 이 책에는 인간의 모든 행위가 궁극적으로 지향하는 목적인 행복을 필두로 쾌락, 욕망, 덕, 믿음, 지성, 우정에 관한 그의 도저한 통찰이 담겨 있다. 이어서 가장 오래된 문예이론서라 할 수 있는《시학》을 읽자. 플라톤은 이상적인 국가를 건설하기 위해서는 시인을 추방해야 한다고 주장했지만, 아리스토텔레스는 시야말로 인간이 만든 가장 뛰어난 예술작품으로 시를 창작하는 일은 인간의 고유하면서도 가장 고귀한 능력이라고 주장했다. 다음은《수사학》이다. 이 책은 이 글의 주제와도 관련이 있다. 어떻게 하면 말을 잘할 수 있는가, 어떻게 하면 글을 잘 쓸 수 있는가에 대한 아리스토텔레스의 생각이 담겨 있기 때문이다.《수사학》에서 그는 논리(logos), 감성(pathos), 인격(ethos)의 삼박자를 갖출 것을 요구한다. 이 세 가지를 갖추면 사람을 설득하지 못해 애를 먹는 일이 없다.

그리스의 고전을 읽었다면 중세를 과감하게 건너뛰고 지금 우리가 사는 세계를 형성하는 데 기여한 근대의 고전을 읽을 것을 권한다. 먼저 프랑스혁명의 사상적 기초가 되었던 루소의 세 저작《에밀》《사회계약론》《인간불평등기원론》을 차례로 읽자.《에밀》에서 루소는 인간을 어떻게 교육할 것인지 이야기하면서 이기적인 인간이 어떻게 자기만을 사랑하는 단계에서 타인을 동정하고 사랑하는 데 이를 수 있는지, 그 비밀을 푸는 단서를 제공한다. 인간의 본성은 선하다는 루소의 기본 전제는 서양 지성사에서는 찾아보기 힘든 전통이다.

루소의 저작을 읽은 뒤에는 루소의 맞수였던 볼테르의 저술도 읽는 것이 좋다. 볼테르의 대표작은《캉디드》라 하겠지만 루소와 비교하며 읽을 책으로는 아무래도《관용론》이 좋겠다. 이 책은 현대의 탐사보도를 방불케 하는 작품으로 루소의《사회계약론》과 함께 프랑스혁명을 앞당기는 데 공헌했다는 평가를 받는 작품이다. 두 사람의 책을 책장에 꽂을 때는 사이를 띄워두는 것이 좋다. 두 사람은 서로를 싫어했기 때문이다.

근대를 여는 데 기여한 책은 이외에도 거론하기 벅찰 정도로 많지만 수많은 저작을 여기에 모두 소개하는 것은 한갓 목록에 지나지 않을 수 있기에 마지막으로 꼭 읽어야 할 책 세 권을 추천하고자 한다.

현대의 사상과 세계를 이해하자면 카를 마르크스의 《자본론》과 찰스 다윈의 《종의 기원》, 지그문트 프로이트의 《꿈의 해석》은 반드시 읽는 것이 좋다. 이 책들은 모두 이전에 없던 새로운 주장으로 가득 차 있다. 《자본론》에는 인간과 인간의 관계에 대한 완전히 새로운 견해가 실려 있고, 《종의 기원》에는 인간과 자연의 관계를 새롭게 바라보는 견해가 실려 있으며, 《꿈의 해석》은 인간과 자아의 관계를 완전히 새로운 방식으로 본다.

《자본론》은 이후의 모든 철학, 경제학, 문학, 사회학, 역사학, 페미니즘이 빚지고 있는 책이지만 그만큼 다양한 분야의 전문 지식이 수록되어 있기에 읽기가 지극히 어려운 책이다. 마르크스는 노동자들도 알기 쉽게 이 책을 썼다고 했지만, 당시 노동자들이 자주 쓰는 현장의 용어를 많이 썼다는 뜻일 뿐이다. 오히려 당시 노동 현장의 용어를 모르면 전문적인 훈련을 거친 학자들도 이해하기 어렵고, 노동자들은 어려워서 못 읽는 책이 되는 아이러니가 발생했다. 그러니 《자본론》을 읽기 전에 쉽게 풀이한 해설서부터 시도해보자.

《종의 기원》은 이전까지의 생물학적 논의나 자연사에 관한 주장을 훌쩍 뛰어넘어 진화론이야말로 생물을 포함한 자연을 이해하는 유일한 과학적 견해라는 사실을 알려주었다. 이뿐 아니라 인간의 기원에 관한 오랜 질문에 가장 명쾌하게 대답한 저작이기도 하다. 이 책은 이후의 생물학은 말할 것도 없고 《자본론》을 넘어설 만큼이나 다양한 분야에 커다란 영향을 끼쳤다는 점에서 과학사에서 가장 중요한 저술로 꼽히며, 인간에게 자연과 인간의 본질, 존재의 의미에 커다란 이정표를 제시한 저작이다.

《종의 기원》이 '우리는 누구인가'라는 질문에 대답한 저작이라면 《꿈의 해석》은 '나는 누구인가'라는 질문에 대답한 정신분석학 분야의 저작이다. 자신을 대상화할 줄 아는 인간에게 처음으로 '자아'라는 존재를 발견하게 한 저작이기 때문이다. 오스트리아 빈에 갔을 때 프로이트가 살던 집이자 지금은 기념관인 건물을 찾았다. 그 건물 앞에는 전세계에서 몰려온 수많은 관광객이 줄지어 입장을 기다리고 있었다. 그들은 무엇 때문에 그 작은 건물 앞에 모여들었을까. 혹 잃어버린 자신을 찾고 싶어 찾아왔을지도 모른다. 하지만 자신을 찾는 데 그보다 좋은 방법은《꿈의 해석》을 읽는 것이다.

지금까지 소개한 책들은 적게는 백여 년 길게는 2천 년이 넘도록 전해져 온 불멸의 지혜가 담긴 고전이다. 영국의 역사가이자 평론가였던 토머스 칼라일은 "고전은 과거의 모든 영혼이 잠을 자는 곳"이라고 했다. 그러니 고전을 읽는 일은 잠자는 영혼을 일깨우는 일이기도 하다. 과연 당신의 책상 위 고전은 수천 년의 긴 잠에서 깨어날 수 있을 것인가.

전호근 경희대학교 후마니타스칼리지 교수로 재직하고 있다. 저서로 1,300년 한국의 지성사를 정리한《한국철학사》와《대학 강의》《장자 강의》《동양철학산책》(공저)《유학, 시대와 통하다》(공저) 등이 있다.

4 사회과학도서 읽는 법

이병주

사회과학도서 읽는 법

이병주

나는 내세우거나 추천할 정도로 특별한 독서법을 갖고 있지 않다. 오히려 답답할 정도로 느리게 읽으며, 글도 느리게 쓴다. 그러나 내 삶에서, 책을 읽는 행위에는 특별한 의미가 담겨 있다. 독서란 나와 우리의 삶을 읽어내는 과정이자, 삶에서 비롯된 질문의 답을 찾아가는 지난한 과정이다. 삶이 없다면 사유나 질문은 존재할 수 없으며, 사유와 질문이 존재하지 않는다면 책도 존재할 수 없다. 내가 읽은 책은 모두 분야와 상관없이 삶에서 비롯된 질문을 계기로 내게 찾아왔다. 이렇게 보면, 나의 독서법은 책 속에 있기보다는 책 밖에 있는 셈이다. 삶에서 비롯된 질문을 손에서 놓지 않으면서 책 주위를 떠나지 않는 것. 이런 습관을 갖게 된 것은 아마도 내 어린 시절의 질문들 때문인 것 같다. 어린 시절의 질문으로 인해 나는 사회과학 책 주위를 떠날 수 없었다.

어린 시절 대부분을 산동네에서 보냈다. 사람들은 허름한 무허가 건물들이 산비탈을 따라 빽빽하게 들어선 이곳을 달동네라고 불렀다. 나는 어린 시절 내내 한국형 슬럼이던 산동네가 달동네라는 정겨운 이름으로 불리는 이유가 궁금했다. 왜냐하면 이곳에서는 아주 드문 경우를 제외하면, 동화나 동시에서 읽을 수 있는 달의 정겨움이나 낭만을 전혀 찾을 수 없기 때문이었다. 보름달이 뜬 어느 날 저녁이었다. 날품팔이 노가다 일꾼으로 생계를 유지하던 옆집 아저씨가 술에 취해 비틀거리며 동네 언덕을 힘겹게 오르는 모습이 보였다. 달빛이 밝아서인지, 평소 보지 못했던 눈가와 이마의 주름이 눈에 들어왔다. 그때서야 산동네가 달동네로 불리는 이유를 알게 되었다. 산동네는 산 높은 곳에 있기에 달빛이 가장 먼저 와닿고 밝아서 더 서러웠기 때문이다. 옆집 아저씨는 술에 취하면 항상 이렇게 말하곤 했다. "열심히 살았는데, 이 나이 되도록 산동네를 벗어나지 못하다니…." 이 말속엔 삶의 서러움이 가득 차 있었다. 산동네 사람들은 거의 모두 푸념 섞인 질문을 던졌다. "열심히 살았는데…."

늦은 오후면 아주머니들은 동네 어귀 구멍가게 앞 평상에 앉아 어린 시절의 고향, 처녀 시절의 비밀스러운 연애, 원하지 않았던 결혼, 자식 걱정, 남편에 대한 불평불만 등에 대해 수다를 떨곤 했다. 고향, 나이, 성격 등은 모두 달랐지만, 삶의 궤적은 거의 모두 비슷했다. 시골의 가난함을 벗어나기 위해 도시로 상경하여 공장에서 일을 하다가 등등. 가끔씩 아버지는 나를 동네 선술집에 데려가시곤 했다. 매콤한 허파볶음을 입에 넣고 오물거리고 있으면, 탁주잔에 담긴 아저씨들의 이야기를 들을 수 있었다. 고향, 나이, 성격, 직업 등은 모두 달랐지만, 이들의 삶도 거의 비슷했다. 시골의 가난함을 벗어나기 위해 도시로 상경했지만, 여전히 가난의 명패를 지니고 살아가고 있었다.

나의 아버지도 그랬다. 아버지는 기나긴 노동의 삶을 지나 아파트 경비원으로 생을 마감하기 직전 이런 말을 남겼다. 내가 대학원 등록금 때문에 학업과 조교 근무, 아르바이트를 병행하던 때였다. "평생을 열심히 살아왔는데, 너에게 대학원 등록금 하나 마련해주지 못하고 미안하구나." 아버지의 삶 속에서 '열심히 산다는 것'과 '경제적으로 가치 있는 것'은 전혀 다른 이야기였다. 산동네 사람들의 이야기도 모두 비슷했다. 산동네 사람들의 서러움은 '열심히 살면…'이라는 민도(民道)와 '경제적으로 높은 가치이기 위해서…'라는 경제적 명령 사이의 깊은 간극에 있었다. 이때부터 이 간극은 내 평생의 질문이 되었다.

대학에 입학한 이후 읽기 시작한 사회과학책들에서 이 질문의 답을 찾을 희미한 가능성을 발견했다. 책들은 나의 경험과 공명했다. 어린 시절 경험에 비추어보면, 가난은 보통명사이기도 했고 고유명사이기도 했다. 한편으로 보면 동네 어귀 구멍가게 아줌마의 삶, 공장에 다니던 옆집 누나와 형들의 삶, 미장기술자 아저씨의 삶, 버스정류장 토큰팔이 아주머니의 삶, 시장 좌판 장사를 하는 아저씨의 삶은 그 누구의 삶으로도 환원될 수 없는 고유함을 가졌다. 또 다른 한편으로 보면 이분들의 삶은 동시대 사회구조에 의해 틀 지어진 공통된 궤적을 가지고 있었다. **좋은 사회과학책들은 고유명사의 유일함과 보통명사의 공통됨을 동시에 담고 있으며, 고유명사로서의 삶과 보통명사로서의 삶을 사회적 삶이라는 개념을 통해 이어준다.** 사회적 삶이라는 개념 안에는 그 누구의 삶으로도 환원 불가능한 유일무이한 삶을 살아가는 구체적인 개인들의 공통 운명이 담겨 있다.

예를 들자면, 조은의《사당동 더하기 25》를 읽으면 서울의 철거촌 빈민들의 이야기를 듣게 되고, 시야를 넓혀서 마이크 데이비스의《슬럼, 지구를 뒤덮다》를 읽으면 제3세계 빈민들의 이야기를 듣게 된다. 여기에 대구의 이야기, 부산의 이야기, 광주의 이야기를 덧붙여 읽어도 좋다. 이렇게 서울의 작은 지역의 이야기는 한국 전체의 이야기로 이어지고 어느덧 전지구적인 이야기가 된다. 이 이야기들 안에서 농민을 도시로 내몰고, 다시 이렇게 도시로 내몰린 사람들을 슬럼가로 내모는 동일한 또는 유사한 사회구조의 경향이 드러난다. 사람들의 구체적인 삶과 사회구조의 경향을 함께 놓고, 우리의 사회적 삶, 즉 공통의 운명을 읽어내려고 노력하는 것, 질문에서 출발하여 개인적인 삶을 사회적 삶으로 번역하는 지난한 과정, 이것이 내가 아는 사회과학 독서법이다.

운 좋게도 내게는 함께 책을 읽고 생각을 나눌 사람들이 많다. 강의실이 바로 그러한 장소이다. 학생들과 대화하다 보면, 다양한 사회적 삶의 결들을 마주하게 된다. 바로 며칠 전 일이다. 학업과 일을 병행하는 한 학생이 워라밸(Work-life balance)을 이야기하면서, 개인은 좋은 삶을 위해 시간을 조절할 줄 알아야 한다고 주장했다. 이 이야기를 듣던 다른 학생이 택배 노동자와 투잡을 뛰어야만 생계를 유지할 수 있는 사람들을 예로 들었다. 워라밸의 사회적 조건을 고려해야만 한다는 반론이었다. 이 작은 논쟁이 강의실의 또 다른 질문이 되었다. 그러면 나는 경제학자 류동민의 《시간은 어떻게 돈이 되었는가?》와 노동시간 단축에 대한 문헌을 찾아 읽는다.

이러한 공동의 독서는 강의실 학생들을 공통의 문제를 겪는 동료로 만든다. 일면식도 없지만 동일한 문제를 겪는 책 속의 다른 사람들도 동료로 만든다. 다시 한번 내 삶이라는 고유명사가 우리의 삶이라는 보통명사 또는 집합명사로 번역된다. 이러한 과정은 강의실에서 만들어지는 사회학적인 체험이기도 하다. 사회학자 엄기호는 동료에 대해 다음과 같이 말했다.

> 이탈리아의 정치철학자 조르지오 아감벤은 동시대인이란 '시대의 어둠'을 보는 자들이라고 말한다. 그중에서 시대의 어둠을 보았기에 운명까지 함께할 수 있는 사람을 동료라고 한다. … 공감이란 타인의 고통을 나눔으로써 가능하다. 고통을 받았다는 점, 두 사람이 같은 자리에 있었다는 점이 바로 타인과 진정으로 만날 수 있는 가능성이 된다. 이것은 개념적으로 파악하는 일이 아니라 고통과 슬픔을 이해해야 가능하다. … 일면식도 없던 사람들은 문득 우리 모두가 동시대를 함께 살아가는 사람이라는 사실을 깨닫는다. 무미건조하게 그저 우연히 같은 공간 안에서 같은 시간을 살던 사람들이 시대에 대한 인식을 공유함으로써 순식간에 동료가 된다.
>
> 《우리가 잘못 산 게 아니었어》, 엄기호, 웅진지식하우스, 2011, 136~139쪽.

이렇게 토론식 강의가 잘 마무리될 때면, 많은 학생이 나만의 어려움이라 생각했던 문제를 다른 학생들도 겪고 있다는 무척이나 신기한 경험을 하게 된다. 이 신기함의 근거는 학생들이 각기 다른 환경에서 자라왔지만, 동시대 사회를 함께 살아왔다는 사실의 재확인이다. 나 또한 마찬가지이다. 사회과학책에서 만났던 사람들은 일면식도 없고 나와 전혀 다른 일을 하지만 동시대를 살아가고 있다는 단순한 이유로 우리 시대의 사회구조를 겪어낸 이야기를 들려준다. 이러한 경험은 책을 읽으며 책 너머로 나아갈 수 있는 좁고 희미한 길을 보여준다. 누구와 함께할 수 있을까? 이 질문을 던지고 책 속에서 답을 찾아 나가는 것, 더 나은 삶과 더 나은 사회를 위한 연대의 희미한 가능성을 찾아 나가는 것. 이것들 또한 나의 사회과학책 독서법이다. 어떤 사회학자는 이러한 독서법을 '사회학적 상상력'이라고 불렀다.

1. 사회과학도서는 왜 읽어야 하는가

사회과학 계열의 문헌을 한 번이라도 접해본 사람은 통계표의 수치, 무미건조한 문체, 행정기관이나 전문기관에서나 사용할 법한 난해하고 생경한 개념에 질려서 이런 질문을 던져본 적이 있을지도 모르겠다. "사회과학은 왜 존재하게 되었고, 어디에 쓰일 수 있을까?" 유려한 문체와 삶의 지혜를 담은 인문학 서적까지는 읽어볼 만하지만, 어렵고 생경하며 차갑고 객관적인 사회과학도서는 왜 읽어야만 하는 것일까? 사회과학적인 지식 없이도 대인관계를 맺고, 사회통념이나 규범을 적절하게 잘 따르기만 한다면 삶을 그럭저럭 꾸려갈 수 있는데 말이다. 미국의 사회학자 C. 라이트 밀즈는 바로 이러한 질문을 자신의 저서 《사회학적 상상력(The Sociological

Imagination)》에서 다루고 있다. 밀즈는 이 질문에 답하기 위해서 우리가 자주 겪는 일상 경험에서 출발한다.

> 현대인들은 자신의 사생활이 일련의 올가미에 걸려 있다는 느낌을 자주 갖는다. 그들은 일상 세계에서 일어나는 갖가지 문제들을 극복할 수 없다고 생각하는데, 이러한 생각은 옳을 때가 많다. 실제로 일반인들이 직접 의식하는 것이나 또는 하고자 하는 일들은 그들이 살고 있는 개인적인 생활 환경에 국한되어 있으며, 그들의 비전(vison)과 세력(power) 역시 직업, 가족, 이웃 등의 근거리 배경에 국한되어 있다. 그밖의 다른 환경에서는 대역(代役)으로 활동하거나 혹은 방관자의 입장에 머물고 만다. 따라서 비록 모호하게나마 자신의 직접적인 생활 영역을 넘어서는 야망이나 그에 따른 위협을 의식하면 할수록 올가미에 걸린 듯한 느낌은 더욱 강해진다.
>
> 《사회학적 상상력》, C. 라이트 밀즈, 강희경·이해찬 옮김, 돌베개, 2004, 15쪽.

이 글에는 보통 사람들의 경험을 일반화한 말이 가득해서, 이해하기에 다소 어려울 수도 있다. 그러나 어느 초등학생이 선생님에게 질문을 던지는 다음의 장면은 C. 라이트 밀즈가 우리에게 어떤 말을 전하려 하는지 잘 보여준다.

> "선생님, 저는 언제 행복해질 수 있죠?"…"선생님, 사는 게 너무 힘들어요." 그래서 왜 힘드냐고 물었더니 "학원 다니는 게 너무 힘들어요"라고 하는 거예요. 그런데 그때 옆에서 듣고 있던 중학생 누나가 그러더랍니다. "까불지마. 중학교 가면 더 힘들어." 그러니까 그 옆에 있던 고등학생 형이 "고등학교 가면 더 힘들어. 야간 자율 학습도 해야 하고, 할 게 얼마나 많은지 몰라. 지금은 행복한 줄 알아."라고 하더랍니다. 여기서부터는 기억이 정확하지는

않은데, 큰형인가 친척 형인지가 그랬다고 해요. 대학에 가도 힘들다고. 학점 따기도 쉽지 않고, 취업하기도 힘들다고요. 여기가 끝이었을까요? 아니에요. 그 친구가 마지막으로 하는 말이 이래요. "그런데 선생님, 아버지가 술을 드시고 와서 엄마한테 하시는 이야기를 들었는데, 직장 다니는 것도 괴롭고 힘들대요." 그러면서 "초등학교는 중학교 때문에 힘들고, 중학교는 고등학교 때문에 힘들고, 고등학교는 대학 때문에 힘들고, 대학은 취업 때문에 힘들고. 그런데 직장 가서도 힘들면 전 언제 행복해질 수 있죠?"라고 하더라고요.

〈불온함은 '밖'을 상상하는 힘〉, 박형일,
《오늘의 교육》 42호, 교육공동체 벗, 2018, 119~120쪽.

이 초등학생이 느끼는 불편함 또는 한국에서 태어난 사람 대부분이 느낄 수밖에 없는 불편함이 바로 C. 라이트 밀즈가 말하는 '올가미에 걸린 듯한 느낌'이다. 내일의 행복을 위해 오늘의 불행을 감수하지만, 내일이 와도 또 다른 내일의 행복을 위해 다시 한번 불행을 감수해야 하고, 이 과정이 끝없이 반복되어 행복이 저 멀리에 있는 내일로 영원히 지연되는 삶, 이런 삶이 올가미가 아니라면 무엇일까? 우리의 삶 속에는 이와 비슷한 수많은 올가미가 존재할 수 있다. C. 라이트 밀즈는 사회과학이 평범한 사람들과의 대화를 통해 이러한 올가미를 이해하고 넘어설 수 있는 방법을 찾아나가는 과정을 '사회학적 상상력'이라고 불렀다. 그렇다면 사회학적 상상력은 어떤 과정을 거쳐 형성되는 것일까?

C. 라이트 밀즈의 말을 따라가다 보면 사회학적 상상력을 구성하는 대화의 세 가지 계기를 볼 수 있다. (《사회학의 쓸모》, 16-17쪽 참조)

- 첫 번째 : 평범한 사람들이 자신의 삶에서 올가미에 걸렸다고 느끼는 계기
- 두 번째 : 개인의 삶이 역사적 사건이나 사회의 구조적 과정과 긴밀하게 연결되어 있음을 인식하는 계기
- 세 번째 : 올가미를 벗어나 우리 시대 인간의 삶을 질적으로 변화시키려는 포부를 품게 되는 계기

첫 번째 계기는 앞에서 인용했던 초등학생의 사례처럼 개인적인 삶에서 문제가 발생하는 때이며, 사회학적 상상력이 요구되는 때이다. 좋은 사회과학책은 언제나 평범한 사람의 삶을 귀담아들으며, 이들이 겪고 있는 절실한 문제에서 출발하여 사회학적 상상력의 두 번째 계기로 나아간다. 사회학적 상상력의 본래적인 의미가 가장 뚜렷하게 드러나는 계기는 바로 두 번째 계기이다. 보통의 경우 사람이 문제를 겪으면, 시야나 감정은 문제 자체에 붙박여 좁아지고, 문제의 해결책을 주로 개인적인 차원에서 강구하게 된다. 반면 사회학적 상상력은 개인의 문제를 사회의 구조적 과정이라는 보다 넓은 맥락으로 옮겨 놓는다. 다시 발해서, 사회학직 싱상력은 "개인의 시야를 벗어나 있고 개인이 알아챌 수 없는 경험이 지닌 양상을 보여주고 들려주려는 노력"(《사회학의 쓸모》, 95-96쪽)을 하게 한다. 더 원활한 이해를 위해서 자유와 관련된 우리의 일상적인 경험을 간략하게 다루도록 하겠다. 아니면 앞에서 인용한 초등학생의 "나는 언제 행복해지나요?"를 "나는 언제 자유로워지나요?"로 바꾸어도 좋다.

우리는 보통 자유를 개인의 문제로 생각하는 경향이 있으며, 자유의 여러 개념 가운데 주로 선택의 자유만을 생각한다. 그러나 자유를 '자유의 조건'과 '자유의 실현'으로 나누어 생각해보면, 문제는 그리 간단하지 않다. 자유의 조건은 그 누구도 나의 선택에 간섭할 수 없고 (공익을 심각하게 훼손하

지 않는 한) 금지할 수 없다는 점만 말해줄 뿐이다. 우리는 원하기만 한다면 그 무엇이든 선택할 수 있다. 그러나 선택할 수 있다는 것과 실제로 선택이 실현된다는 건 전혀 다른 이야기이다. 실현되지 못한 선택은 좌절된 욕망일 뿐, 자유의 상식적인 의미와는 거리가 멀다. 점심에 신선한 토마토소스 스파게티를 먹고 싶다는 아주 소박한 선택을 예로 들어보자. 무엇을 먹고 싶다는 선택은 개인적 차원에서 이루어진다. 그러나 내가 토마토소스 스파게티를 먹기 위해서는 (즉 나의 선택을 실현하기 위해서는) 밀과 토마토를 경작하는 농부, 치즈를 만드는 낙농업자, 요리사 등 수많은 타인과 사회적 관계를 맺어야 하며, 이들이 나의 선택에 우호적인 방식으로 신선하고 질이 좋은 농작물을 경작해야 하고 요리에도 성심을 다해야 한다. 우리가 선택의 실현으로 시선을 옮기는 순간, 선택의 자유 개념에서는 시야에 들어오지 않던 사회적 관계가 눈에 들어온다. 즉 "개인의 시야를 벗어나 있고 개인이 알아챌 수 없는 경험의 측면들"이 눈에 보이고 귀에 들리기 시작한다.

이런 관점에서 나의 자유롭지 못함을 넓은 맥락에서, 즉 사회적 관계의 맥락에서 생각해볼 수 있다. 이것이 바로 사회과학이 할 수 있는 일, 사회학적 상상력이 우리를 위해서 할 수 있는 일이다. 사회과학은 자유를 항상 '사회적 현실', 사회적으로 조건 지어진 현실로 다룬다. 주로 개념적 사유를 하는 인문학과는 달리, 실제로 우리를 자유롭지 못하게 하는 사회적 관계 또는 사회적 조건을 실증적으로 탐구한다. 다음의 글은 지금까지의 논의와 마찬가지의 과정을 통해 우리의 자유롭지 못함을 더 거시적인 맥락에서 볼 수 있도록 도와준다.

> '당신은 원하는 바를 말할 수 있다. 여기는 자유국가다.' 우리는 이런 식의 표현을 자주 쓰고 또 듣는다. …이 표현이 의미하는 바는, 당신을 자유롭게 하고 그 자유를 유지하는 데 중요한 것은 다만 '자유로운 사회', 즉 자유로운

> 개인들의 사회가 당신이 원하는 행동을 금지하지 않으며 그런 행위 때문에 당신을 벌주지 않는다는 점뿐이라는 것이다. 그러나 바로 여기서 이 메시지는 우리를 잘못된 길로 이끈다. 금지하지 않는다거나 벌주지 않는다는 것은, 원하는 대로 행위할 수 있는 필요조건이긴 하지만 충분조건은 아니다. 당신은 마음대로 이 나라를 떠날 자유가 있을지 모르지만 비행기 표를 살 돈이 없을 수도 있다. 당신은 선택한 영역에서 기술을 연마하고자 할 자유가 있지만, 당신이 공부하고자 하는 곳에 자리가 없을 수도 있다. … 당신이 원하는 바를 얘기해놓고서도, 기껏 당신은 사람들이 당신 말에 귀를 기울이게 할 방법이 전혀 없다는 것을 깨달을 수도 있다. 그러므로 자유에는 제한이 없다는 것 이상의 무언가가 있어야 한다. 무슨 일을 하기 위해서는 자원이 있어야 한다. 위의 표현은 이런 자원을 약속해주지 못하고, 이 자원이 중요하지 않은 것인 양 잘못 이야기한다.
>
> 《자유》, 지그문트 바우만, 문성원 옮김, 이후, 2002, 11~13쪽.

사회학자인 바우만은 자유의 의미보다는 자유의 사회적 조건에 초점을 맞추고 있다. 자유의 조건보다는 자유의 실현에 더 많은 비중을 두는데, 바로 앞에서의 논의가 주로 사회적 관계와 관련되었다면, 바우만은 자원에 더 강조점을 찍고 있다. 비록 바우만은《자유》에서 신자유주의 문제를 다루지 않지만, 우리는 바우만과는 다른 방향으로 사회학적 상상력을 발휘해볼 수 있다. 나의 자유 실현에 반드시 필요한 자원을 모두 내가 직접 생산할 수는 없다. 자원은 항상 사회적으로 생산되며, 항상 사회적으로 배분된다. 자유로운 선택이 아니라 자유의 실현에 주목한다면, 나의 자유로움을 결정하는 것은 바로 외부에서 자원이 생산되고 분배되는 사회적 원리이다. 지금의 맥락에서 보자면 문제는 자원이 신자유주의 시장의 논리로 생산되고 분배되는지, 아니면 보통 사람의 필요에 더 가치를 부여하는 사회의 논리로 생산되고 분배되는지의 여부다. 이에 따라 나의 자유는 확대될 수도 있고 축소될 수도 있다.

사실 이러한 방식으로 자유를 사회적 현실로 정의하며 접근하기 시작한 건 강의 때 학생이 "자유를 중시하는 자유주의사회에 살고 있는데도 왜 자유롭지 않은가?"라고 질문한 덕분이었다. 이 덕분에 나는 강의실의 학생들이 자신의 자유를 살펴보는 데 적합한 질문의 목록을 만들 수 있었다.

① 나의 삶에서 가장 자유롭지 못한 영역은 무엇인가.

② 나의 자유롭지 못한 영역에서 필요한 자원은 무엇인가.

③ 내가 자유롭기 위해서 필요한 자원은 어떤 사회적 원칙에 따라 생산되고 분배되는가.

이러한 과정들이 사회학적 상상력의 두 번째 계기이며, 상상력의 인식론적인 의미를 잘 보여준다. (사실 영어 단어 'imagination'은 우리나라 말인 '상상력'보다 더 넓은 차원의 의미를 담고 있다.)

자유에 대한 지금까지의 논의에는 경험의 두 가지 중요한 차원이 있다. 우리는 자유롭지 못할 때, 그 상황을 직접 체험한다. 지금 겪고 있기에 그 일이 눈에 보인다. 그러나 우리가 체험하지도 보지도 못하는 것은 나를 자유롭지 못하게 하는 사회관계 또는 사회구조였다. 구상력으로도 번역되는 상상력(imagination)이 힘을 발휘할 때는, 이렇게 체험/비(非)체험 또는 가시적/비가시적 사이에 존재하는 다리가 될 때이다. 건물 설계사가 건물을 실제로 짓기 전에 아직 존재하지 않는 건물을 머릿속에서 그려볼 때, 구상력이라는 도구를 사용한다. 사회학적 상상력도 마찬가지이다. 나의 자유롭지 못한 경험을 눈에 보이지 않는 사회관계나 사회구조와 연결하고, 더 넓은 사회적 맥락에서 마치 그림을 그리듯 그려내는 과정이 바로 사회학적 상상력이다. 다만 건물 설계사의 상상력 도구가 건축공학이라면, 사회학적 상상력의 도구는 사회학 개념이나 연구 방법(더 쉽게는 사회현실을 실증적으로 확인해나가는 과정)이라는 점만 다를 뿐이다.

밀즈에 따르면 사회학적 상상력이란 "사람들의 '지성적 소양'을 계발시켜 그들이 자신에게 닥친 일, 자신의 감정과 열망, 그리고 자신의 경험을 이해하도록 돕는"(《사회학의 쓸모》, 16쪽) 것이다. 우리가 사회학적인 상상력에 익숙해진다면, 우리 또한 아카데미 밖에 존재하는 사회학자가 될 수 있다. 바로 앞에서 제시했던 질문의 목록을 보도록 하자. 위의 목록대로 우리가 질문을 뽑아내고, 정보를 이용해 사회현실을 탐구한다면, 대학 연구실에 감금된 전문 사회학자보다 더 현실에 적합한 사회학적 상상력을 발휘할 수 있다. 밀즈의 용어로 "이성을 발전시킬 수 있게 해주는 정신적 자질"(《사회학의 쓸모》, 17쪽)인 사회학적 상상력은 사회과학 독서가 줄 수 있는 가장 큰 선물이다.

마지막으로 사회학적 상상력의 세 번째 계기는 나의 문제를 해결하기 위해서 사회 변화를 욕망하게 될 때이다. 밀즈는 사회학적 상상력이 부족하면 사람들은 "개인적 문제를 그 이면에 항상 존재하는 구조적인 변모를 통제하는 방식으로 다룰 줄 모른다."(《사회학적 상상력》, 16쪽)고 했다. 앞에서 논의했듯이, 시야를 조금만 넓히면 내가 겪는 개인적인 문제는 나만의 문제가 아니라 우리 사회에서 많은 사람이 겪고 있는 공통의 문제가 된다. 여기에 더해 사회적 상상력을 발휘해본다면, 많은 경우 내 문제의 근본적인 원인은 (물론 백 퍼센트 그렇지는 않겠지만) 내게 있지 않고 사회관계나 사회구조에 있을 수도 있다. 문제의 원인을 해결하는 게 근본적인 문제의 해결이라면, 나의 자유가 실현되기 위해서는 자원 배분의 원칙이나 사회구조, 사회관계가 바뀌어야 한다. 바로 이러한 차원이 "나의 문제 이면에 존재하는 구조적인 변모를 (집합적으로 또는 민주적으로) 통제하면서 다룰 수 있는 능력"이다. 이 과정에서 '개인적인 문제(personal troubles)'와 '공공의 문제(public issues)'가 밀접하게 연결되고, 그 결과 사회학적 상상력이 개인적인 것을 정치적으로 만든다. 왜냐하면 정치란 우리 모두의 좋은 삶에 (지금의 맥락에서는 우리 모두가 더 자유로워지는 삶에) 우호적인 사회적 관계를 빚어나가는 과정 그 자체이기 때문이다.

바우만은 사회학적 상상력을 거쳐 이루어진 "사회학적 대화는 개인의 자유의 확대와 인간의 집합적인 가능성의 확정을 목표로 삼는"(《사회학의 쓸모》, 30쪽)다고 했다. 실업, 만족스럽지 못한 결혼생활, 도시생활의 문제는 개인의 자유를 제약하며, 문제의 해결은 사적인 해결이 아니라 공적인 해결을 요청한다. 바우만이 말하는 "인간의 집합적인 가능성의 확장"이란 우리가 공적인 문제에 참여하고 함께 문제를 풀어낼 가능성을 의미하며, 개인의 자유란 우리 모두 함께 빚어나가야 할 공적인 사회 조건임을 강하게 내포하고 있다.

만약 사회학적 상상력이 이러한 약속이자 선물이라면, 익숙하지 않은 개념들로 조금은 힘들더라도 사회과학책을 진지하게 읽어볼 이유가 되지 않을까?

2. 사회과학도서는 어떻게 읽어야 하는가

'현상(경험)'과 '본질(사회관계)'

사회과학 독서가 우리에게 선물해주는 사회학적 상상력을 이해나 설명 같은 익숙한 언어로 바꾸면 어떨까? 사회과학이 하는 일은 자연과학이 하는 일과 그렇게 다르지 않다. 자연과학이 하는 일이 '자연현상'에 대한 설명 · 이해 · 예측이라면, 사회과학이 하는 일은 '사회현상'에 대한 설명 · 이해 · 전망이다. 자연과학이 연구를 통해 자연에 대한 이해를 하나하나 구축해나가듯이, 사회과학도 연구를 통해 사회현상에 대한 이해를 하나하나 쌓아간다. 아래의 그림은 연구를 통해 사회과학 지식이 구성되는 과정을 도식화한 것이다.

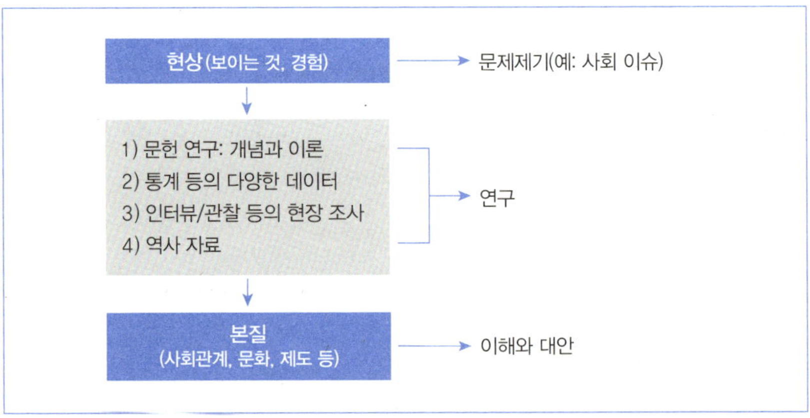

주목해야 할 부분은 바로 '현상'과 '본질'의 구분이다. 현상이란 쉽게 말하자면 우리 경험의 영역 또는 상식의 영역이다. 반면 "경험이 진리와 일치한다면 과학은 필요하지 않을 것이다."라는 마르크스의 말처럼, 현상이 항상 본질과 일치하는 것은 아니다. 만약 우리가 경험에만 의존한다면, 우리는 천동설론자일 수밖에 없다. 우리가 매일 보는 태양은 동쪽 수평선에서 떠올라 정오에는 하늘 꼭대기로 올라갔다가 서쪽 지평선으로 지기 때문이다. 우리 눈에는 태양이 지구를 도는 것처럼 보인다. 그러나 실제로는 지구가 태양을 돌고 있다. 과학책 한 장 한 장은 이처럼 경험과 진리 또는 현상과 본질이 불일치하는 수많은 경우로 채워져 있다. 과학이 하는 일은 혼란스럽고 자명하지 않은 경험의 영역 아래로 파고들어 본질을 캐내는 일이라고 볼 수 있다. 그렇다면 사회과학은 무엇을 캐내는 것일까?

우리의 경험이나 상식을 따른다면, 감정은 "사회 이전이나 문화 이전의" 자발적인 몸의 반응처럼 보인다. 그러나 감정은 사회관계에 따라 패턴화 또는 규범화되어 있다. 에바 일루즈의 감정사회학 논의를 살펴보도록 하자.

> 감정은 사회 이전이나 문화 이전의 어떤 것이 아니라, 극도로 압축되어 있는 문화 의미들과 사회관계들 바로 그것이다. … 감정은 언제나 자아의 감정이요, 자아와 타자들(문화적으로 자리매김되어 있는 타자들) 사이의 관계와 관련된 감정이다. 누군가 나에게 "또 늦었구나!"라고 말했을 때, 내가 수치를 느끼느냐, 분노를 느끼느냐, 죄의식을 느끼느냐 하는 것은 거의 전적으로 내가 그 사람과 어떤 관계냐에 달려 있다. 그 사람이 내 상사라면 나는 수치를 느낄 것이고, 그 사람이 내 동료라면 나는 분노를 느낄 것이며, 그 사람이 방과 후에 나를 기다리는 내 아이라면 나는 죄의식을 느낄 것이다. 감정이 심리 단위라는 것은 분명하다. 하지만 그에 못지않게, 아니 어쩌면 그 이상으로, 감정은 문화 단위이자 사회 단위이다. 곧 감정이 표현되는 장소는 구체적·즉각적 관계이되 항상 문화적·사회적으로 규정된 관계이며…
>
> 《감정 자본주의》, 에바 일루즈, 김정아 옮김, 돌베개, 2010, 15쪽.

방과 후에 학교 정문 앞에서 내가 데리러 오기를 오랫동안 기다린 아이에게 분노를 느낀다면, 그 감정은 정당할까? 또 다른 예를 들 수도 있다. 동정은 보통 우리보다 처지가 어려운 사람들에게 느끼는 감정인 반면, 존경은 우리보다 우월한 위치에 있는 사람들에게 느끼는 감정이며, 우정은 동등한 위치에 있는 사람들에게 느끼는 감정이다. 수치, 분노, 동정, 우정 등의 감정은 분명히 경험의 영역이자 현상의 영역이지만, 감정의 아래에서 감정을 규범화하는 과정은 경험되지 않는다. 더 나아가서 규범화 과정의 기반인 사회관계는 더더욱 경험되지 않는다.

자연과학이 자연법칙을 캐낸다면, **사회과학은 이렇게 사회현상의 근간이 되는 사회관계를 캐낸다**. 이러한 과정을 사회적으로 논란이 되었던 '혐오'라는 구체적인 감정에서도 찾을 수 있다.

> 혐오에 반대하는 사람들이 적지 않다. 왜 혐오가 나쁘냐는 물음에 "혐오는 나쁜 감정이니까 나쁘다."거나, "혐오가 약자와 소수자를 차별하게 만드니까 나쁘다."라고 답하곤 한다. 이런 대답들은 분명 선한 의지에서 나온 것이다. 그러나 동시에 이런 대답들은 우리가 직면한 문제의 성격을 오인하게 만들 수 있다. … 실제로 혐오에 대한 최근의 많은 논의들은 혐오라는 감정 자체를 '암흑의 핵심'으로 상정한다. 혐오는 왜 나쁜가? 이것을 생각해 나가다 보면 혐오가 문제의 원인이 아니라는 것을 알게 된다. 혐오는 '증상(symptom)'이다. 증상을 관찰하는 일은 중요하지만 거기에 함몰되어선 곤란하다. 우리는 혐오를 사회악으로 지목할 게 아니라 혐오를 만들어내는 메커니즘을 찾아내야 한다.(강조는 인용자)
>
> 《#혐오_주의》, 박권일 외, 알마, 2016, 9~10쪽.

여기서는 '증상'이라는 단어를 통해서 경험과 사회관계, 즉 현상과 본질을 구분하고 있다. 우리가 병을 앓을 때 경험하게 되는 건 증상이지 병의 원인이 아니다. 감기에 걸린 우리는 열이나 몸의 쑤심과 같은 신체적인 증상을 경험하지, 병의 원인인 바이러스를 경험하지는 않는다. 위의 인용문에 따르면 혐오의 경험 또한 증상이다. 우리는 '김치녀' '틀딱충' '빌거' '로퀴' '지균충' '진지충' '이백충' 등의 혐오 현상을 경험하지만, 혐오 감정을 만들어내는 사회관계인 "혐오를 만들어내는 메커니즘"은 직접적으로 경험하지 못하기 때문이다. 박권일 또한 에바 일루즈처럼 혐오 감정의 사회적 기반을 찾으려 한다. 그에 따르면 혐오의 기반은 "우열의 논리" "정상성과 비정성상의 논리" "다수성과 소수성의 논리"이며, 항상 우월한 사람과 열등한 사람 사이의 사회관계이다. 즉 대체로 혐오란 "다수자 강자에서 소수자 약자로, 정상성에서 비정상성으로 흘러내리는"(《#혐오_주의》, 28쪽) 감정이며, 다수자 강자와 소수자 약자가 구성되는 사회과정(사회관계가 구성되는 과정)에 기반하고 있다. 이러한 부분을 찾아내는 과정이 혐오를 만들어내는 메커니즘을 찾는 과정이 된다.

이처럼 사회과학 연구도 자연과학과 마찬가지로 현상이나 경험 아래로 내려가 본질을 캐내기 위한 것이다. 에바 일루즈처럼 여러 장소의 다양한 사회관계를 분석하면서 감정의 사회적 기반을 찾으며, 박권일처럼 우열관계를 분석하면서 혐오의 사회적 기반을 찾는다. 여기에서 연구·설명·이해의 의미가 명확해진다. 연구의 영어 표현은 research이다. 're'는 '다시'이며 'search'는 '찾음'이다. 따라서 연구란 '다시 찾는 과정'인 셈이다. 연구란 우리가 경험하는 문제에서 본질이나 사회관계를 '되찾아내는 과정(re-search)'이다. 이렇게 연구를 통해서 알게 된 사회과학적인 앎은 우리의 경험을 설명해준다. 설명(說明)은 '말(說)'을 통해 어둡고 잘 모르던 것을 '밝은 빛 아래로 가져오는 행위(明)'이다. 책은 우리에게 설명해주며, 우리는 이를 통해 이해를 얻는다. 이해(理解)란 우리의 경험을 '이치(理)'에 따라서 '풀어내는 과정(解)'이다. 경험이 직접적이라면 이해는 그렇지 않다. 오히려 이해는 경험의 재구성 과정이기도 하다. C. 라이트 밀즈의 말처럼 우리는 때때로 올가미에 걸린 것 같은 경험을 한다. 이때의 경험은 너무나도 직접적이어서 설명이 필요 없는 것처럼 느껴지지만 혼돈스럽고 무언가 정리가 안 된 것처럼 느껴지기도 한다. 여기에서 이해는 중요한 의미를 갖게 된다. 왜냐하면 이해란 본질, (자연과학의 경우) 법칙, 사회관계의 이치에 따라서 우리의 혼돈스러운 경험을 한눈에 볼 수 있도록 재구성해주는 과정이기 때문이다. 자유주의사회에서 살면서도 전혀 자유롭지 못하다는 당혹스러운 경험, 열심히 살았지만 여전히 가난하다는 서러운 경험, 어느 날 갑자기 혐오의 대상이 되는 모멸스러운 경험 등. 이 모든 혼란스러운 경험은 이해를 통해 손에 쥘 수 있는 명확한 경험으로 재구성된다.

사실 모든 책읽기는 시공간의 한계가 없는 저자와 독자 사이의 대화이다. 사회과학 독서 또한 그렇다. 저자는 동시대 사람들이 겪고 있는 문제에 관심을 가지고 연구하고 책을 쓴다. 독자들은 책을 통해 저자가 들려주는 설명을 들으며, 자신이 겪고 있는 문제를 사회관계라는 이치에 따라 이해하게 된다. 설명과 이해의 끝없는 교환인 셈이다. 그런데 모든 대화에는 규칙이 있고, 대화의 결실은 언제나 우리가 얼마나 대화의 규칙을 잘 지키는가의 여부에 달려 있다. 사회과학 독서도 마찬가지이며, 지금까지 논의한 현상과 본질의 구분이 이 규칙 가운데 하나다. 이 밖에도 다양한 대화의 규칙들이 있다. 보통 대화는 시작, 진행, 마무리로 구성되는데, 사회과학책 읽기도 마찬가지이다.

저자의 입장과 질문 파악하기

- 대화의 시작 (우리가 겪는 문제의 발견) : 저자의 입장과 질문을 먼저 파악하기
- 대화의 진행 (우리가 겪는 문제의 설명) : 개념을 비판적으로 이해하기
사회를 과정으로 이해하기
- 대화의 마무리 (문제의 이해) : 사회과학책의 설명을 구체적인 장면으로 그려보기

사회과학책에서 대화의 시작은 저자와의 만남일 수밖에 없다. 그런데 한 가지 주의할 점이 있다. 사회과학이 연구자의 정치적 입장을 허용하는 독특한 과학이라는 점이다. 진보적 자연과학자라는 표현은 없지만, 진보적 사회학자라는 말은 가끔 들어본 적이 있을 것이다.

자연과학의 경우, 연구 주체는 사람인 반면 연구 대상은 자연이다. 그렇기에 자연과학에서는 연구하는 주체와 연구되는 대상 사이에 절대적인 거리가 생길 수 있다. 자유낙하나 기후변화와 같은 자연법칙은 자연과학자의 정치적 입장에 아무런 영향도 받지 않는다. 우리는 연구하는 주체와 연구되는 대상 사이의 이러한 절대적인 거리를 '객관성'이라고 부른다. 사회과학에서도 절대적인 거리를 유지하는 것이 가능할까? 결론부터 미리 말하자면 절대 가능하지 않다. 사회과학에서는 연구하는 주체도 사람이고 연구되는 대상도 사람이기 때문이다. 연구자가 사람인 이상 어떤 사회가 가장 이상적인지, 어떤 주체성이 윤리적으로 가장 올바른지에 대해서 가치판단을 할 수밖에 없다.

사회과학책 저자의 입장과 가치는 어떤 사회문제가 중요한지, 어떤 사회문제를 진지하게 다루어야 할지 결정하는 데 영향을 미친다. 아래의 칼럼은 사회현상을 바라보는 입장에 따라서 문제를 규정하는 방식이 전혀 달라진다는 점을 잘 보여준다.

> 대학의 청소노동자들이 임금인상을 요구하며 파업을 하는 경우를 종종 봤다. 곳곳이 쓰레기로 넘쳐나는 상황을 학생들이 불편함만으로 느끼지 않았으면 한다고 가볍게 강의 시간에 다룬 바 있다. 그때 누군가의 당당한 말이 10년이 지나서도 기억난다. "수요와 공급이잖아요. 현재 급여로도 하겠다는 사람이 많은데, 저 사람들 말을 학교가 들어줄 필요가 없죠." 대학의 분위기는 오래전부터 이랬다. 돈이 안 된다는 학문은 무시당했고 '효율성'을 중시

> 하는 학과만 몸집이 커졌다. 구성원의 성분이 편향적이니, 여기서는 의견을 모은들 비용절감, 이윤증가의 법칙만이 부유한다. … 왜 양질의 일자리가 줄었는지, 왜 양질이 아닌 일자리에도 사람이 몰리는지에 대한 고민은 없다.
>
> 〈뉴스 상단에 '오늘의 산재'를〉, 오찬호, 경향신문, 2020. 05. 03.[1]

칼럼에서는 두 가지 입장이 날카롭게 대립한다. 어느 시장주의자의 입장에서는 청소노동자의 열악한 노동환경과 저임금은 문제가 되지 않으며, 진지하게 다룰 문제도 아니다. 사람들의 생존과 삶의 질을 결정하는 노동시장이라 할지라도, 노동력의 과잉공급은 수요공급의 법칙에 따라 저임금으로 귀결되고, 열악한 노동환경도 감내해야 할 조건이 되기 때문이다. 이 관점을 조금만 확장해보면, 자본주의 시장질서에서 비롯된 경제적 불평등은 진지하게 다룰 문제가 되지 않는다. 반면 이 칼럼을 쓴 사회학자는 "왜 양질의 일자리가 줄었는지" 질문하면서 수요공급의 법칙 이외에 다른 사항을 고려할 필요성을 언급한다. 경제학자 스티글리츠는 조금 더 날카롭게 대립되는 입장을 제시한다.

> 흔히 시장의 미덕은 효율성에 있다고 말한다. 하지만 시장은 결코 효율적이지 '않다'. 경제학의 기본 가설(경제의 효율적인 작동을 위한 기본 전제)은 수요와 공급이 일치한다는 것이다. 그러나 현실 세계에서는 엄청나게 많은 수요가 충족되지 못하고 있다. 이를테면, 현실 세계에서는 빈곤 퇴치를 위한 투자…지구온난화 문제에 대처하는 방향으로 세계경제를 전환시키기 위한 투자가 절실하다. … 일자리를 원하는 많은 사람들에게 일자리를 제공하지 못하

---

1 〈뉴스 상단에 '오늘의 산재'를〉, 오찬호, 경향신문, 2020. 05. 03.
news.khan.co.kr/kh_news/khan_art_view.html?art_id=202005032038025(마지막 접속 2021.03.12.)

는 시장의 무능력을 입증하는 실업은 가장 심각한 시장의 실패이고, 가장 심각한 비효율의 원천이며, 불평등의 주요한 원인이다.

《불평등의 대가: 분열된 사회는 왜 위험한가》,
조지프 스티글리츠, 이순희 옮김, 열린책들, 2013, 28쪽.

스티글리츠의 입장은 칼럼의 어느 시장주의자와 완전히 다르다. 그는 동일한 사회현상을 보면서 시장은 실패했다고 진단하며, 책 전체에 걸쳐서 불평등을 심각한 사회문제로 다룬다. 왜 두 사람은 동일한 사회현상을 두고 서로 대립되는 판단을 할까? 어떤 경제가 이상적인가 또 정상적인가에 대한 두 사람의 입장이 확연하게 다르기 때문이다. 스티글리츠는 좋은 일자리, 빈곤 퇴치 프로그램 등과 같은 사람들의 실제적인 수요, 즉 필요가 원활하게 잘 충족되는 경제를 이상적이고 정상적인 경제로 생각한다.

여기에서 볼 수 있는 것은 입장에 따라서 수요를 개념화하는 방식이 달라질 수 있다는 점이다. 시장주의자의 경우 수요란 그래프상의 수치이다. 사람들이 실제로 무엇을 필요로 하는지 고려하지 않기 때문에 일자리의 불평등한 상황을 문제로 보지 않는다. 반면 스티글리츠는 그래프상의 수치가 아니라 사람들이 실제로 필요로 하는 것을 더 중요하게 보기 때문에 일자리의 불평등한 상황을 심각한 문제로 본다. 또한 시장주의자의 경우 시장이란 수요공급의 법칙에 따라 자연가격이 형성되는 장소이지만, 스티글리츠의 경우 시장은 사람들의 실제적인 필요가 충족되는 교환의 공간이다. 이처럼 사회학자의 입장에 따라 무엇을 문제로 보는지의 선택뿐만 아니라 사회현상을 개념화하고 진단하는 방식 또한 달라진다. 그래서 사회과학책을 읽을 때는 행간을 잘 파악하면서 저자의 입장을 비판적으로 살펴보아야 한다. 그리고 저자의 입장이 내가 겪고 있는 문제를 해결하는 데 도움이 되는지 잘 판단해야 한다. 그렇다면 어떠한 입장이 더 옳은지 판단할 수 있는 근거는 어디에 있을까?

사회과학책 저자의 입장은 저자의 질문하는 방식과 연구의 방향에 영향을 미친다. 여기에서 우리는 한 가지 오해를 넘어설 필요가 있다. 질문이 백지와 같은 무지에서 나오지는 않는다는 점이다. 무지의 상태에서는 질문이 나올 수 없으며, 오히려 질문은 최소한의 앎을 전제하고 있다. 질문이 가능할 때는 나의 앎에 빈 곳이 존재할 때이며, 우리는 앎 속에 있는 이러한 빈 곳을 궁금증이라고 부른다. 그러나 질문은 궁금한 것을 물어보는 것보다 더 중요한 기능을 한다. 질문은 답을 찾아 나가는 방향을 미리 규정하며, 특정한 입장을 전제한다. 우리는 살아가면서 "현실을 선택할래? 이상을 선택할래?"라는 질문을 받곤 한다. 이런 질문에는 훈계받는 느낌이 강하다. 왜 그럴까? 답을 찾아가는 방향을 미리 결정해버리기 때문이다. 이 질문은 양자택일의 답 외에 다른 답을 허용하지 않는다. 현실을 선택한다면 이상을 선택할 수 없고, 이상을 선택한다면 현실을 선택할 수 없다. 이 질문은 현실과 이상을 모두 손에 쥘 수는 없다는 입장을 전제하고 있다. 이 둘 모두를 포기할 수 없다면, 다른 방향에서 답을 찾도록 안내해주는 질문을 던져야 한다. 예를 들자면, "이상을 현실에서 어떻게 실현할 것인가?"는 어떨까. 이런 방식은 현실과 이상 또는 현재와 더 나은 미래 모두를 포기하지 않으면서도 다른 방향으로 삶을 꾸려갈 방법을 찾도록 한다. 그렇기에 어떤 책을 읽든지 답부터 보는 것이 아니라 먼저 질문이 적합한지 살펴볼 필요가 있다. 사회과학 또한 마찬가지이다. 어떤 질문을 던지는가에 따라 답을 찾아가는 방향, 즉 연구의 방향이 결정된다.

그렇다면 어떤 사회과학 질문이 좋은 질문일까? 강의실에서 한 학생이 "인간은 선천적으로 악하고 이기적이기 때문에, 사회는 좋아질 수 없다고 생각한다."라고 하자, 다른 학생이 반론을 하였다. 어느덧 강의실은 열띤 토론의 장이 되었다. 그런데 이 토론은 아무런 결론도 내리지 못하고 지속되었다. 문제는 "인간이란 선천적으로 선한가? 아니면 악한가?"라는 질문에 있었다. 토론이 생산성을 가지려면 질문을 바꿔야만 했다. 그래서 "인간은 어떤 조건 속에서 악해지는가? 어떤 조건 속에서 선해지는가?"라는 질문으로 바꾸자고 제안했다. 학생들은 동의했고, 칠판에 조건들을 적어나가기 시작했다. 칠판에 적어놓은 조건들을 나름대로 범주화하고, 범주화된 조건을 어설프게나마 개념화해 보았다. 그 뒤 "인간은 선해져야만 한다."란 입장을 포기하지 않으면서도 많은 학생이 동의할 수 있는 몇 가지 대안을 내놓을 수 있었다.

"인간은 선천적으로 악한가? 아니면 선한가?"라는 질문은 현실적으로 검증할 수 없기에, 대다수의 합의에 이르기 힘든 질문이다. 누구나 때때로 악하기도 하고 선하기도 하다. 모든 경험을 모아 보아도 내가 선한 사람인지 악한 사람인지 판단하기가 모호할 뿐이다. 반면 어떤 조건에서 사람들이 선해지고 악해지는지는 직간접적이든 눈으로 확인할 수 있으며, 많은 사람의 동의를 얻을 수 있다. 그리고 그런 조건을 공통된 범주나 패턴으로 묶어볼 수 있다면, 조건의 개선을 통해서 사람들을 더 선하게 행동하게 하는 현실적인 방안을 찾아볼 수 있다.

다시 한번, 사회과학자(저자)의 입장이 사회과학책에서 삭제될 수 없다는 사실로 되돌아가 보자. 한 사회과학자가 "인간은 선해야만 한다."는 윤리적인 입장이나 가치를 가질 수 있으며, 이것은 주관적이다. 그러나 이 사회과학자는 자기 입장을 펼칠 때 주관적인 가치만을 단언하지 않는다. 적절한 질문을 던지며, 질문에 따라 무엇을 볼지 결정하고, 모두 직간접적으로 볼 수 있는 통계, 현장 인터뷰와 관찰, 역사 자료 등을 조사 연구하며, "인간이 선해지기 위해서 어떤 조건을 개선해야 하는가?"라는 질문을 던지면서 우리를 공론의 장으로 초대한다. 이렇게 사회과학자는 자기 입장을 포기하지 않으면서도 자기 입장을 객관성 또는 상호주관성의 장에서 펼친다. 바로 이러한 측면에서 사회과학은 사회과학자의 정치적 입장이나 가치를 용인하는 독특한 과학이 될 수 있다. 중요한 점은 우리가 사회과학 책을 읽을 때, 저자의 입장뿐만 아니라 저자의 질문이 적합한지 잘 판단하는 일이다.

이제 강의실에서 더 사회과학적인 공간으로 옮겨가자. 앞에서 논의했던 어느 시장주의자와 스티글리츠의 가상적인 논쟁은 사실 근대적 의미의 경제학이 출현한 18세기와 19세기부터 지속되어 지금까지 이어져온 해묵은 논쟁이다. 찰스 디킨스 소설의 무대인 영국의 빅토리아 시대는 경제적 불평등과 빈민 문제가 심각했던 시기였다. 이러한 문제를 앞에 두고 경제학은 두 가지 관점으로 분리되었다. 한편에서 맬서스와 같은 학자들은 전체의 이익을 위해 시장의 자기 조정 메커니즘이 작동할 수 있도록 빈민을 죽게 내버려두자고 주장했다. 다른 한편에서는 마르크스와 같이 노동자와 빈민의 인간다운 삶을 옹호하면서 시장경제를 설명하고자 하는 비판적인 경제학 조류가 등장하기 시작했다. 마르크스는 자신의 정치적 입장에 충실하면서도 사회현실을 다른 방식으로 설명하기 위해서 수요공급의 법칙에 대해 다음과 같은 질문을 던졌다.

> 만약 공급과 수요가 서로 균형된다면, 이들은 어떤 것도 설명할 수 없게 되고, 시장가치에 영향을 미치지 않으며, 따라서 시장가치가 어떤 다른 화폐액이 아니라 바로 이 화폐액으로 표현되는 이유에 대하여 훨씬 더 알 수 없도록 한다. 자본주의적 생산의 실재의 내적 법칙은 공급과 수요의 상호작용에 의해 설명될 수 없음이 명백하다.(*Capital*, vol. 3, p. 189)
>
> 《자본의 한계》, 데이비드 하비, 최병두 옮김, 한울, 2007, 30쪽에서 재인용.

조금은 어려운 개념어들로 채워진 문장들이지만 질문은 명확하다. "왜 특정한 상품의 시장가치가 어떤 다른 화폐액이 아니라 바로 이 화폐액으로 표현되는가?" 앞의 논의로 되돌아가면, "왜 청소노동자의 임금은 저임금의 화폐액으로 표현되는가?"라는 질문도 던져볼 수 있다. 마르크스는 수요와 공급의 일치만으로는 이 질문에 답할 수 없다고 주장한다. 왜냐하면 수요곡선과 공급곡선이 서로 만나는 점, 즉 시장가격 또는 자연가격을 보고 난 다음 수요량과 공급량을 결정하는 요인들을 보아야만 더 완벽한 설명이 가능하기 때문이다.

마르크스는 수요공급 법칙을 부정한 적은 없었다. 다만 수요공급 법칙은 완전한 설명이 아니며, 다른 질문과 다른 연구 방식을 통해 자본주의 시장경제를 더 잘 이해할 수 있을 뿐만 아니라 경제적 불평등이 사회적으로 생산되는 방식도 이해할 수 있다고 주장했을 뿐이다. 다시 한번, 마르크스가 자기만의 사회과학을 구성할 수 있었던 것은 그 당시 사회 상황과 그의 정치적 입장 덕분이었다. 다시 우리의 논의로 되돌아가자.

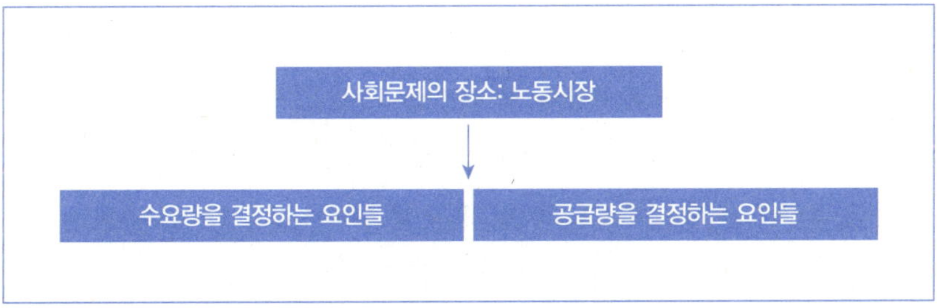

"청소노동자, 돌봄 노동자 등의 다양한 직종의 노동자 임금이 왜 저임금의 화폐액으로 표현되는가?" 위의 도표는 이 질문에 답하기 위해서 우리가 무엇을 보아야 하는지 보여준다. 노동시장에서의 공급자는 임금 이외에는 생계수단이 없는 보통 사람들이고, 수요자는 주로 기업이다. 이 둘 사이의 관계가 노동시장에서 수요와 공급을 구성한다. 이 도표의 빈칸을 하나둘씩 채워나간다면, "왜 양질의 일자리가 줄었는지, 왜 양질이 아닌 일자리에도 사람이 몰리는지" 그 이유를 찾아볼 수 있다. 위의 도표를 채울 수 있는 두 가지 사례를 예로 들어보자.

첫 번째 사례는 우리에게 깊은 상처로 남아 있는 IMF 경제 위기 때의 구조조정이다. 이때 구조조정으로 인해 많은 사람이 실직자가 되면서 노동력 공급은 크게 증가했지만 여러 기업의 도산으로 노동력 수요는 줄어들었다. 이때 새롭게 비정규직 법안이 의회를 통과했다. 임금 이외의 생계수단이 없는 사람들의 유일한 선택지는 낮은 임금, 열악한 노동환경, 비정규직의 조건을 받아들이는 것뿐이었다. 일단 먹고살아야 했으며, 노동시장에는 나 말고도 이 조건을 받아들일 수많은 실직자가 존재했기 때문이다. 여기에서 볼 수 있는 것은 법안이라는 수요와 공급을 결정하는 시장 외적인 요인 또는 정치적인 요인이다. 위기의 해결책은 분명히 다른 방향으로 마련될 수도 있었다.

두 번째 사례는 4차산업혁명과 같은 기술의 발전이다. 기술의 발전은 채플린의 〈모던 타임스〉에서 볼 수 있듯이, 숙련노동자가 하던 일의 탈숙련화를 가져오며 노동시장에서의 공급량을 증가시킨다. 이제 여성, 청소년 등 예전에는 배제되었던 인구층들이 노동시장으로 유입되기 때문이다. 그 결과는 예전에 존재하지 않던 여성과 남성 사이 또는 장년층과 청년층의 일자리 경쟁이며, 노동자들 사이의 경쟁은 저임금화 경향으로 이어진다. 하지만 우리는 다른 방식으로 기술이 이용되는 방안을 그려볼 수도 있다. 기술의 발전으로 생산성이 늘어난다면, 기존 노동자의 노동시간을 줄이고 일자리를 공유하면서 여가시간을 늘리는 방향으로 활용할 수 있지 않을까?

이 두 가지 사례만 보더라도 노동시장에서의 수요량과 공급량을 결정하는 다양한 사회관계와 사회적인 힘이 존재한다. 한편에서는 노동법이나 노동정책 등과 같은 정치적인 결정, 또 다른 한편에서는 기술을 어떤 방향으로 사용할 것인가에 대한 결정이 존재한다. "수요량과 공급량을 결정하는 요인들은 무엇인가?"라는 질문에 따라 여러 사회현실과 자료들을 조사하다 보면, 자본주의 시장경제를 둘러싼 여러 사회관계가 보이기 시작하며, 현재의 조건을 개선하기 위해서 무엇을 해야 하는지도 보인다.

지금까지의 논의를 정리해보자. 사회과학자가 어떠한 입장인가에 따라 질문이 달라진다. 질문이 달라짐에 따라 무엇을 보아야 하는지의 범위가 달라지고, 사회과학 지식과 문제해결 방식이 달라진다. 마르크스 이외에도 페미니즘의 입장에서, 장애인 인권옹호 입장에서, 노인 입장에서, 생태주의 입장에서, 성소수자 입장에서 다양한 방식으로 "왜 어떤 노동자의 임금은 저임금의 화폐액으로 표현되는가?"라는 질문을 던지는 여러 사회과학자가 있다. 그러나 이들에게는 공통점이 있다. 자기 입장에서 출발하여, 함께 확인할 수 있는 사회적 사실을 연구조사하고, 함께 논의할 수 있는 공적인 의제를 형성해간다는 점이다. 이것이 바로 사회과학을 독특한 과학으로 만들어준다. 그러나 판단은 여러분의 몫이다. 여기서 제안할 수 있는 것은 다만 다음과 같은 판단의 틀 또는 책읽기의 틀뿐이다.

- 저자의 입장은 내가 동의할 수 있는 입장인가.
- 저자가 문제를 정의하는 질문이 적합한가.
- 연구의 방향 또는 저자가 제시하는 데이터들이 적합한가.
- 저자가 제안하는 결론 또는 공적인 의제가 적합한가.

개념 이해하기, 개념화 과정 비판적으로 이해하기

사회과학책을 읽는다는 건 레고블록을 하나하나 쌓아서 무언가를 만들어가는 과정과 비슷하다. 개념의 블록을 하나둘씩 쌓아서 사회현상에 대한 이해를 만드는 과정이기 때문이다. 가장 큰 어려움을 느낄 때는 아마도 낯선 개념과 마주칠 때일 것이다. 이러한 어려움은 책을 읽어나가면서 쌓여만 간다. 책장을 넘길 때마다 낯선 개념이 나오고, 이 개념은 앞장에서 나온 개념과 유기적으로 연결되어 있어서 이후에 나오는 내용을 이해하기가 더욱 어려워지기 때문이다.

낯선 사회과학 개념에서 비롯되는 책읽기의 어려움은 보통 두 가지이다. 첫 번째 어려움은 저자가 독자에게는 낯설게만 느껴지는 개념을 정의하지 않은 채로 논의를 진행하는 경우이다. 두 번째 어려움은 저자가 개념을 정의했음에도 이해가 잘 가지 않는 경우이다. 이 두 가지 어려움의 해결책은 동일하다. 초등학교 국어 시간을 떠올려보자. 낯선 단어가 나오면, 우리는 먼저 사전을 찾아봤다. 그다음 이렇게 이해된 단어의 의미를 문장에 넣고, 국어사전에서 제시된 단어의 의미가 적합한지 그렇지 않은지 판단했다. 우리의 어휘력은 바로 이러한 과정의 반복을 통해 구성된다. 사회과학의 어휘력도 마찬가지이다. 다만 국어사전이 아닌 다른 것이 필요할 뿐이다.

일례로《사회학적 상상력》의 다음과 같은 문단을 만났을 때, 우리는 낯선 개념으로 인해 이해에 어려움을 겪는다.

> 사람들은 대개 자신이 겪고 있는 고통을 역사적 변동과 제도적 모순으로 규정하려고 하지 않는다. 그들이 누리는 안락 역시 자신이 살고 있는 사회의 큰 흥망성쇠 탓이라고 생각하지 않는다. 사람들은 자기들의 생활 양식과 세계사 행로 간의 복잡 미묘한 관계를 별로 의식하지 못하기 때문에, 이 관계

가 자신의 미래와 장차 자신이 주체적으로 참여할지도 모를 역사 형성에 어떤 의미를 갖는지 일반적으로 모르고 있다. 그들은 인간과 사회, 개인의 일생과 역사, 그리고 자아와 세계 사이의 상호작용을 파악하는 데 긴요한 정신적 자질이 부족하다. 그들은 개인적 문제를 그 이면에 항상 존재하는 구조적인 변모를 통제하는 방식으로 다룰 줄 모른다.

《사회학적 상상력》, C. 라이트 밀즈, 강희경·이해찬 옮김, 돌베개, 2004, 16쪽.

첫 문장에서부터 '제도적 모순'이라는 낯선 개념이 나온다. 가장 먼저 해야 할 일은 개념의 사전적 의미를 파악하는 일이다. '제도적 모순'의 경우 제도의 의미는 익숙할 수 있지만, 모순의 의미는 낯설 수도 있다. 그렇다면 모순의 의미를 먼저 찾아보면 된다. 네이버 사전을 검색해보면, 모순의 의미는 창과 방패라는 뜻으로, "말이나 행동의 앞뒤가 서로 일치되지 아니함"이다. 이 말을 '제도적 모순'에 대입하자. 그러면 제도적 모순의 의미는 "제도의 말이나 행동의 앞뒤가 서로 일치하지 아니함"으로 풀이될 수 있다.

그다음으로 해야 할 일은 풀어낸 의미를 현실에 적용하면서 구체적인 그림을 그려보는 것이다. 우리는 의료제도, 교육제도 등과 같이 사회 안에 존재하는 여러 제도를 알고 있으며, 매일매일 경험하고 있다. 교육제도의 예를 들어보자. 나는 어렸을 적부터 교육의 목적이 전인교육이라는 말을 많이 들어왔다. 그러나 중고등학교를 거치면서 경험한 것은 학교 안에서 대우를 받는 학생들은 주로 공부를 잘하는 학생들이라는 사실이었다. 이러한 광경을 보았던 나의 머릿속에서는 '교육제도의 모순'이라는 말이 떠올랐다. 교육제도란 교육의 목적을 실현하기 위해 마련된 것인데, 사실상 학교라는 교육제도 안에서 벌어진 일은 전인교육과는 상반되는 일이 많아서였다. 이러한 경험을 사전적 의미에 대입해보면, 뜻이 통하는지 알 수 있다.

"…한 사례를 보면, 교육제도는 전인교육을 말하지만, 실제 상황은 이와 정반대이다. 교육제도의 모순이란 교육제도의 말이나 행동의 앞뒤가 서로 일치하지 않는 현상이다." 말이 된다면, 더 나아가 우리의 일상적인 경험에 적용해볼 수 있다면, 낯선 개념은 아주 잘 이해되었다고 볼 수 있다.

이제는 직접 경험하지 못하는 거시적인 영역으로까지 이 개념을 확장해 보자. 우리는 가끔 '자본주의 모순'이라는 말을 듣는다. 이 말은 무엇을 의미하는 것일까? 다시 한번, 모순이란 "말이나 행동의 앞뒤가 서로 일치되지 아니함"이라는 점을 기억해보자. 그렇다면 '자본주의 모순'이라는 말을 이해하기 위해서는 서로 일치하지 않는 말이나 행동을 찾아볼 필요가 있다. 자본주의에서 서로 일치되지 않는 말이나 행위에는 무엇이 있을까? 자본주의의 금언에 따르면, 시장은 자유롭고 평등한 사람들이 사적인 이익을 최대화하기 위해 자신들이 가진 것을 서로 교환하는 공간이다. 그러나 우리 사회에서 유행하는 '갑질'과 같은 표현을 보면, 적어도 노동시장에서 사람들의 관계는 평등하거나 자유롭지 못하다. 그렇다면 우리는 이렇게 말할 수 있다. "자본주의의 금언과 자본주의의 실제적인 작동이 일치하지 않는다. 이것이 자본주의의 모순이다." 또 다른 사례가 있다. 자본주의에서 제1세계 부의 창출은 제3세계의 빈곤을 만들어내면서 형성되며, 부유한 사람들의 풍요로움은 가난한 사람들의 빈곤함을 만들어내면서 형성되는 경향이 있다. 그렇다면 우리는 이렇게 말할 수 있다. "자본주의는 풍요와 빈곤이라는 상반되는 경향을 동시에 만들어낸다. 이것이 자본주의의 모순이다."

개념의 이해가 이 정도까지 진행되었다면, 지금 읽는 책 속 문장으로 되돌아갈 수 있다. '제도적 모순'의 의미가 파악되었다면, "개인적 문제를 그 이면에 항상 존재하는 구조적인 변모를 통제하는 방식"이라는 문단 맨 마지막 줄의 의미를 이해할 수 있을 것이다. 교육제도의 모순, 의료제도의 모순, 가족제도의 모순 등은 이 제도들 안에 존재하는 구조를 (더 쉬운 표현으로 사회관계를) 바꾸어야만 해결될 수 있다. '구조적인 변모(영어 원서에서는 'transformation')'란 바로 이러한 사회관계의 변화를 의미한다. 이제 낯선 개념으로만 채워졌던 문단이 낯익은 말들로 채워진 문단이 될 수 있다.

두 번째 경우로 넘어가 보자. 보통 사회과학자들은 자신이 사용하는 개념을 정의하면서 논의를 진행한다. 사회과학자가 개념을 소개할 때는 주로 두 가지 개념정의 방식을 사용한다. 《음모론의 시대》의 한 구절을 같이 읽어보자.

> 고통은 어떻게든 설명되어야 한다. 설명은 그 까닭은 밝히고 죄인을 쫓고 책임자를 색출한다. 크고 작은 고통은 언제나 있었고 앞으로도 그럴 것이다. 고통 없는 삶과 세계는 현실일 수 없다. 고통 자체는 아직 문제가 아니다. 이유를 알 수 없고, 의미를 찾을 수 없고, 정당한 것으로 받아들일 수 없으며, 무엇보다 고통을 일으킨 죄인이나 책임자를 찾을 수 없을 때 비로소 문제가 된다. 가령 굶주림은 고통스럽다. 하지만 모두가 굶주리면 (당연히 힘든 일이지만) 아직 문제가 아니다. 다음의 질문에 답하지 못하면 큰 문제가 된다. 열심히 일하는데 왜 굶주리지? 우리는 굶주리는데 잘 먹고 잘사는 사람이 있다고? 착한 우리는 불행한데 악한 그들은 왜 행복한 거지? … 설명되지 않은 고통은 혼돈을 야기한다. 혼돈은 파국 자체이거나 그것으로 가는 지름길이다. 종교를 위시한 문화적 장치들은 고통의 이유를 밝히고 의미를 제공하여 혼돈을 관리한다. 음모론의 과업도 그것이다. 음모론은 죄인을 쫓고 책임자를 색출하여 고통을 설명하는 이론이다.
>
> 《음모론의 시대》, 전상진, 문학과지성사, 2014, 19~20쪽.

위의 문단은 음모론의 개념정의와 다양한 예시로 구성되어 있다. 먼저 음모론의 정의는 "죄인을 쫓고 책임자를 색출하여 고통을 설명하는 이론"이다. 책 후반부로 가면서 이 정의에 '어두운 곳에서 활동하는'이나 '사회적으로 인정받지 못하는' 등과 같은 수식어가 붙고, '르상티망(원한)'과 같은 감정이 부연되면서 훨씬 더 풍부해지고, 음모론에 대한 우리의 상식과 부합해진다. 그러나 지금의 논의에서는 이 정도 정의로도 충분할 것 같다. 두 번째로 굶주림이나 열심히 일하는 사람들의 불행 등은 모두 음모론의 예시 또는 음모론이 설명하는 대상의 예시들이다. 논리학자들은 이 두 부분을 개념의 '내포적 정의(개념에 대한 언어적인 정의)'와 '외연적 정의(개념의 예시들)'라고 부른다. 위의 문단에서 음모론에 대한 언어적인 정의인 "죄인을 쫓고…"는 내포적인 정의이고, "우리는 굶주리는데…"의 예시들은 외연적 정의이다. 개념을 잘 이해했다고 말할 수 있을 때는 이 두 가지의 개념정의 방식을 이해하고, 이해된 개념을 현실에 자유롭게 적용할 수 있을 때이다. 이 관계는 다음과 같이 도식화할 수 있다.

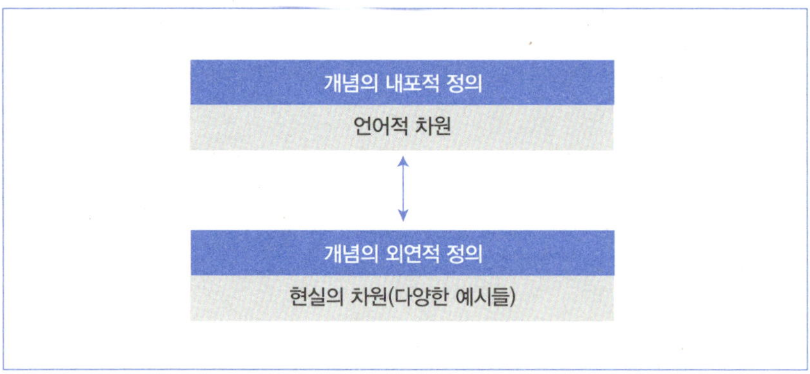

이 도식은 내가 개념을 이해하는 데 있어서 어떤 부분이 부족한가를 판단하는 데 도움을 준다. 위의 도식에 따라 세 가지 질문을 스스로 던져볼

수 있다. 첫 번째는 "사회과학책 저자가 정의한 개념의 내포적 정의를 이해할 수 있는가?"라는 질문이다. 대부분 내포적 정의가 이해되지 않더라도 책의 저자가 제시한 예시(외연적 정의)를 보면서 이해의 부족한 부분을 채워나갈 수 있다. 그러나 예시의 도움이 무색해질 때도 있다. "파생상품은 미래에 정해진 시점에서 행사되어야 하는 기초자산(혹은 현금가치)에 대한 청구권을 확정하는 계약이다."(《생산 없는 이윤》, 8쪽)와 같은 내포적 정의를 만날 때는 우리가 앞에서 '제도적 모순'을 이해하기 위해 걸었던 길을 다시 걸을 수밖에 없다. 이 길을 잘 걷는다면, "파생상품은 역사적으로 농업 생산물과 관련 있다. 선도 혹은 선물계약은 미래 어느 확정된 시점에 얼마만큼의 수량과 가격으로 농업상품을 거래할 것인가를 특정화하는 계약이다."(《생산 없는 이윤》, 9쪽)라는 예시도 더 명확하게 이해할 수 있다.

두 번째로 "사회과학책 저자가 정의한 외연적 정의를 이해할 수 있는가?"라는 질문을 던져볼 수 있다. 특히 외국 저자의 책을 읽다 보면, 우리에게 익숙하지 않은 사례들이기 때문에 개념정의보다 예시가 더 어려울 수 있다. 이럴 경우에도 왕도는 없다. 사례들을 인터넷 검색 등을 통해서 이해하는 수밖에 없다. 이러한 수고가 책읽기에 덧붙여진다면 우리는 개념을 더 풍부하게 이해할 수 있다.

세 번째로 "사회과학책 저자가 제시한 개념으로 내가 사는 사회현실을 설명할 수 있는가?"라는 질문을 던져볼 수 있다. 사회과학책을 읽는 목적은 독서를 위한 독서가 아니라 우리의 사회적 삶을 이해하기 위해서이다. 그렇다면 사회과학책에서 접한 개념은 내 것이 되어야 하며, 사회과학책에서 익힌 개념으로 나의 사회적 삶을 이해할 수 있어야 한다. 좋은 대화는 항상 상대방의 말을 경청하는 수고를 전제한다. 책읽기도 대화다. 결실을 맺는 책읽기 또한 독자들의 수고를 전제한다.

이제 마지막 한 걸음을 더 나아가야 한다. 바로 개념화 과정에 대한 비판적인 이해이다. 우리는 흔히 개념은 현실을 반영해야 한다고 말한다. 완전히 틀린 말은 아니지만, 사회과학이 사회과학자의 정치적 입장이나 가치를 배제하지 않는 과학인 한에 있어서 우리가 더 고려해야만 하는 사항이 있다. 그것은 개념이 현실을 반영하기 이전에 현실을 움켜잡는 과정이라는 점이다.

개념의 영어 표현은 concept이다. 접두사 'con(같이, 함께)'과 어근 'cept(움켜잡다, 잡다)'로 구성되어 있으며, 직역하면 '다 같이 움켜잡음'이다. concept에는 반영이나 되비침의 의미가 전혀 없다. 임금을 예로 들어보자. 임금이 지시하는 현실, 즉 외연적 정의는 우리가 누군가에게 고용되어 한 달이나 일주일 동안 일을 하면 그 대가로 일정한 액수를 받는 일상적인 삶의 단편이다. 그런데 내가 어떤 입장에 서 있는가에 따라 임금은 전혀 다른 내포적 정의를 갖게 된다. 기업의 입장이나 회계장부의 관점에서 보면 임금은 비용이며, 비용이 줄어들면 이윤이 커지기 때문에 화폐 액수가 낮으면 낮을수록 좋은 것이다. 이러한 입장 또는 경제적 효율성의 입장에서 노동력의 한계생산성과 같은 개념이 형성되었고, 이 개념이 적정한 임금 수준을 결정하는 기준이 되기도 했다. 반면 보통 사람의 입장에서 보면 임금은 삶을 영위하기 위한 수단이며, 화폐액이 적정 수준으로 높으면 좋다. 이 두 입장 사이에 중립의 공간이 가능할까?

이 두 입장 사이에서 개념이 아닌 개념화 과정을 보게 된다. 먼저 일정 기간의 노동과 화폐가 교환되는 현실이 존재하고, 그다음으로 이 현실을 바라보는 대립되는 입장이 존재한다. 각각의 입장은 자신의 가치에 따라 현실의 특정한 측면만을 움켜잡아 내포적인 정의를 구성한다. 그리고 자기 입장이나 가치에 상반되는 현실의 다양한 측면들이나 다른 입장은 내포적 정의에서 배제하며, 자신의 개념을 일반적이고 보편적인 정의로 제시한다. 이러한 과정이 책 뒤에 숨겨진 개념화 과정이다. 비판적 사유가 눈에 보이지 않던 것을 눈앞에 내놓고 옳고 그름을 판단하는 과정이라면, 개념에 대한 비판적인 이해 또한 지면 위에서는 보이지 않는 개념화 과정의 옳고 그름을 판단하는 과정일 수밖에 없다.

이와 관련된 사례를 살펴보자. 다음은 기회의 평등이 개념화되는 과정을 설명하는 글이다.

> 평등은 19세기 미국이라는 배경을 등에 업고 '기회의 평등'으로 다시 한번 재정의되었다. 기회의 평등은 승자와 패자가 있는 경쟁구도로 짜인 사회에서만 의미가 있다. 평등한 것은 사람이 아니라 시합의 규칙이다. 이런 의미에서 평등은 법 아래서 이루어지는 평등의 경제화인 셈이다. 차이점이라면 시합의 목적이 바로 불평등을 만들어내는 데 있다는 점이다. 공정한 규칙 아래서 이루어지기만 한다면 사회의 계층화는 공정하다는 생각이다. 이렇게 해서 기회의 평등은 경제 불평등을 정당화하는 장치가 된다. … 이렇게 해서 기회의 평등은 평등이 지녔던 종전의 의미 중에서 몇 가지 요소는 받아들이고 몇 가지 요소는 내버리면서 아주 역설적인 상황을 만들어낸다. 균질화와 경제적 불평등을 조성하면서 그 결과를 정의롭다고 선언하는 체제를 만들어냈다.
>
> 《반자본 발전사전》, 볼프강 작스 외, 이희재 옮김, 아카이브, 2010, 110쪽.

평등은 근대 이후 역사적 격동기 동안 다양한 방식으로 개념화되어 왔다. 위의 글과는 전혀 다른 개념화도 존재했다. 예를 들면 청교도혁명 당시 농민이나 노동자를 대표했던 수평파의 평등 근거는 "잉글랜드에서 가장 못사는 사람도 가장 잘사는 사람과 마찬가지로 살아야 할 삶"(《반자본 발전사전》, 105쪽)이었으며, 살아야 할 삶이 있는 한 모두가 동등하게 존중되며 좋은 삶을 살 수 있는 평등을 주장했다. 반면 기회의 평등은 다른 입장에서

평등을 개념화한다. 우리가 잘 알고 있듯이 기회의 평등은 조건의 평등 또는 출발선의 평등이지 결과의 평등은 아니다. 기회의 평등을 수평파의 평등과 비교해보자. 수평파의 관심은 모든 사람의 좋은 삶에 있는 반면, 기회의 평등은 모든 사람의 좋은 삶에는 관심이 없다. 즉 수평파의 경우 좋은 삶 또는 안정적인 삶은 결코 경쟁의 대상이 될 수 없다. 반면에, 기회의 평등의 경우에는 경쟁 대상이 될 수도 있다. 기회의 평등은 경쟁을 전제로 하며, 평등의 범위를 출발선과 게임 규칙의 동등한 적용으로 좁힌다. 경쟁의 결과로 빚어진 불평등은 논의의 대상에서 제외한다. 이러한 비판적인 성찰은 자유, 복지, 진로 등 우리의 삶과 밀접하게 연결된 다양한 개념을 대상으로 반복될 수 있다.

책을 읽는 것은 비판적으로 질문하기 위해서이다. 비판적인 질문을 던져보자. 기회의 평등은 우리에게 정말로 평등한 삶을 가져다줄 수 있을까? 평등을 조건의 평등과 결과의 평등으로 나누는 것은 정당한 구분일까? 평등을 기회의 평등으로 개념화하는 것은 누구에게 이익이 될까? 개념이 아니라 개념화를 바라보게 되는 순간, 우리는 이와 같은 비판적인 질문을 던질 수 있게 된다. 이 질문들에 대한 올바른 답변은 무엇일까? 답변은 바로 이 글을 읽는 여러분들의 몫이다. 지금까지의 논의를 마무리해보자. 책을 읽을 때 개념을 잘 이해하려면 필요한 과정은 다음과 같다.

- 제시한 개념의 내포적 정의를 이해하기
- 제시한 개념의 외연적 정의를 이해하기
- 제시한 개념을 나의 개념으로 만들기
- 제시한 개념의 이해뿐만 아니라 개념화 과정도 비판적으로 이해하기

사회를 고정된 실체가 아니라 과정으로 이해하기, 사회과학책의 내용을 구체적인 장면으로 그려보기

사회는 고정된 실체가 아니다. 중력법칙은 수십억 년 전부터 지금까지 동일하지만, 작은 사회 단위인 가족이 대가족제도에서 출발해서 핵가족으로, 다시 일인가구로 변화되는 데 백 년 정도의 시간이 걸렸을 뿐이다. 그렇기에 사회과학은 어떤 주제를 다루든 지속적으로 변화하는 과정으로 다룬다. 한 가지 예를 들어보자. 우리는 '인권은 보편적이다.'라는 명제를 당연한 사실로 받아들인다. 그러나 시야를 역사적으로 조금만 확장해보면, 인권은 소수의견에서 출발해서 지난한 사회갈등을 겪으며 보편화되었고, 지금도 여전히 진행되는 과정이다. 비록 명시적이지 않더라도, 사회과학은 명사에 의존하기보다는 '~화(化) 되었다'는 동사를 선호한다. 사회과학책은 명사의 세계를 넘어서 동사의 세계로 나아갈 수 있는 여행권과 같다. 그렇다면 명사의 세계와 동사의 세계는 어떻게 다를까? 어떤 사회과학자들은 고정의 의미가 강한 '사회'보다는 '사회적인 것(the social)'이나 '사회구성체(social formation)' 같이 변화의 의미를 담고 있는 개념을 더 선호한다. social formation에서의 formation은 끊임없는 형성이라는 내포적인 의미를 갖고 있으며, 대부분의 동사가 주어를 전제하듯이 무언가를 형성하는 행위의 주체를 전제한다. 이와 관련하여 바우만은 "사회과학자는 인간이라는 존재가, '선택'을 할 수 있는 존재라는 점을 감안해야 합니다."(《사회학의 쓸모》, 52쪽)라고 말했다. 그렇다면 사회라는 공간은 사물들로 채워진 정적인 공간이라기보다는 다양한 행위주체가 마주 보고, 부딪히며, 엇갈려가면서 끊임없이 형성·재형성되는 동적인 공간이다. 아주 역설적인 이야기이지만, 이런 관점에서 보면 어제와 똑같은 오늘이 반복되어 마치 영원히 고정되어 있을 것 같은 우리 사회의 모습 또한 체념하기로 결정한 우리 행위의 결과인 셈이다. 이처럼 사회과학은 동사의 세계를 열어놓음으로써, 글자로 가득 차 있는 종이 위 흑백의 세계를 다양한 색깔들로 채색된 사회적 행위의 세계로 바꾸어놓는다. 사회를 과정으로 이해한다는 것은 곧 구체적인 장면으로 이해하는 것이다. 여기에서 우리는 사회과학책 읽기의 마지막 논의점인 권력의 문제에 다가설 수 있다. 차분하게 사회과학책 독서가 우리에게 선사할 수 있는 사회현상의 장면화·과정화·권력의 가시화를 논의해보자.

우리는 매일같이 여러 매체를 통해 경제 관련 그래프를 본다. 좋은 사회과학책은 무감각한 그래프를 일상의 장면으로 바꾸어준다.《부동산 계급사회》나《축출자본주의》같은 책들은 부동산 시세 그래프를 보통 사람의 삶의 모습으로 장면화한다. 보통 부동산 경제에서는 집값 상승으로 번 돈을 투자수익이라고 부른다. 화폐의 관점에서 보자면 이 말은 맞다. 그러나 이 돈이 어떤 사회관계를 통해 부풀려지는지 물으면, 완전히 옳은 이야기는 아니다. 비판적인 경제학자나 사회과학자들은 화폐라는 사물을 보지 않고, 화폐와 관련된 사회관계를 본다. 즉 지불 수단으로서 화폐를 볼 때면 항상 판매자와 구매자의 관계를 보며, 신용 수단으로서 볼 때면 채권자와 채무자의 관계를 보고, 투자 수단으로서 볼 때면 투자자와 사업 수행자의 관계를 본다. 부동산 경제에서 순환되는 화폐도 마찬가지이다.

비판적인 경제학자나 사회과학자의 도움을 받아 질문을 던져보자. 투자수익은 어디에서 오는가? 다른 사람이 가격이 오른 집을 샀기 때문이다. 그렇다면 다른 사람은 어떤 돈으로 집을 사는가? 대출과 저축이다. 그럼 대출과 저축은 무엇인가? 대출은 미래의 노동으로 갚아야 할 돈이며, 저축은 지금까지 은행 통장에 축적한 과거의 노동이다. 그렇다면 투자수익은 다른 사람의 노동이 창출한 가치 또는 다른 사람의 노동이 미래에 벌어들일 화폐일 수밖에 없고, 집을 가지고 있었다는 이유만으로 다른 사람들이 노동을 통해 쌓아온 것을 자기 것으로 전환하는 과정으로 장면화될 수 있다. 지리경제학인 데이비드 하비는 이 과정을 'dispossession'으로 개념화하였다. 이 영어 표현을 점잖게 번역하면 '탈소유화'이고 좀 과격하게 번역하면 '탈취'이다. 우리는 여기에 대출이자를 갚으려고 마트의 계산대에 선 중년 여성이나 저녁에 투잡을 뛰는 중년 남성의 장면을 덧붙여서 볼 수 있다. 사회과학책은 우리를 항상 비극적이거나 희극적인 장면으로 이끈다.

장면화는 다시 과정화로 이어진다. 바로 앞의 사례에서 볼 수 있듯이 투자수익은 명사가 아니다. 다양한 행위자가 관계를 맺는 사회과정이다. 이와 마찬가지의 관점에서 경쟁을 명사가 아니라 '경쟁화'라는 동사로 바꾸어 경쟁이 사회에 뿌리내리는 과정을 장면화할 수 있다. 예를 들어서, 강수돌의 《팔꿈치 사회》는 "경쟁이 어떻게 내면화되는가?"라는 질문을 던진다. 그리고 학교나 기업 등의 여러 영역에서 경쟁 그 자체가 아닌 경쟁화 과정을, 경쟁화 과정의 사회적·심리적 결과를 살펴본다. 《팔꿈치 사회》를 천천히 깊게 읽다 보면, 다음과 같은 질문들을 던져볼 수 있다.

- 우리 사회에서 경쟁 대상은 무엇인가? 무엇이 경쟁 대상인 희귀재인가?
- 다른 나라의 경우도 우리와 같은가? 대학입시 경쟁이 치열한가? 취업 경쟁이 치열한가? 정규직이 희귀재인가?
- 다른 나라가 우리나라와 다르다면 그 이유는 무엇인가? 대학입시 제도나 노동정책은 우리나라와 어떤 면에서 다른가?
- 경쟁으로 인해 재생산되는 불평등의 구조는 무엇인가? 이는 올바른가?

첫 번째 질문은 경쟁의 전제조건에 대한 질문이기도 하다. 경쟁이 존재하기 위해서는 희귀재, 즉 많은 사람이 향유하기를 욕망하지만, 모든 사람의 욕망을 충족시키기에는 그 수가 너무 적은 재화나 사회적 지위가 존재해야만 한다. 우리 사회에서 대표적인 희귀재는 학벌과 안정적인 정규직 일자리이다. 시야를 우리 사회에만 국한한다면, 이 두 가지 희귀재를 두고 벌이는 경쟁은 마치 자연적인 것처럼 보인다. 그러나 두 번째와 세 번째 질문을 던지면서 시야를 시공간적으로 확장하면, 어떤 재화나 사회적 지위가 희귀재인 것은 특정한 시기의 특정한 사회적 결정에 따른 것임을 보게 된다. 유럽에서는 대학이 공유재인 반면 우리 사회에서는 희귀재이다. 그렇다면 우리도 대학을 공유재로 바꿀 수 있는 것은 아닐까? 사실 유럽에도 학벌이나 대학서열이 존재했다. 그러나 68년 급진운동의 물결이 유럽을 뒤덮을 때, 유럽 사회는 대학을 사회구성원 모두에게 개방된 공유재로 바꾸는 사회적 결정을 내렸다. 현재 유럽 대학의 모습은 사회적 결정에 따른 공유재화의 결과인 셈이다. 희귀재에 대해서도 마찬가지 이야기를 할 수 있다. 희귀재가 있기 전에 희귀재화 과정이 먼저 이루어진다. 희귀재가 아니었던 것을 희귀재로 만드는 사회적 결정이 내려져야만 한다. 우리 사회에서 대학서열은 언제부터 누구에 의해 형성되었는가? 또 노동시장은 언제부터 누구에 의해 정규직과 비정규직으로 나누어졌는가? 다시 바우만의 말로 되돌아가면, 경쟁화와 희귀재화 과정에는 항상 인간의 선택이 내재해 있다. 이제 사회과학책이 그려내는 장면화에 우리의 사회적 선택이라는 또 다른 그림이 덧붙여진다.

우리는 여기서 한 걸음 더 나아갈 필요가 있다. 바우만은 권력을 "인간의 선택의 가능성을 조종할 수 있는 능력"(《사회학의 쓸모》, 99쪽)으로 정의했다. 우리의 일상적인 경험이 잘 말해주듯이, 사회구성원 모두가 동등한 선택권을 가지고 있지 않다. 누군가의 선택권은 매우 크고, 다른 누군가의 선택권은 매우 적다. 이러한 측면에서 사회과학책이 선사할 수 있는 장면화를 조금 더 살펴보도록 하자. 많은 지식인은 4차산업혁명과 관련해 미래학자들의 말에 기대어 기술 발전 때문에 사회가 지금과는 확연하게 바뀔 것이라고 단언한다. 그리고 우리에게 다가올 미래를 위해 더 정확하게는 생존하기 위해 무엇을 준비해야 할지 끊임없이 이야기한다. 이러한 이야기 가운데 한 가지는 간호사의 60퍼센트, 트럭운전기사의 85퍼센트 등이 자동화기술에 의해 대체될 것이라는 일자리 괴담이다. 경제학자 로버트 고든은 이러한 일자리 괴담에 대해서 현재의 통계에 근거해서 다음과 같이 다른 이야기를 해주고 있다.

> 수치는 거짓말을 하지 않는다. 대량실업 사태가 발생할 것이라는 테크노낙관론자들의 추측과 달리, 미국의 실업률은 2009년 10월에 10.0%였던 것이 2015년 6월에는 5.3%로 빠르게 떨어졌고, 아마도 2016년에는 5.0% 아래로 내려갈 것 같다. … 컴퓨터 시대가 초래한 문제는 대량실업이 아니라 버젓하고 안정적인 중간 수준의 일자리가 서서히 사라지고 있다는 점이다. 그런 일자리는 로봇과 알고리즘뿐 아니라 세계화와 아웃소싱하는 관행으로 피해를 입고 있으며, 아울러 비교적 임금이 낮은 육체노동에서만 일자리가 늘고 있다.
>
> 《미국의 성장은 끝났는가》, 로버트 J. 고든, 이경남 옮김, 생각의힘, 2017, 853~854쪽.

위의 인용문은 우리 사회에서 논의되는 4차산업혁명 담론에서 빠져버린 결정할 능력을 가진 행위자, 즉 권력을 가진 행위자들을 전면에 부각한다. 왜 컴퓨터 기술은 중간 수준의 일자리를 서서히 사라지게 하고, 저임금 육체노동의 일자리만 증가시키는 것일까? 과학기술의 주요 수요층이 기업이라는 점을 감안한다면, 기업이 특정한 기술의 수용 여부를 판단할 때의 기준, 즉 비용과 이윤의 관계를 생각해볼 필요가 있다. AI나 로봇을 도입하는 데에는 비용이 든다. 이런 맥락에서 고임금의 버젓한 일자리를 AI로 대체하는 것은 효율적일 수 있지만, 저임금의 날품팔이 육체노동은 비효율적일 수 있다. 왜냐하면 AI나 로봇을 도입하는 비용이 날품팔이 노동자에게 임금을 지급하는 것보다 비쌀 수도 있기 때문이다. 사회과학책은 물신화된 기술결정론 배후에 있는 더 많은 선택능력(즉 권력), 선택의 논리, 선택하는 주체를 부각한다. 예를 들어 가이 스탠딩은 4차산업혁명의 또 다른 분야인 플랫폼 기술과 관련하여 유명 기업인을 무대의 전면에 내세운다.

> 인터넷 이전에는 10분 동안 자리에 앉혀서 당신을 위해 일을 시키고 10분이 지나면 바로 해고할 수 있는 사람을 구하는 것은 정말 어려운 일이었습니다. 그러나 기술의 발전과 함께 당신은 이제 그런 사람들을 실제로 구할 수 있고 약간의 푼돈을 주고 일을 시키다가 더는 그들이 필요하지 않을 때 그들을 처분할 수 있습니다.
>
> 《불로소득 자본주의》, 가이 스탠딩, 김병순 옮김, 여문책, 2019, 297쪽.

이 밖에도《대량살상 수학무기》와 같은 사회과학책에서는 빅데이터 기술과 관련하여 "누가 어떤 목적에서 무엇을 결정할 수 있는가?"라는 질문을 던지면서, 스타벅스 매장, 인성검사장, 은행의 대출창구와 같은 구체적인 삶터에서의 생생한 장면들을 보여준다. 이제 사회과학책이 그려내는 장면화에는 결정하고 선택할 수 있는 능력, 즉 권력의 장면이 덧붙여진다. 그러나 이것들만으로 장면화가 완성될 수 있을까? 아직은 아니다. 왜냐하면 여전히 다른 무언가를 선택할 수 있는 우리, 보통 사람들이 그림에서 빠져 있기 때문이다. 바우만은 이점에 대해서 다음과 같이 말했다.

> 아우슈비츠나 콜리마 수용소의 사령관(혹은 그들의 하수인)처럼 지략 있고 예리한 카드 딜러조차도 사람들의 선택을 완전히 제거할 수는 없습니다. 우리는 권력을, 인간의 선택의 가능성을 조종할 수 있는 능력이라고 생각합니다. 하지만 어떠한 권력도 선택이라는 인간의 능력 자체를 빼앗을 수 없습니다. … 가능성을 계산하는 단계에서는 '예측'이라는 것이 등장할 수 없는 것도, 바로 선택이라는 제거될 수 없는 인간의 능력 때문이지요.
>
> 《사회학의 쓸모》, 지그문트 바우만 외, 노명우 옮김, 서해문집, 2015, 99쪽.

우리 보통 사람들 또한 현재의 사회를 구성해왔고, 미래의 사회를 구성해갈 행위의 주체들이자 선택의 주체들이다. 이 글을 읽는 독자들은 정말로 로봇 변호사와 상담하고, 로봇 간호사에게 주사를 맞고 싶은가? 만약 그렇지 않다면, 여전히 다음과 같은 질문의 공간, 선택의 공간이 가능하다.

> 따라서 물어야 하는 것은 '내게(또는 우리에게) 어떤 변화가 닥칠 것인지'가 아니라 '나(우리)는 어떤 미래를 원하는지'이다. 우리는 어떤 세상에서 살기 원하는가? 어떤 세상이 나와 내 이웃, 그리고 우리 자손의 존엄과 자유를 지속 가능하게 하는가? 그 세상에서 인간 노동의 자리는 어디며, 오늘 개발되는 이 기술은 그 좋은 세상을 만드는 데 어떻게 기여하는가? 이 물음들은 4차 산업혁명에 대처하기 위한 것이 아니라 그것을 설계하기 위한 것이다. 기술 발전이 날씨 변화와 다르다면, 우리가 그 발전의 방향과 목적을 기획해야 한다.
>
> 《4차산업혁명이라는 거짓말》, 손화철 외, 북바이북, 2017, 34쪽.

만약 이러한 질문이 여전히 가능하고, 우리 보통 사람들이 사회과학책이 그리는 장면에 중요한 등장인물이 될 수 있다면, 사회과학책이 우리를 인도해주는 마지막 지점은 여기다. 사회란 여전히 비결정론적인 공간이며, 그림에는 항상 여백이 존재하고, 그 여백은 바로 우리의 선택이라는 사실이다. 이 여백 안에서 138쪽의 C. 라이트 밀즈의 말을 다시 새겨보자.

이제 우리는 그 글을 조금은 다르게 읽을 수 있다. 왜냐하면 우리는 나의 문제에서 출발해 사회과학책을 매개로 사회라는 넓은 맥락을 경유했으며, 다른 사회학적 상상력을 갖게 된 나로 되돌아왔기 때문이다. 이제는 막연한 느낌의 주체에서 무엇이 진짜 문제인지 어렴풋하게나마 이해하게 된 인식의 주체이자, 사회가 구성되는 과정에 잘 참여하기 위해 질문을 던지는 질문의 주체로 돌아왔다. 거의 모든 좋은 사회과학책은 이렇게 말한다. '여기까지가 저의 소임입니다. 그다음 발걸음은 인식과 비판의 주체에서 작은 것이나마 함께 행위할 수 있는 실천의 주체로 나아가는 것입니다. 그건 여러분의 몫입니다.'

사회는 비결정적이기 때문에 실천의 질문을 독자에게 열어놓으며 사회학적 상상력을 정치적 상상력으로 발전시키라고 요구하는 것, 이것이 바로 사회과학책이 우리에게 던지는 마지막 메시지이다.

3. 나는 이렇게 썼다, 아니 쓰고 싶다

내가 좋아하는 문구 두 개가 있다. 어느 지인의 글에서 읽었던 "삶이 시작되는 곳에서 사유는 시작된다."와 경희대학교 글쓰기 교재의 "글쓰기란 삶 쓰기다. 그렇다면 사회적 글쓰기는 사회적인 삶을 쓰는 것이다."이다. 바우만의 말처럼 사회과학의 소명이 인간 경험과의 비판적인 대화라면, 사회과학적인 사유는 보통 사람의 삶에서부터 시작되어야만 하고, 사회과학적인 글쓰기는 보통 사람의 사회적 삶을 써야만 하며, 사회과학적인 글쓰기가 독백이 아닌 이상 보통 사람과의 대화를 끊임없이 시도해야만 한다. 이것이 바로 내가 쓰고 싶은 글이다. 보통 사람의 삶이 생생하게 벼려져 있는 글 말이다. 개념이나 이론은 우리의 삶과 분리되어 있지 않다. 사회과학을 전공하지 않은 보통 사람도 자기 삶의 문제를 사회의 거시적인 흐름 안에서 볼 수 있도록 도움을 주는 글, 우리 모두의 더 나은 삶을 위해 공동의 실천을 할 수 있도록 정치의 공간으로 초대하는 글, 그런 글을 꿈꾼다. 그러나 솔직히 고백하자면 아직은 이런 글을 쓰지 못했다. 내가 이 자리에서 말할 수 있는 건, 이러한 글을 쓰기 위해 찾아야 할 몇 가지이다.

가장 먼저 찾고 싶은 것은 사회과학 개념이나 이론을 보통 사람의 삶과 이어줄 '사잇말'이다. 사잇말의 필요성을 절실하게 깨닫게 된 계기는 학교에서 아무런 관심도 받지 못하는 동네 청소년들과의 만남이었다. 이 친구들과 짧게나마 만날 수 있었던 건, 동네 공부방에서 진로인문학 강의를 해달라는 부탁을 받았기 때문이었다. 나는 아리스토텔레스의 《니코마코스 윤리학》에 기대어 이 친구들과 함께 대화할 수 있는 강의안을 열심히 준비했다. 그러나 강의는 참담한 실패로 끝을 맺고 말았다. 오히려 쉬는 시간이 친구들과 나눈 담소가 더 알찬 시간이었다.

왜 그랬을까? 나중에야 알게 된 이유는 다음과 같았다. 우선 나는 이 친구들의 말을 먼저 경청하려고 하지 않았다. 머릿속에 가상으로 존재하는 모습에만 기대어 강의를 했다. 그 결과 내가 진행한 강의에서 이 친구들의 삶이 삭제되었다. 아무리 선의에서 비롯된 좋은 말도 내 삶과 공명하지 않는 한, 잘되어야 훈계가 될 뿐이다. 내게 없었던 건, 내가 진지하게 생각하지 못한 건, 바로 사잇말이었다.

다행히 얼마 지나지 않아 사잇말의 윤곽을 그려볼 계기가 왔다. 분당의 어떤 고등학교에서 1년 단위로 사회인문학 강의를 하는데, 한 여학생이 영화 〈나, 다니엘 블레이크〉를 보면서 눈물을 흘렸다. 주인공 케이트가 편의점에서 생리대를 훔치다가 걸리는 장면이었다. 분당은 중산층 밀집 지역이고, (분당과 그 인접 지역인 판교를 산책해본 사람들은 알겠지만) 가난의 풍경이 철저하게 배제된 지역이기도 하다. 그런데 어떻게 단 한 번도 마주치지 못한 삶의 단편을 보면서 눈물을 흘릴 수 있었을까? 그것은 자신의 신체적 경험을 통해서 주인공의 삶을 (이성적 이해가 아닌) 감각하고 공감하기 때문이었다.

이 모습을 보면서 다시 한번 개념에 대해서 생각하게 되었다. 개념이란 무엇일까? 개념을 이해하기 위해서는 무엇이 필요할까? 개념이란 함께(con) 움켜잡는(cept) 과정이기에 개념의 이해를 위해서는 잡을 대상이 필요하다. 이 대상은 삶에서 비롯된 경험과 감각일 수밖에 없다. 그래야 개념은 살아 있는 개념이 된다. 영화 덕분에, 강의가 진행되는 동안 신자유주의에서 계급불평등으로, 다시 학력불평등으로, 또다시 젠더불평등으로 자유비행을 할 수 있었다. 내게 사잇말이란 추상적인 개념과 구체적인 삶을 이어주는, 삶에서 비롯된 감각의 언어이자 경험의 언어이다. 내가 글을 쓰고 강의를 하면서 찾고 싶은 말은, 다시 한번 사잇말이다. 세상에는 사잇말이 빠져버린 글들이 너무 많고, 헛도는 말들이 너무 낳다. 나는 그러고 싶지 않다.

그다음으로 찾고 싶은 것은 공통의 감각과 질문이다. 엄기호는 강의에서 대학생들과 삶과 관련된 개념을 벼려내는 작업을 한 뒤, 공유할 수 있는 질문의 중요성에 대해서 다음과 같이 말했다.

> 우리에게 필요한 것은 해답을 공유한 공동체가 아니라 질문을 공유한 공동체이다. 같은 질문을 던지는 공동체가 오래갈 수 있다. … 질문을 공유하는 것은 차이를 두려워하지 않는다. 오히려 질문의 공유는 더 많은 다른 답들을 생산한다. 질문을 공유하는 사람들은 이 다른 답들을 환영한다. 그것이 나에

> 게 더 많은 영감을 촉발하기 때문이다. 해답의 공유가 같아져야 한다는 폭력이라면 질문의 공유는 차이에 대한 생산이며 다른 것에 대한 절대적인 환대이다.
>
> 《이것은 왜 청춘이 아니란 말인가》, 엄기호, 푸른숲, 2010, 241~242쪽.

사실 우리에게 익숙한 건 해답의 공동체이지 질문의 공동체는 아니다. 나도 예전에는 혼자 다 아는 척을 했다. 그러나 강의실에서도 질문의 공동체가 가능하고, 평범한 사람들도 날카로운 질문을 던지면서 대안의 공간을 만들어갈 가능성이 있다는 걸 경험하면서 조금씩 달라졌다. 재작년 계몽주의를 다루던 강의에서였다. 나와 학생들은 칸트의《계몽이란 무엇인가?》와 푸코의《비판이란 무엇인가?》를 함께 읽으면서, 계몽과 우리 삶 사이의 관계에 대해서 이야기했다. 다양한 이야기가 오가는 중에 한 학생이 푸코의 글에 기반해서 계몽을 '아래로부터의 계몽', 즉 '보통 사람들의 아래로부터의 비판'으로 재개념화하자는 제안을 했다. 이 친구의 제안에 따라 우리는 비판의 대상이 될 수 있는 다양한 영역을 그려보았다. 다시 다른 학생이 경쟁을 살펴보자고 했다. 학생들은 일상을 살아가면서 경쟁으로 인해 겪었던 여러 어려움, 불편함, 모멸감, 냉정함 등에 대해 이야기하기 시작했다. 개념과 삶 사이의 아주 즐거운 여행이 펼쳐졌다. 이 여행의 종착역에 다다를 수 있었던 것도 그 가운데 한 명 덕분이었다. 경쟁 문화가 우리만큼 심각하지 않은 남미에서 고등학교를 다닌 이 학생은 자신의 경험에 기반해서 경쟁을 '좋은 경쟁'과 '나쁜 경쟁'으로 나누어보자고 제안했다. 이 친구에 따르면 좋은 경쟁이란 경쟁의 결과가 모두에게 이익이 되는 경쟁이고, 나쁜 경쟁이란 경쟁의 결과를 승자가 독식하는 경쟁이다. 학자들 사이의 경쟁은 좋은 경쟁이 될 수 있는데, 그 이유는 경쟁의 결과로 더 좋은 지식이 생산될 수 있고 모두에게 지식이 공유될 수 있다면 이로울 수 있기 때문이다. 이후 나와 학생들은 좋은 경쟁에 기반을 둔 사회에 대해 질문할 수 있었고, 학생들은 각기 다른 자신의 삶에 근거를 두고 다양한 상상력을 발휘했다.

이 과정에서 나는 단지 난해한 텍스트를 잘 읽기 위한 사잇말 몇 개를 준비하고 칠판에 학생들의 말을 정리한 것뿐이었고, 나머지는 모두 학생들 스스로 해나갔다. 이것이 바로 내가 경험한 질문의 공동체였고, 지금과 다른 사회로 나아갈 수 있는 씨앗의 발견이었다. 내가 쓰고 싶은 글은 사잇말을 매개로 공통의 질문을 던질 수 있는 글이다. 사회과학자는 변화의 윤곽선을 그리는 질문을 던지며, 보통 사람의 다양한 대답이 서로 어우러지는 공간을 만들어내는 사람이지, 함부로 보통 사람의 삶을 재단하며 훈계하는 사람이 아니다. 삶과 공명하는 좋은 글은 '함께 대화함'의 공간을 만들어낸다. 아래의 글은 노동인권 교육가의 글이다. 함께하는 대화가 더 나은 사회의 씨앗이 될 수 있음을, 또 새로운 관점과 대안의 방향이 나오게끔 만들어줄 수 있음을 보여준다. 이건 아직 내가 하지 못하는 일이다.

한번은 이런 일도 있었다. 어느 중학교 3학년 교실에서 노동인권 수업 중이었다. 우리가 먹는 급식이 우리에게 오기까지 어떤 사람들이 어떤 노동을 하는지를 마인드맵으로 찾는 시간이었다. 이 활동을 마칠 무렵 한 학생이 말했다. "샘, 기분이 좀 이상해요. 양아치가 된 기분이에요." 나는 깜짝 놀라 왜냐고 물었다. "제가 한 끼 먹는데 이렇게 많은 사람이 고생하고 있다고 생각하니까 뭔가 미안한 것 같고, 이런 것도 모르고 밥을 먹은 게 왠지 그런 기분이 들어요." 다른 모둠도 모두 활동이 끝나고 학생들이 소감을 적어냈다. 그런데 조금 전에 그렇게 말했던 학생의 소감이 바뀌어 있었다. "왕이 된 기분." 나는 왜 아까와는 생각이 달라졌냐고 물었다. 학생이 대답했다. "이런 것도 모르고 밥을 먹으면 양아치인 것 같고요. 이제 그 고마움을 알고 먹을 수 있

> 으니 우린 모두 왕이 된 기분으로 먹을 수 있을 것 같아요." 서울에서 일하던 사람이 지방으로 발령이 나면 국내 주요 언론들이 아무 성찰 없이 '좌천'이라고 쓰는 시대. 남도의 끝, 군 단위에 사는 내 주변에는 아직 남보다 더 가진 것을 미안해할 줄 아는 평범한 사람들, 남의 노동에 빚지고 사는 일을 고마워할 줄 아는 보통 사람들이 살고 있다.
>
> 〈특권과 염치〉, 명인, 한겨레, 2020. 01. 13.[2]

이 글을 읽으면서 마지막으로 내가 찾고 싶은 것을 알게 되었다. 바로 민주주의, 정의, 자유, 평등, 경제, 노동과 같은 개념들이 우리 모두의 좋은 삶을 위한 공통의 공간이 되는 것이다. 민주주의나 정의의 의미에 대해 다른 사람들에게 질문을 하면, 되돌아오는 건 언제나 교과서적인 대답이었고, 구체적인 삶이 삭제되어 있었다. 반면 이 칼럼의 중학교 3학년 학생은 밥 한 끼에서 어느 사회인문학자의 이야기보다 훨씬 피부에 와닿는 이야기를 들려준다. 나도 살아가면서 다양한 이야기를 듣는다. 고등학교 3년 내내 정규교육은 받지 못하고 EBS 수능문제집만 풀었던 어느 학생의 이야기, 비정규직 노동자의 서러움과 일자리 유지를 위해 벌여야만 하는 다양한 권모술수 이야기, 어려서부터 학교는 고사하고 부모에게도 존중받지 못해서 자존감 자체를 찾아볼 수 없던 한 빈민 청소년 이야기, 영화 〈82년생 김지영〉을 두고 벌인 남녀 간의 다양한 설전 등. 내게 사회란 이 다양한 이야기들이 동거하고 함께 대화하면서 질문의 공동체를 끊임없이 새롭게 만들어가는 공간이다. 그렇다면 이런 질문을 던져볼 수 있다. 학창 시절부터 사회를 구성하는 중요한 원리로 배운 민주주의가 이 이야기들을 모두 담지

---

2 〈특권과 염치〉, 명인, 한겨레, 2020. 01. 13.
www.hani.co.kr/arti/opinion/column/924306.html(마지막 접속 2021.03.02.)

못한다면 무슨 의미가 있을까?

찾고 싶은 것은 바로 이러한 의미에서의 민주주의이다. 자유, 평등, 정의 모두 그렇다. 마르크스가 말했듯이, 삶 속에서 경험될 수 있는 개념으로 민주주의, 자유, 평등, 정의를 다시 정의하지 못한다면, 개념이 사라진 자리에서 텅 빈 말들만이 남게 된다. 내가 찾고 싶은 이것을 많은 사회학자가 '사회적인 것'이라고 불렀다. 나는 '사회적인 것'과 관련해서 아직도 한 대학생의 글을 가슴속에 간직하고 있다.

> 결국 우리 모두는 '안녕들 하십니까'라는 물음을 통해 이미 정치의 첫걸음을 내딛은 셈입니다. 민영화에 찬성하든 반대하든, 대자보에 찬성하든 아니든 서로를 보며 대화하고 있으니까요. 우리에게 사회적 삶도 공간도 주어져 있지 않았기에, 나도 안녕하지 못하다고 우리 모두 안녕하지 못한 게 아니냐고 소리쳐 묻고 싶던 걸 어느 순간 꾹 억누르고 살았습니다. 그러나 이젠 용기를 얻어 '많은 사람들과 함께' 말할 수 있을 것 같습니다. 그리고 그것이 정치를 통해 사회적인 삶을 만들어내고 사회 위에서 다시 정치를 펴나가는 첫걸음이 되길 진심으로 바랍니다.
>
> 《안녕들 하십니까?》, 안녕하지 못한 사람들, 오월의 봄, 2014, 253쪽.

나도 이 글에 담긴 질문을 보통 사람의 삶이 벼려진 글로 풀어낼 수 있을까? 각자도생의 사회에서 사회적인 것의 복구에 조금이나 힘을 보탤 수 있을까?

4. 읽어볼 사회과학도서

모든 분야의 책읽기가 그렇듯이 사회과학 분야의 책을 읽을 때도 개론서에서 출발하는 게 좋다. 다만 조건이 있다. 저명한 사회과학자의 말을 단편적으로 나열한 교과서적인 개론서는 별로 도움이 되지 않는다. 우리에게 필요한 개론서는 사회과학 분야의 전체적인 모습을 잘 보여줄 뿐만 아니라, 우리에게 도움이 되는 설명과 질문을 담고 있어야 한다. 내가 읽은 책들 가운데 추천한다면, 김윤태의 《모두를 위한 사회과학》과 지그문트 바우만, 팀 메이의 《사회학적으로 생각하기》를 뽑고 싶다. 《모두를 위한 사회과학》은 '개인과 사회, 무엇이 더 중요한가?'와 같이 쟁점을 중심으로 사회과학을 쉽게 소개하고 있다. 이 책의 저자가 한국 학자이기에, 우리에게 친숙한 사례를 통해 사회과학의 문제를 접할 수 있다는 장점이 있다. 반면 《사회학적으로 생각하기》는 지그문트 바우만의 사회학적 해석학 방법에 따라 사회를 진지하게 성찰할 수 있는 길을 제시해준다. 사회학적 해석학은 인간의 행동을 상황 속에서의 도전(객관적 요소)과 삶의 전략(주관적 요소) 사이의 상호작용이자 상호교환으로 해석하는 과정이다. 사회과학의 전체적인 그림을 그리고 싶다면 《모두를 위한 사회과학》이 적합하고, 사회과학의 시각으로 나와 우리의 삶을 성찰하고 싶다면 《사회학적으로 생각하기》가 더 적합할 것 같다. 이 글에서 논의했던 《사회학적 상상력》이나 《사회학의 쓸모》 또한 사회과학 입문서로 손색이 없지만, 앞서 말한 책들보다는 난이도가 있다.

우리는 한국 사람이기에 우리가 이해하기를 원하는 첫 번째 대상은 한국 사회이다. 한국 사회를 다룬 많은 사회과학책이 있지만, 근래 추천할 만한 도서로 〈역동적 한국인 총서〉가 있다. 어느 국가이든 그 국가만의 독특함이 존재할 수밖에 없다. 〈역동적 한국인 총서〉는 우리 사회의 독특성을 설명할 키워드 다섯 개를 뽑고 있다. 정태석은 구한말부터 현재의 공정성 담론에 이르기까지 평등 개념의 변화를 다룬《한국인의 에너지, 평등주의》를 집필했고, 김동춘은 세계에서 유래를 찾아볼 수 없는 한국만의 가족주의를《한국인의 에너지, 가족주의》에서 다루고 있으며, 구자혁은 한국의 고유한 집단주의를 개인주의와의 관계에서 다룬《한국인의 에너지, 집단주의》를 집필했다. 이 밖에 한국 사회의 중요한 특성인 민족주의를 다룬 김정훈의《한국인의 에너지, 민족주의》와 실용주의를 다룬 이창언의《한국인의 에너지, 실용주의》가 있다. 이 다섯 권의 책 모두는 너무나도 익숙해서 간과한 우리 자신의 모습을 역사라는 거울을 통해서 되비추어, 우리 자신을 사회과학적으로 성찰하게끔 돕는 책들이다.

우리가 사회를 이해하는 방식에는 사회 전체에 대한 그림을 그리는 방식도 있지만, 다양한 삶터에 초점을 맞추어 더 구체적인 그림을 그리는 방식도 있다. 현재 우리 삶에 가장 많은 영향을 미치는 구체적인 삶터는 아마도 경제일 것이다. 서점가에서 토마 피케티의《21세기 자본》이나《세습 중산층 사회》와 같은 책들을 쉽게 찾아볼 수 있다. 그러나 조금 더 차근차근 살펴보고 싶다면, 베스트셀러 위주보다는 스테디셀러를 읽어가면서 체계적으로 지식을 쌓아가는 게 나을 수도 있다. 우리는 "경제란 무엇인가?" "경제적 가치란 무엇인가?"와 같은 질문을 받았을 때 당혹스러움을 느끼게 된다. 왜냐하면 경제나 경제적 가치를 너무나도 당연하게 생각하는 바람에 구체적인 의미를 별로 생각해본 적이 없기 때문이다.

만약 경제가 무엇인지 살펴보고 싶다면, 홍기빈의《아리스토텔레스 경제를 말하다》를 추천하고 싶다. 이 책은 우리에게 익숙한 주류경제학 개념이 형성되어온 과정뿐만 아니라 아리스토텔레스로부터, 마르크스에서 칼 폴라니에 이르는 비주류 경제학의 전통도 아주 쉬운 언어로 풀어낸다. 특히 이 책이 도움을 주는 부분은 경제에 대한 교과서적인 앎이 과연 우리의 삶을 설명해주는지 따져볼 때다. 이 책의 마지막 페이지를 덮을 즈음에는 '경제'라는 개념이 단일의 의미를 지닌 개념이 아니라 입장에 따라 다양할 수밖에 없다는 점을 이해할 수 있게 된다. 경제적 가치 개념을 이와 비슷한 방식으로 다룬 책으로 마추카토의《가치의 모든 것》이 있다. 이 책은 노동가치론, 한계효용론, 혁신가치론 등 다양한 가치이론을 역사적 맥락과 사회적 맥락에서 자세하게 다룬다. 역사적 격동기에 따라 가치 개념이 변화해왔다는 점을 잘 보여주며, 현재 우리는 어떤 가치 개념을 추구해야 하는지를 진지하게 질문하고 있다. 특히 4차산업혁명론이 전제하는 혁신이론이 우리의 삶을 더 낫게 할지 논의하는 부분은 반드시 읽어볼 필요가 있다.

경제를 이해한다는 건, 개념뿐만 아니라 경제가 변화해온 역사도 이해하는 과정이다. 현재에만 매몰된다면 결코 "우리는 왜 지금과 같은 경제체제 속에서 살고 있는가?"라는 질문을 던질 수 없다. 만약 이러한 질문을 한다면, 과거로부터 교훈을 얻을 수 있으며, 더 나은 미래를 위한 질문을 할 수 있다. 바로 이런 측면에서 도움을 줄 수 있는 경제사 책들이 있다. 가장 먼저 추천하고 싶은 책은 칼 폴라니의《거대한 전환: 우리 시대의 정치·경제적 기원》이다. 이 책은 자유시장의 출현, 파시즘의 출현, 제2차세계대전, 케인스 자본주의에 이르는 역사적인 격동을 '자기조정적 시장'과 '사회의 논리'의 변증법으로 다루고 있다. 특히 현재의 국면에서 적합한데, 이 책이 분석하는 파시즘 출현의 배경이 현재 극우 부상 논리와 너무나도 비슷하기 때문이다. 시대의 고전이기 때문에, 천천히 공을 들여 읽어볼 만한 가치가 충분한 책이다.

우리가 사는 신자유주의의 역사적 기원을 물어볼 수도 있다. 폴라니의 시야가 1950년대에 멈추었다면, 우리의 시야를 1970년대에서 현재로까지 확대해주는 책이 있다. 세계사적인 맥락에서 신자유주의의 기원을 다룬 책은《신자유주의의 탄생》이다. 이 책은 신자유주의 출생국의 정치경제사를 차분하게 살펴보면서, 신자유주의로의 전환은 정치적 선택이었음을 보여주고 있다. 반면 한국의 신자유주의화를 깊게 분석한 책도 있다. 한 권은 개론서적인 성격의 책으로 은수미의《IMF 위기》이고, 또 다른 한 권은 진지하고 묵직한 책으로 지주형의《한국 신자유주의의 기원과 형성》이다. 이 두 권의 책을 보면, 왜 우리가 현재와 같은 경제체제에 살게 되었는지 이해할 수 있고, 또 지금의 현실은 누구의 정치적 선택 때문이었는지 생각해볼 수 있게 된다.

어떤 분야든 기본적인 개념, 역사, 이론이 같이 이해되어야 더 완전한 이해에 도달할 수 있다. 그래서 비판적인 경제학 이론을 쉽게 설명해주는 책들도 소개하고 싶다. 우선 칼 폴라니의 이론을 쉽게 설명해주는 책은 와카모리 미도리의《지금 다시, 칼 폴라니》이다. 칼 폴라니의 생각을 쉽게 설명해줄 뿐 아니라, 현재의 경제적 경향, 특히 민주주의와 경제의 관계와 같이 경제와 경제 외적인 것의 관계도 잘 설명해준다. 이러한 종류의 책에는 그리스 경제학자 야니스 바루파키스가 20대 딸에게 자본주의에 대해서 쉽게 설명해주는《작은 자본론》, 마르크스 경제학을 일상의 맥락에 풀어낸 와타나베 이타루의《시골빵집에서 자본론을 굽다》, 류동민의《마르크스가 내게 아프냐고 물었다》등이 있다.

우리는 경제나 역사와 같은 거대한 구조의 구성원이기도 하지만 감정을 갖고 있는 고유한 주체이기도 하고, 또 실천의 주체이기도 하다. 이런 맥락에서 보면 우리가 사는 신자유주의는 한편으로는 경제·사회·정치 구조이기도 하지만, 우리의 주체성이기도 하고 삶의 양식이기도 하다. 이러한 사회의 미시적인 차원을 다룬 책들도 많다. 먼저 EBS 〈감정 시대〉 제작팀이 쓴《감정 시대: 지금 마음이 어떠세요?》는 40대의 가장, 비정규직 노동자 등 주위의 평범한 사람들의 삶 속에 도사린 불안감, 모멸감, 수치감, 고립

감, 상실감, 죄책감을 다룬다. 이 책에는 한국 사회를 살아가는 보통 사람들의 삶과 감정이 잘 담겨 있다.

조금 더 일반적인 이야기를 할 수도 있다. 보통 신자유주의는 사회보다는 개인을 더 중요하게 생각한다고 하지만, 역설적으로 개인성의 파괴를 가져왔다고 진단하는 책들이 있다. 대표적으로 한병철의 《피로사회》가 있다. 여기서 더 깊게 심리와 사회구조와의 관계를 다룬 책이 있다. 벨기에의 저명한 정신분석가인 파울 페르하에허의 《우리는 왜 어른이 되지 못하는가》와 《우리는 어떻게 괴물이 되어가는가》이다. 이와 비슷한 문제를 다룬 레나타 살레츨의 《선택이라는 이데올로기》도 있는데, 이 책이 다루는 역설은 선택의 옵션이 넓어질수록 우리는 완벽한 선택이라는 강박에 빠지고, 그 결과 잘 선택하지 못하는 미숙한 주체가 된다는 점이다.

내가 가장 추천하고 싶은 책은 리차드 세넷의 《신자유주의와 인간성 파괴》이다. 사실 '인간성 파괴'는 오역이 가미된 의역이다. 영어 원제는 'corrosion of character'로 윤리적 주체성의 침식 정도로 번역될 수 있다. 영어권에서는 윤리적 주체를 의미하는 ethos를 character로 번역하기도 하는데, 여기에서 character가 의미하는 것은 사회구조의 외적 힘에 억눌려버린 주체성이 아니라 외부의 압력에도 윤리적으로 올바른 길을 찾아 나갈 수 있는 주체성을 의미한다. 세넷은 전문직 중산층, 노동계층, 중년 자영업자의 삶을 노동조직과 같은 사회적 맥락을 통해 차분하게 관찰하면서, 신자유주의적인 변화가 우리의 윤리적 주체성을 침식하는 과정을 영화의 한 장면처럼 그려나간다. 지금까지의 이야기가 그래도 삶을 지탱할 만한 사람들의 이야기였다면, 하층계급의 삶과 주체성을 다룬 책들도 있다. 이런 종류의 책에는 제니퍼 M. 실바의 《커밍 업 쇼트: 불확실한 시대 성인이 되지 못하는 청년들 이야기》, 브래디 마키코의 《아이들의 계급투쟁》, 헨리 지루의 《일회용 청년》, 지그문트 바우만의 《쓰레기가 되는 삶들》이 있다.

우리는 현재를 살 뿐만 아니라 미래도 살아야 한다. 따라서 기후문제도 반드시 관심을 가져야 하는 영역이다. 문제를 다룰 때, 현재의 경향을 먼저 살펴보고, 그다음 현재 경향의 원인을 찾아 이론을 구성하며, 위기가 사회에 미치는 영향을 분석하고, 마지막으로 대안을 찾아 나선다. 기후문제를 다룬 책들을 바로 이러한 순서에 맞추어 소개해볼 수 있다. 먼저 기후문제와 관련한 현재의 경향을 다룬 책은 나오미 클레인의《이것이 모든 것을 바꾼다》이다. 이 책에는 기후문제와 관련해서 우리가 알아야 할 모든 것이 담겨 있다. 누가 기후위기를 부정하는지, 세계 곳곳에서 누가 고통을 당하고 있는지, 나라별 도시별로 정의로운 전환을 위해서 보통 사람들이 어떤 노력을 하고 있는지 등의 생생한 장면들을 보여준다. 정말로 읽어야 하는 책이다. 그리고 기후위기의 문제를 자본세(자본이 등장하고 난 다음에 등장한 세기)라는 개념을 통해 이론화한 책은 라즈 파텔과 제이슨 W. 무어의《저렴한 것들의 세계사》이다. 이 책은 기후위기라는 말을 들으면 바로 머릿속에서 떠올릴 수 있는 탄소배출량의 증가만을 다루지 않는다. 오히려 탄소배출량의 증가와 더불어 지구촌 곳곳에서 볼 수 있는 여러 생태 위기의 근본적인 원인을 자연, 돈, 돌봄, 에너지, 노동, 식량의 저렴화에서 찾으며, 콜럼버스의 신대륙 발견부터 월스트리트 중심의 금융자본주의까지의 역사를 살펴보면서 일곱 가지의 저렴화가 생태계에 가져온 부정적인 영향을 차분하게 살펴본다. 정말 일독을 권하고 싶다. 기후위기는 모두에게 동등한 영향을 미치지 않는다. 먼저 영향을 받고 죽어가는 사람들은 하층의 사람이거나 제3세계 사람들이다. 이 문제를 진지하게 다룬 책은 나오미 클레인도 저자로 참여한 공저《아스팔트를 뚫고 피어난 꽃: 자본주의 시대 기후변화에 대한 단상》과 롭 닉슨의《느린 폭력과 빈자의 환경주의》이다. 탄소배출량 증가의 근본적인 원인이 끊임없는 경제성장의 추구에 있다면, 기후위기에 대한 가장 근본적인 대안은 탈성장일지도 모른다. 서점에서 탈성장에 대한 수많은 책을 찾아볼 수 있다. 그중에서 추천하고 싶은 책은 탈성장 논의의 종합이라고 볼 수 있는 자코모 달리사 등이 참여한《탈성장 개념어 사전》이다. 탈성장론에 동의하지 않는 독자라 할지라도, 우리 후손의 삶까지 보장해줄 수 있는 사회경제 체제와 삶의 방식을 고민한다면 이 책에서 배울 점은 정말 많을 것이다.

기후위기가 되었든 불평등 문제가 되었든, 어쨌든 궁극적인 해결책이 실현되는 곳은 정치이며, 우리가 제안한 대안의 실현 여부는 오로지 정치적 조건에 달려 있다. 현재의 정치적 조건은 아마도 두 가지 상반되는 조건들의 모순적인 마주침일 것이다. 하나의 경향은 보통 사람들의 극우화이고 또 다른 경향은 그런데도 커지는 민주주의의 가능성이다. 먼저 극우화 경향을 다룬 책이 있다. 하나는 미국의 사례를 다룬 토머스 프랭크의《왜 가난한 사람들은 부자를 위해 투표하는가》라는 책이고, 또 다른 하나는 브렉시트 선거 결과와 관련해서 영국 사회를 분석한 데이비드 굿하트의《엘리트가 버린 사람들: 그들이 진보에 투표하지 않는 이유》이다. 이 두 책이 진단하는 결론은 더는 진보적인 리버럴리즘으로 현재의 문제들을 해결할 수 없다는 점이며, 이러한 진단은 우리에게 많은 시사점을 제공해준다.

이와 관련된 한국의 사례를 분석한 책은 없지만, 현재 한국 사회의 정치적 조건에 대해서 성찰해볼 수 있는 세 권의 책이 있다. 첫 번째 책은 전상진의《음모론의 시대》이다. 이 책은 보통 사람들의 삶과는 유리된 채 진행되는 정치논쟁과 이러한 정치논쟁이 사회에 미치는 영향을 더 새로운 시각에서 접근할 수 있는 관점을 제시해준다. 두 번째 책은 이라영의《타락한 저항》이다. 이 책은 여성혐오를 주로 다룬다. 우리가 이 책을 잘 읽는다면, 부당한 것을 제기하는 목소리를 '너무 과격하다'는 이유로 잠재우는 우리 사회의 정치담론 문화를 목격할 수 있다. 여성이 사회적 소수자라면, 여기에는 비정규직, 영세상인, 장애인, 철거의 불안에 떠는 도시빈민 등도 포함될 수 있다. '과격한'이라는 형용사와 '대화와 타협'이라는 명사가 어떤 기능을 하는지 성찰해볼 수 있는 책이다. 세 번째 책은 박권일 등이 참여한 《능력주의와 불평등》이다. 어느덧 우리 사회는 어느 책제목 마냥 '시험공화국'이 되어버렸고, 평등에 대한 열망은 사라지고 공정성만을 추구하게 되었다. 만약 우리가 현재의 불평등을 넘어서 평등한 사회로 나아갈 전망을 준비해야 한다면, 우선 넘어야 할 산은 능력주의이다. 이 책은 우리 안의 능력주의에 대해 많은 성찰 지점을 제공해준다.

마지막으로 아래로부터의 민주주의에 대한 다양한 책을 소개하고 싶다. 민주주의란 '~ism'이 아니라 '보통 사람들이 권력을 가지고 있는 상태'이다. 왜냐하면 democracy는 'demos(보통 사람들)'과 'cracy(지배)'의 합성어이기 때문이다. 적게나마 보통 사람들이 무언가를 할 수 있는 힘을 가졌을 때, 어떠한 일이 가능한지 보여주는 책이 있다. 힐러리 웨인라이트의 《국가를 되찾자》이다. 이와 관련하여 고쿠분 고이치로의 《다가올 민주주의》를 함께 읽으면서, 민주주의의 가능성을 다시 생각해보는 것도 좋을 것 같다. 왜냐하면 사회라는 비결정론적인 공간에서 마지막 신댁의 가드는 우리에게 있기 때문이다.

이병주 경희대학교 후마니타스칼리지에서 주제 연구 등 글쓰기와 교양 교육을 담당하고 있다. 저서로《근대적 육체와 일상의 발견》(공저), 번역서로《라캉과 정치》 등이 있다.

5 자연과학도서 읽는 법

전중환

자연과학도서 읽는 법

전중환

새내기 대학생 때였다. 일반생물학 실험 시간에 리처드 도킨스의《이기적 유전자》의 서평을 제출하라는 과제가 나왔다. 지금도 과학 분야 베스트셀러 자리를 굳건히 지키고 있는 바로 그 책이다. 어쨌든 서평을 써야 하니 읽었다. 어려웠다. 재미가 없었다. 무슨 말인지 도대체 이해가 가지 않았다. 이기적인 유전자가 우리의 몸과 마음을 조종한다고 자꾸 이야기하니 기분이 나빴다. 일개 분자에 불과한 유전자가 이기적인 의도를 지닌다니 말도 안 된다며 도킨스를 난도질하는 서평을 냈다. 다른 동기들도 비슷한 내용으로 작성한 눈치였다. 조교님은 별다른 언급 없이 과제를 돌려주셨다. 이후 진화생물학을 주전공으로 선택하고《이기적 유전자》를 원서로 다시 읽었다. 그제야 수정처럼 투명하게 잘 쓰인 책임을 알게 되었다. 관련 분야의 책들을 읽어두었던 때라 더 잘 이해할 수 있었다. 신입생 때 얼토당토않은 서평을 썼던 게 부끄러워졌다.

이렇게 말하니 마치 몇 년 만에 과학책을 읽는 내 능력이 비약적으로 발전했다고 들릴까 걱정된다. 사실 생물학과에 들어갔는데 생명보다 DNA와 단백질에 대해서 배우는 커리큘럼에 실망한 나머지 남들보다 철학이나 사회과학 분야 책을 더 많이 읽긴 했다. 애꿎은 커리큘럼을 탓하는 이 심리는 형편없는 내 학부 성적을 정당화하고 싶은 몸부림일 것이다. 어쨌든 생물학과 학부생 때 과학책은 많이 읽지 않았다. 그 당시만 해도 번역서건 국내 창작물이건 간에 읽을 만한 과학책 자체가 별로 없었다. 일본 고단샤의 과학 문고인 〈블루 백스〉를 전파과학사에서 번역해서 출간했는데, 선배와 동기들이 과방에 모여 함께 읽고 토론하곤 했다(나는 끼지 않았다). 대형 서점의 자연과학 코너에 가면 제임스 글릭의 《카오스》, 칼 세이건의 《코스모스》, 제임스 러브록의 《가이아》 같은 책들이 근엄한 위용을 풍기며 꽂혀 있었다. 국내 저자들이 쓴 교양 과학서는 거의 찾아볼 수 없었다.

〈블루 백스〉 토론 모임조차 거부하던 내가 정신을 차리고 제대로 공부하기 시작한 건 3학년이 되던 1994년이었다. 같이 놀던 과 동기들은 벌써 분자생물학, 신경생물학, 분자유전학 같은 이름만 들어도 멋진 세부 전공을 정해서 대학원이나 유학 계획을 세우고 있었다. 은근히 겁이 났다. 난 뭘 하지? 내가 포스트모더니즘, 정신분석학, 철학, 인류학, 심리학 등의 책을 들고 다니는 걸 아는 과 선배들이 조언해주었다.

"인간 행동도 생물학으로 연구할 수 있어, 한번 해봐."

"우아! 어떻게요?"

"동물행동학자가 인간도 연구하거든. 새끼 새가 알에서 깨자마자 처음 본 상대를 어미로 알고 졸졸 따라다니는 걸 연구한 콘라트 로렌츠 알지? 그 사람이 《공격성에 관하여(On Aggression)》라고 인간 폭력성에 대한 책도 썼어. 데즈먼드 모리스의 《털 없는 원숭이》도 그런 부류의 책이고."

하지만 우리 과에 동물행동학을 전공하는 교수님은 없었다. 실의에 빠질 때쯤, 귀가 번쩍 뜨이는 소식이 전해졌다.

"사회생물학의 창시자 에드워드 윌슨 알지? 그 제자분이 2학기에 우리 과에 신임 교수님으로 부임하신대!"

그 당시 국내에서 사회생물학은 인간 행동을 생물학적으로 설명하는 최첨단 과학, 그러나 종종 유전자 결정론에 치우친 주장을 하는 위험한 과학으로 인식되고 있었다. 어쨌거나 나는 이미 사회생물학에 흠뻑 빠진 상태였다. 오신 분은 최재천 교수님이었다. 교수님께 인간 사회생물학을 연구하고 싶다고 말씀드렸다. 교수님은 일단 석사 때까지는 인간이 아닌 동물의 행동을 연구하며 진화이론의 토대를 닦고, 박사 때 인간 행동을 마음껏 연구하라고 조언하셨다. 교수님의 지도를 받으며 개미 행동을 연구해 학사와 석사 학위를 받았다. 늦게 읽기 시작한 자연과학도서들은 내게 큰 즐거움이 되었다. 주로 진화생물학과 동물행동학에 국한된 독서였지만, 과학이 진실을 밝혀주는 등불임을 깨닫게 되었다.

4학년이 되어 동물의 행동을 진화적인 관점에서 연구하는 최재천 교수님의 행동생태학 실험실에 들어갔다. 첫 제자로 이미 들어와 있던 대학원 선배들과 함께 공부 모임을 꾸렸다. 조지 윌리엄스의 《적응과 자연선택》, 존 올콕의 《동물행동학(Animal Behavior)》 같은 전공 서적을 함께 원서로 읽었다. 그전까지는 국내에서 진화생물학을 제대로 공부할 기회가 없었기 때문에, 대학원생들이나 나 같은 학부생들이나 일자무식은 매한가지였다. 읽긴 읽었는데 이해한 사람이 아무도 없어서 토의 시간이 되면 서로 얼굴만 끔뻑끔뻑 쳐다봤다. 진화생물학은 전문가와 일반인 모두를 겨냥한 대중서가 많이 나오는 분야다. 재미 반 필요 반으로 스티븐 굴드의 《다윈 이후》, 매트 리들리의 《붉은 여왕》, 로버트 라이트의 《도덕적 동물》, 데이비드 버스의 《욕망의 진화》, 스티븐 핑커의 《언어 본능》 같은 책들을 읽었다. 처음에는 신입생 때와 다름없이 책장이 잘 넘어가지 않았다. 원서로 읽은 《붉은 여왕》 같은 책은 한 장(章)을 읽는데 보름이 넘게 걸리기도 했다. 이해가 잘 안 되는 부분은 아무리 읽고 밑줄을 쳐도 그대로였다. 그런데 이 어려움이 진화생물학을 평생 전공하리라 결심하고 관련 분야의 책들을 연달아 읽다 보니 저절로 해결되었다. 서로 내용이 겹치는 책들을 읽으며 나도 모르게 머릿속에 진화생물학에 대한 탄탄한 토대가 다져진 것이다. 신입생 때《이기적 유전자》에 얼굴을 붉히며 돌아섰지만, 3학년이 되어 도킨스의 책을 다시 만났다. 민음사에서 번역되어 나온《눈먼 시계공》이었다. 도킨스가 제창한 이기적 유전자 이론이 아니라, 현대의 진화이론을 쉽게 해설해주는 책이라길래 속는 셈 치고 읽었다. 일반인 눈높이에 맞춘 대중서였지만 꽤 어렵게 느껴졌다. 하지만 도킨스가 쓴 다른 책과 그가 맹렬히 비판하는 굴드의 책을 함께 읽으면서 점차 독서의 참맛을 온전히 즐길 수 있었다. 도킨스가 1996년에 낸《불가능의 산 오르기》(국내 번역서 제목은 '리처드 도킨스의 진화론 강의')는 군대에서 주말에 축구 하는 낙까지 포기하며 읽었다.

'자연과학도서 읽는 법'이라는 글이 필요한가? 나는 회의적이었다. 지금껏 과학책 읽는 요령은 고사하고 책 읽는 요령을 담은 글조차 읽어본 적이 없다. 그런 기술은 굳이 배우지 않아도 묵묵히 많이 읽다 보면 절로 터득하게 되는 것 아닐까? 그러던 중에 문득《이기적 유전자》에 골머리를 앓던 나 자신이 떠올랐다. 안타깝게도, 수십 년이 지난 지금도 이 책은 여전히 수많은 청소년과 일반 대중에게 두통을 유발한다. 인터넷에는 이 책의 핵심을 정리해달라는 호소가 넘쳐난다. 정작 전문가들은 물 흐르듯이 쉽게 썼다고 칭찬하는 책인데 말이다. 단순히 중고교 시절 생물학의 기본 지식을 충실히 습득하지 못했기 때문에《이기적 유전자》가 어렵게 느껴지는 것은 아닌 듯하다. 이태 전 한 학기 동안《이기적 유전자》를 함께 읽고 토론하는 1학점 세미나 수업을 했다. 인문 계열이나 예체능 계열에 속한 학생들은 그렇다 쳐도, 유전공학과, 원예생명공학과, 식품생명공학과에 속한 학생들마저 책이 너무 어렵다며 쩔쩔맸다.

사실 과학책을 읽는 기술을 우리가 명시적으로 배울 필요가 있다는 데에는 과학적인 근거가 있다. 말은 인간의 진화된 본성이다. 인간은 정상적인 가정환경에서 자라면 따로 배우지 않아도 어느 순간 모국어를 유창하게 듣고 말하게끔 수백만 년에 걸친 자연선택에 의해 '설계'되었다(자연선택에 의한 진화는 어떠한 의도도 없는 기계적인 과정이므로 작은따옴표를 쳤다). 반면에 글은 진화된 본성이 아니다. 문자 체계는 고작 8천여 년 전에 발명되었기에, 읽고 쓰기에 특화된 심리적 적응이 진화할 시간은 없었다. 덕분에 우리는 오랜 기간 지도를 받고 부단히 연습해야 간신히 글을 읽고 쓰는 능력을 배울 수 있다. 이렇게 보면, 과학책을 읽는 기술을 담은 이 글이 생각보다 많은 이들에게 도움이 될 수도 있다.

1. 자연과학도서는 왜 읽어야 하는가

〈뉴욕 타임스〉는 매주 화요일마다 '사이언스 타임스'라는 과학 기획 섹션을 무려 12면에 걸쳐 발행한다. 요일에 따라 바뀌는 섹션들 가운데 가장 높은 평가를 받는 지면이다. 하지만 구독자 상당수는 과학 섹션에 아예 눈길 한 번 안 주고 그대로 쓰레기통에 집어넣는다. 심지어 〈뉴욕 타임스〉에서 일하는 사원들도 예외가 아니다. '사이언스 타임스'를 담당하는 저명한 과학 기자 나탈리 앤지어는 입사한 직후 어느 선배 칼럼니스트를 만나서 자신이 과학 섹션을 새로 담당하게 된 기자라고 소개했다. 그러자 그 선배가 말했다. "아, 그럼 제가 목요일마다 당신의 기사를 볼 수 있겠네요." 나중에 이 이야기를 전해 들은 어느 과학자는 앤지어에게 "물론이죠. 선배님이 신문을 48시간 동안 묵힌 다음에 읽는 묘한 버릇이 있으시다면서요."라고 받아쳐주지 그랬냐고 안타까워했다.(《원더풀 사이언스》, 15쪽)

세계 어디서나, 책을 즐겨 읽는 독서 인구는 적다. 그중에서도 과학책을 즐겨 읽는 독서 인구는 훨씬 적다. 여러분이 책을 열렬히 사랑하고 아끼는 성향이 있다고 해도 대형 서점을 방문했을 때 자연과학 코너는 가뿐하게 지나치는 사람일 확률이 매우 높다. 지난 이십여 년간 우리나라에서 자연과학도서의 판매량이 많이 늘고 대중적 관심도 높아졌다. 하지만 여전히 판매 점유율로 따지면 과학책은 문학책의 십 분의 일에 불과하다.[1] 평범한 일반인들에게 자연과학은 지루하고 어렵고 괴상한 딴 나라 이야기로 치부된다.

왜 일반 대중이 자연과학도서를 읽어야 할까? 생업에 바쁜 시민들이 코로나19 백신과 치료제가 어떻게 다른지(백신만이 일상을 되찾게 한다), 벌레도 동물에 속하는지(동물이다), 왜 요즘은 오존층이 파괴되고 있다는 뉴스가 뜸한지(오존층이 회복되고 있다) 모른다고 해서 뭐가 달라질까? 전문가들이 어련히 알아서 우리 몸에서 바이러스에 대한 면역반응을 유발하게 백신을 만들었을 테고, 우리는 그저 얌전히 팔을 내밀어 백신주사를 맞으면 그만 아닐까?

일반인들이 과학에 관심을 기울여야 하는 이유로 과학자들은 흔히 현대사회에서 벌어지는 중대한 이슈들에는 대개 과학이 깊숙이 관여하고 있음을 지적한다. 전염병 대유행, 지구온난화, 탈원전, 유전자 변형 식품, 미세먼지, 식량 고갈, 낙태 등 우리의 일상을 흔드는 주제는 대부분 과학과 떼려야 뗄 수 없다. 신고리 5·6호기 원자력발전소의 건설 재개 여부가 공론화 조사를 통해 결정되었듯이, 일반 국민도 공공 정책의 결정 과정에 능동적으로 참여하는 민주 사회의 일원으로 살아가려면 과학에 대한 이해가 필요하다는 것이다.[2] 일리 있는 말이다. 하지만 전 지구적인 이슈에 지혜롭

---

1 〈미션 임파서블 동네 책방:(3)'과학책방 갈다' 공공시설처럼 지원을〉, 조진석, 주간경향 1410호, 2020.
weekly.khan.co.kr/khnm.html?mode=view&code=116&artid=202011271552011&pt=nv (마지막 접속 2021. 02. 22.)

2 〈국민 스스로를 위한 과학문화〉, 이덕환, 사이언스타임스, 2005. 08. 23.
sciencetimes.co.kr/news/국민-스스로를-위한-과학문화/?cat=30(마지막 접속 2021. 02. 22.)

게 대처하는 성숙한 시민이 되기 위해서 과학 지식이 필수 불가결하다는 말은 왠지 따분하다. 자습 시간에 왜 과학은 공부하지 않느냐고 호통을 치는 과학 선생님이 눈앞에 그려진다. 앞에서 언급한 과학 칼럼니스트 앤지어는 사뭇 다르다.

> 당신이 과학자가 아니라면 굳이 과학을 알 필요는 없다. 그런데 생각해보자. 굳이 박물관에 가거나 바흐를 듣거나 은근하고 달콤한 셰익스피어의 소네트를 읽어야 할 이유도 사실 없지 않나? … 누구나 과학을 알아야 하는 이유는 우리가 노래를 부르고 고리 던지기 놀이를 하는 이유와 같다. 이런 것들은 재미있다. 재미있다는 건 좋은 일이다.
>
> 《원더풀 사이언스》, 나탈리 앤지어, 김소정 옮김, 지호, 2010, 25~26쪽.

그렇다. 과학은 재미있다. '요절복통 신나는 과학 만화' 부류의 가벼운 책만 재미있는 것이 아니다. 겉으로 드러난 현상 밑에 숨겨진 패턴을 밝혀내는 과정 그 자체가 재미있고 즐겁다. 사실 우주 어딘가에 지적인 외계 생명체가 존재한다면 그 외계인이 자신을 둘러싼 세상이 어떻게 작동하는지 궁금해하지 않으리라고 상상하기는 어렵다. 지적인 생명체라면 거의 정의상 우주의 역사, 세계의 작동 원리, 물질의 기본 단위, 생명의 기원, 자신을 추동하는 내적 기제를 알고 싶어 못 견딜 것이다.[3] 놀랍게도, 지구라는 별에서 서식하는 잡식성 영장류의 한 종인 우리는 외부 세계에 존재하는 객관적 진실을 상당 부분 알아냈다. 바로 과학을 통해서다. 이 어찌 가슴 벅차고 위대한 성취가 아니겠는가?

---

3 《지금 다시 계몽》, 스티븐 핑커. *Enlightenment now: The case for reason, science, humanism, and progress*, Pinker, S. Penguin, 2018, p. 385.

객관적 진실은 영장류의 한 종이 직관적으로 쉽게 이해할 수 있는 범위가 어느 정도인지 신경 쓰지 않은 채 그저 존재한다. 과학은 그 진실을 우리 앞에 펼쳐 보여주기 때문에 재미있고 경탄스럽다. 예를 들어, 여러분이 물을 한 컵 마실 때마다, 수백 년 전에 이순신 장군의 방광을 통과했던 물 분자를 적어도 하나 이상 섭취했을 가능성은 상당히 크다. 이는 간단한 확률이론에 근거한다. 물 한 컵에 들어 있는 물 분자의 수는 온 세상에 존재하는 물 한 컵에 해당하는 부피의 수보다 압도적으로(!) 많다. 그래서 물을 한 컵 마실 때, 세상 어디선가 있었던 물 한 컵만큼의 부피에 들어 있었던 물 분자들 가운데 적어도 하나를 섭취했을 가능성은 꽤 크다는 결론이 나온다. 이순신 장군이나 이순신 장군의 방광은 임의로 예를 든 것이다.[4]

다른 예를 보자. 금속, 바위, 사람 같은 단단한 고체는 사실 텅 빈 공간이다. 이해를 돕기 위해 다이아몬드를 이루는 탄소 원자들이 각각 축구공만 하다고 가정해보자. 이렇게 가정하면 서로 이웃한 두 탄소 원자 사이의 거리는 자그마치 15킬로미터 이상이 된다. 전자는 이 사이 어딘가를 날아다니는 파리 한 마리보다 작다. 즉, 우리가 단단하게 여기는 고체들은 실은 거의 텅 비어 있다. 입자들 사이에 작용하는 전기력과 핵력 때문에 우리는 고체가 단단하다고 '착각할' 뿐이다.

수백만 년 동안 아프리카의 사바나 초원에서 수십 명 남짓 작은 집단을 이루어 살던 인류의 조상들은 당시의 수렵-채집 환경에서 생존과 번식을 좌우한 문제들을 능숙하게 해결하게끔 자연선택에 의해 진화했다. 우리의 감각기관과 신경계는 외부 세계를 이루는 아주 작은 일부분, 즉 너무 크지도 너무 작지도 않은 물체들이 적당한 속도로 움직이는 시공간만을 직관

---

4 《만들어진 신》, 리처드 도킨스. *The god delusion*, Dawkins, R., Boston: Houghton Mifflin Company, 2006, p. 366.

적으로 잘 지각하고 이해한다. 십 분의 일 밀리미터(머리카락의 두께)보다 작거나 몇 킬로미터(산 정상에서 보이는 거리)보다 큰 공간, 혹은 십 분의 일 초보다 짧거나 몇백 년보다 긴 시간을 정확하게 이해하게끔 진화할 이유는 전혀 없었다. 이처럼 수렵-채집 환경에서 오로지 먼 과거 조상들의 번식 성공도를 높이게끔 설계된, 우리의 누추한(!) 직관과 상상력은 외부의 객관적 진실을 밝히는 데 별로 도움이 되지 않거나 심지어 방해된다. 물 한 컵에 들어 있는 물 분자의 수가 세상에 존재하는 물 한 컵만큼의 부피들보다 도대체 얼마나 많은지 실감하는 능력이나, 아주 작은 입자인 중성자 하나를 바위를 향해 쏘면 무슨 일이 일어날지 예측하는 능력은 처음부터 우리에게 주어지지 않았다. '시간과 공간은 뒤틀리고 휘어진다.'라는 현대 물리학의 명제는 보통 사람들에겐 그냥 꿈같이 들린다.

어떻게 과학은 진화가 우리의 마음에 쳐놓은 장벽을 훌쩍 뛰어넘을 수 있게 해줄까? 과학자가 남보다 유난히 똑똑하기 때문이 아니다. 과학적 탐구법이 무조건 참인 가설을 언제나 척척 생산해주기 때문도 아니다. 정반대가 답이다. 과학은 과학자 역시 사람이므로 편향과 오류에 빠지기 쉬움을 겸손히 인정하는 데서 출발한다. 검증 가능한 가설을 누군가 제안한다. 그 가설이 자신을 무너뜨리려는 여러 공격을 무사히 이겨내는지 모두가 지켜본다. 이러한 추측과 논박의 연쇄가 과학의 본령이다. 동료 심사를 거친 논문만 발표되고, 열띤 논쟁이 공개적으로 행해지고, 이중맹검으로 실험자와 피험자에게 특정 정보를 공개하지 않는 실험법 등은 모두 여러 주관적인 견해를 합치고 뒤섞고 충돌시켜 우주의 객관적 진실로 나아가기 위한 노력이다.[5] 요컨대, 과학책을 읽어야 하는 이유는 단순하다. 그냥 과학은 재미있기 때문이다. 미신이나 종교, 신화, 마법, 속임수와 달리 과학은 외부의 객관적 진실을 신빙성 있게 밝혀내는 유일한 활동이다. 잡식성 영장류의 한 종이 직관적으로 잘 이해할 수 있는지와 아무 상관없이 존재하는 진리를 과학을 통해 엿보는 순간, 우리는 찬탄과 경이로움에 휩싸인다. 진화생물학자 J. B. S. 홀데인은 이렇게 말했다. "우주는 우리가 추측하는 것보다 더 경이로울 뿐만 아니라, 우리가 추측할 수 있는 것보다 더 경이롭다."[6]

2. 자연과학도서는 어떻게 읽어야 하는가

이제 과학책을 읽을 시간이다. 독자 여러분이 문학작품이나 인문교양서를 어느 정도 읽는 교양인이라고 가정하겠다. 《코스모스》《이기적 유전자》《시간의 역사》 같은 과학교양서는 왠지 거리감이 느껴져 피하려고 할 가능성이 크겠지만 말이다. 앞에서 언급했듯이, 자기 전공은 열심히 공부해도 과학교양서는 전혀 읽지 않는 평범한 대학생도 이러한 가상의 독자에 포함된다. 여러분만 알고 계시라. 자연과학도서를 읽는 신통방통한 비법! 지금 아낌없이 공개한다! …음, 사실 그런 비법은 없다. 만약 과학교양서뿐만 아니라 문학작품이나 인문교양서도 너무 어려워서 도저히 못 읽겠다는 사람이라면, 무겁고 진지한 글을 읽는 훈련을 좀 더 쌓아야 한다(《이기적 유전자》를 읽고 전혀 이해를 못 하는 대다수 중고생이 이 경우에 해당한다. 이 책을 중고생 필독서로 정해놓은 학교는 반성해야 한다). 만약 위에서 가정했듯이 여러분이 과학교양서에 대해서만 철벽을 칠 따름이지 다른 교양서적들은 어렵지 않게 읽는 사람이라면, 축하한다. 약간의 용기를 내서 정평 있는 과학교양서를

5 Pinker, 앞의 책, p. 390-391.

6 《가능한 세계와 다른 소론들》, J. B. S. 홀데인. *Possible Worlds and Other Essays*, Haldane, J. B. S., Chatto and Windus: London, 1927.

골라 읽으면 된다. 글을 읽고 쓰는 능력은 인간의 본성이 아니라서 오랫동안 지루하게 학습해야 한다고 했다. 여러분은 어쨌든 그 과정을 마치고 상당한 독해력을 지니게 된 교양인이다. 인문교양서를 읽을 줄 안다면, 과학교양서도 술술 읽을 수 있다. 과학책만을 위한 비법은 없다. 평소 교양서적을 상당히 읽는 여러분이 생전 처음으로 과학교양서를 집어 들었는데 도대체 무슨 말인지 모르겠다면, 이는 여러분의 잘못이 아니다. 그건 저자나 번역자의 잘못일 확률이 높다.

과학에 관심이 있는 지적인 일반인들을 위한 과학 저술은 오래전부터 있었으나, 연구를 포기한 늙은 과학자들의 볼품없는 도피처 정도로 취급되었다. 20세기 후반 들어 흐름이 바뀌었다. 해양생물학자이자 작가인 레이첼 카슨이 쓴《침묵의 봄》(1962), 천문학자 칼 세이건이 쓴《코스모스》(1980) 등이 일반 대중들에게 커다란 충격을 던졌고 심지어 공공 정책까지 바꾸어놓았다. 이후 많은 유능한 과학자들이 대중 영역으로 들어왔고, 과학의 발견을 일반 독자층에 번역하고 소통하는 과학 저술이 탄탄히 뿌리내리게 되었다.(《독서의 즐거움》, 699-705쪽) 본래부터 과학교양서는 독해력과 지적 호기심이 있는, 그러나 풍부한 과학 지식을 반드시 기대할 수는 없는 일반인을 염두에 두고 출간된다. 대학원생이나 알 만한 배경지식을 독자도 당연히 알고 있으리라 전제하고 전문용어를 잔뜩 섞어가며 자기주장을 길게 늘어놓는 과학책은 집어던지시라. 여러분은 하나도 잘못한 것이 없다. 훌륭한 과학교양서를 여러 권 낸 작가이자 저명한 인지과학자인 핑커는 한 언론과 이렇게 인터뷰했다. "책을 읽는 게 어려웠던 적이 한 번이라도 있나요?" "아니요. 책을 쓰는 게 늘 어렵죠."[7] 과학교양서를 쓰는 저자들은 일반 독자들에게 다가서고자 처절하게 고뇌하고 노심초사한다. 독자는 느긋하게 자리에 앉아 과학책의 페이지를 넘기면 된다.

이제부터 하는 말은 자연과학책을 읽으려면 반드시 지켜야 할 원칙이나 규칙이 아니다. 몰라도 상관없지만 알아두면 유용하게 써먹을 수 있는 '꿀팁'으로 보면 된다. "비행기 멀미가 심하다면 뒷좌석보다 앞좌석을 예매하라."처럼 말이다. 다시 한번, 교양서를 어느 정도 읽는 일반인이라면 문제없이 읽을 수 있게 쓰인 책이 과학교양서다. 수전 와이즈 바우어는《독서의 즐거움》에서 독서의 단계를 세 가지로 나눈다. 문법 단계에서는 무엇에 대한 책인지 내용을 파악한다. 논리 단계에서는 익힌 내용을 체계적으로 분석하고 평가한다. 수사 단계에서는 평가한 내용에 대해 자신만의 의견을 표현한다.(《독서의 즐거움》, 23-24쪽) 각 단계는 서로 독립적이기보다는, 낮은 단계가 높은 단계에 연이어 포함되는 관계다. 즉, 반드시 모든 책을 세 번 읽으라는 뜻이 아니다. 독자의 역량에 따라서 책을 처음부터 수사 단계로 한 번에 읽고 끝낼 수도 있다. 이런 의미에서 '단계'보다는 '수준'이 더 적절한 용어일지 모른다.

이해(문법 단계 독서)

㉮ 객관적으로 해설하는 책 VS 저자의 이론을 내세우는 책

모든 과학교양서는 어느 정도 독해력과 지성을 갖춘 일반인을 대상으로 한다고 했다. 그렇다고 해도 평생 자연과학 분야의 책을 한 권도 읽어보지 않은 사람이 브라이언 그린의《엘러건트 유니버스》, 에드워드 윌슨의《통섭》, 스티븐 호킹의《시간의 역사》같이 두껍고 장대한 책을 호기롭게 펼친다면 그 결말은 심히 비극적일 것이다. 서점에서 접할 수 있는 과학교양서는 그 난이도와 대상 독자층에 따라 다음과 같은 범주로 구분할 수 있다.

---

7 〈규칙대로(By the Book)〉, 스티븐 핑커, 뉴욕타임스, 2014. 09. 28. www.nytimes.com/2014/09/28/books/review/steven-pinker-by-the-book.html(마지막 접속 2021. 02. 22.)

첫째는 입문 과학서다. 초중고생과 일반인을 대상으로 어느 특정한 과학 분야를 쉽고 재미있게 설명하는 책이다. 예를 들어《정재승의 과학 콘서트》, 김상욱의《떨림과 울림》, 갈로아의《만화로 배우는 공룡의 생태》, 랜들 먼로의《위험한 과학책》등이다. 대개 신문, 잡지, 블로그 등에 연재된 독립적인 짧은 글을 모은 책이어서 독자가 부담 없이 어느 쪽이든 펼쳐서 읽을 수 있다.

둘째는 해설 과학서다. 교양 있는 일반인을 대상으로 특정한 과학 분야를 객관적인 입장에서 상세히 설명하는 책이다. 예를 들어 제임스 글릭의《카오스》, 매트 리들리의《생명 설계도, 게놈》, 칼 짐머의《기생충 제국》, 샘 킨의《사라진 스푼》등이다. 책 전체를 관통하는 핵심 주제를 다양한 분야의 관련 지식과 교차하고 융합해서 이야기한다. 입문 서적보다 재미있지만, 더 어렵다. 흔히 머릿속에 떠올리는 '어려운' 과학도서의 전형적인 모습이다.

셋째는 총설 과학서이다. 동료 전문가와 일반인 모두를 대상으로 과학자가 자신의 독창적인 이론이나 관점을 주장하는 책이다. 예를 들어 도킨스의《이기적 유전자》, 스티븐 제이 굴드의《다윈 이후》, 에드워드 윌슨의《통섭》, 재레드 다이아몬드의《총, 균, 쇠》, 스티븐 핑커의《빈 서판》등이다. 저자가 독자에게 자신의 고유한 이론을 설득하기 위해 많은 논증과 증거들을 제시한다. 배경지식이 부족한 일반인으로서는 다 이해하지도 못했는데 왠지 저자의 역성을 들어줘야 할 것 같은 당혹스러움을 느낄 수 있다.

모든 과학책을 이상의 체계로 남김없이 분류할 수는 없겠지만, 과학책 독서법을 다루는 이 글의 취지에는 넉넉할 것이다. 정말로 자연과학책과는 담을 높이 쌓고 살아온 사람이라면, 입문 과학서부터 시작하는 것이 바람직하다. 특히 최근 십여 년 동안 우리나라에서도 과학 소통에 대한 관심이 높아지면서, 국내의 젊은 과학자나 저술가들이 참신한 발상을 친근한 예를 들어가며 엮어낸 수준 높은 입문서들이 많이 나왔다. 입문 과학서로 과학을 맛보기로나마 접했다면, 그다음부터는 자신이 관심 있는 제재를 다루고 있는 해설 과학서를 한 권 골라서 본격적으로 도전해보길 권유한다. 본격적인 과학책 등반을 총설 과학서부터 시작하는 것은 그다지 추천하고 싶지 않다. 총설 과학서는 대부분 좋은 책이지만, 저자의 독창적인 관점과 저자가 비판하는 학계의 기존 관점이 섞여 있기에 배경지식이 없는 일반인으로서는 이내 길을 잃고 헤매기 쉽다.

《빈 서판》이라는 책이 있다. 저자인 스티븐 핑커는 인간은 전적으로 외부 환경에 의해 만들어진다는 기존의 관점을 '빈 서판 이론'이라 명명한 다음에 이를 첫 장부터 끝 장까지 혹독히 비판했다. '인간 본성을 부정하는 현대의 세태'라는 원서의 부제가 이를 잘 보여준다. 학생들에게 이 책에 대한 서평을 쓰는 과제를 낸 적이 있다. 적지 않은 학생들이 핑커가 빈 서판 이론을 주장한다고 썼다! 책제목이 '빈 서판'이니 당연히 저자가 빈 서판 이론을 주장하리라고 생각한 모양이다.

요컨대, 본격적으로 과학책 읽기를 시작하려면 특정한 과학 분야를 객관적인 관찰자 입장에서 상세히 설명해주는 책부터 선택하기를 권한다. 전문가와 일반인 모두를 대상으로 저자의 독창적인 이론을 열렬히 논증하는 책은 아직 남겨두는 편이 좋겠다.

㉯ 개요를 읽은 다음 독서에 돌입하라

1단계인 문법 단계 독서의 목표는 "이 책은 무엇에 대해 쓴 것인가?" "이 책은 어떤 부분으로 이루어져 있는가?" 등의 질문에 답하는 것이다.(《독서의 기술》, 24쪽 참조) 다른 장르의 책은 곧바로 표지를 열어서 내용을 파악하면 된다. 하지만, 자연과학도서는 읽기 전에 그 책이 무엇을 다루고 있는지 간단한 요약문을 먼저 읽는 게 이해하는 데 더 도움이 된다.(《독서의 즐거움》, 706쪽) 앞에서 서술했듯이, 과학은 인간의 소박한 상상력이 닿을 수 있는 한계보다 훨씬 더 경이로운 외부 세계의 작동 원리를 보여주기 때문에 아무런 길잡이 없이 책을 펼치면 내용 파악이 어려울 수 있다. 개요를 먼저 읽은 다음에 비로소 독서에 돌입하는 이 전략은 가벼운 입문 과학서보다 묵직한 해설 과학서나 총설 과학서에 해당하는 책을 읽을 때 특히 더 유용할 것이다.

책의 내용에 대한 개요는 책날개, 띠지, 뒤표지에 실린 요약문/추천사, 해당 분야의 전문가가 써서 책의 첫머리에 수록되는 서문, 잡지나 신문에 난 서평 기사 등을 통해 쉽게 구할 수 있다. 책이 새로 나오면 출판사 편집부에서 책을 간략히 소개하는 글을 각 언론 매체에 돌리는데, 이 홍보문을 인터넷 서점의 해당 책 페이지에서 보는 것도 방법이다. 다만 인터넷에서 '에드워드 윌슨의《통섭》요약' 등을 검색하여 개인 블로그, SNS, 유튜브에 일반 독자가 올린 정보를 참조하는 데는 신중할 필요가 있다. 그들이 책의 내용을 잘못 이해했을 가능성도 있기 때문이다.

저명한 과학자나 저술가가 쓴 책의 경우, 인터넷상에서 저자가 직접 요약한 글이나 강의한 동영상을 찾아서 먼저 살펴보는 것도 효율적이고 영리한 방책이다. 필자도 스티븐 핑커의《우리 본성의 선한 천사》나《지금 다시 계몽》처럼 두껍고 방대한 '벽돌책'을 읽을 때는 출간 당시 저자가 대중들에게 책의 내용으로 강의한 동영상을 찾아서 시청한다. 저자의 원래 의도를 정확히 알 수 있을 뿐만 아니라, 청중과의 질의응답을 보면 책에 대해 가질 수 있는 흔한 오해를 피할 수 있어서 좋다.

㈐ 번역서라면 번역자와 한국어판 제목을 확인하라

국내 저자들이 쓴 우수한 과학책이 최근 많이 나오긴 했지만, 여전히 자연과학 도서 중에 번역서가 차지하는 비중은 매우 높다. 원서가 아무리 탁월하더라도 번역이 엉망이면 독자는 그 내용을 정확히 이해하지 못할 뿐만 아니라 원서의 중요성과 가치를 제대로 알아차릴 수 없게 된다. 독자는 원서가 아니라 우리말로 옮겨진 번역서를 읽기 때문이다. 이런 의미에서, 책을 고를 때 번역자가 신뢰할 만한지도 확인할 필요가 있다.(《책 읽는 책》, 158쪽) 알다시피, 번역에는 크게 두 부류가 있다. 책 내용과 관련된 과학 분야에 종사하는 현장 과학자가 옮겼거나, 아니면 번역을 업으로 삼는 전문 번역자가 옮긴 경우다. 과학자가 책을 옮기는 경우, 저자의 의도를 엉뚱하게 전달하는 오역을 저지를 가능성은 상대적으로 적다. 전문성이 보장되는 주석이나 해제를 기대할 수도 있다. 하지만 우리말을 제대로 구사하는 능력이 전문 번역자보다 대체로 떨어진다는 단점이 있다. 일반인 독자에겐 뜻밖으로 들리겠지만, 물리학, 화학, 생물학, 지질학 등 같은 대분야를 전공하는 과학자더라도 자신의 세부 전공과 무관한 주제를 다루는 책을 번역했을 경우에 의외로 오역이 많을 수 있다. 예컨대, 일반 대중은 누가 생물학자라면 그가 생물학에 관련된 모든 지식에 빠짐없이 정통하리라고 믿는다. 하지만 오늘날 과학은 망망대해처럼 넓다. 분자세포생물학을 전공한 과학자가 진화이론에 대해서는 까막눈인 경우를 얼마든시 찾을 수 있다(진화에 무지한 생물학자가 진화생물학 관련서를 번역하면서 오역을 남발한 사례가 실제로 꽤 있다). 그러므로 과학자가 번역한 책이라도 마음을 놓지 말고(?) 책날개에서 약력을 살펴서 역자의 세부 전공이 책의 제재와 겹치는지 확인하길 바란다.

요즘은 학부 및 석사 과정 때 자연과학을 전공한 후 과학 도서를 전문으로 번역하는 번역자들도 많이 활약하고 있다. 책에서 다루는 특정 분야를 전공한 과학자가 번역했을 때보다는 정확도가 다소 낮아질 수도 있겠지만, 이름난 몇몇 과학 전문 번역자라면 안심하고 선택해도 좋다. 전문 번역자들이 과학자보다 한국어 어휘가 풍부하고 우리말을 제대로 쓰는 경향이 있음은 말할 필요도 없다.

원서의 제목과 부제가 국내 번역본에서는 혹시 다르게 바뀌지는 않았는지, 바뀌었다면 원제와 부제가 무엇이었는지 고려하면 책의 내용을 정확히 파악하는 데 도움이 된다. 국내 출판사들은 종종 번역본에 원제와 다른 제목을 붙인다. 많은 경우 원제 그대로 옮긴 제목이 우리 실정에 어색하게 들린다고 판단해서이고, 독자들에게 책이 더 잘 다가서게 하려는 배려다. 그러나 요란하고 자극적인 제목을 달아서 판매량을 조금이나마 더 올리려는 속마음도 있다. 필자가 오랫동안 함께한 모 과학 전문 출판사를 흉보는 것은 아니다. 정말이다.

예를 들어, 과학 저널리스트 매트 리들리는《덕의 기원(The origins of virtue)》(1996)이라는 책을 썼다. 인간의 협력과 이타성이 어떻게 자연선택에 의해 진화했는가를 설명하는 책이다. 원제인 '덕의 기원'이 책의 주제를 알맞게 담아내고 있는 것으로 보인다. 그러나 도킨스의《이기적 유전자》가 국내에서 초장기 베스트셀러인 현실을 외면할 수 없던 출판사는 그 인기에 편승하고자 제목을《이타적 유전자》로 바꾸어서 국내에 출간했다. "인간의 이기성만이 진화의 명령이 아니다. 이타성도 진화의 명령이다."라는 메시지를 전달하고 싶었겠지만, 이는 명백히 틀렸다. '이기적 유전자'란 인간이 본래 이기적으로 태어났다는 뜻이 아니다. 자연선택에 의해 후대에 복제본을 많이 남기는 단위는 (그래서 도킨스가 '이기적'이라고 은유하고 싶은 단위는) 집단이나 개체가 아니라 유전자라는 뜻이다. 그러니 도킨스의 은유를 그대로 적용하면 '이타적 유전자'는 경쟁 유전자에 밀려서 자기 복제본을 후대에 남기지 못하고 사라지는 불량품 유전자를 의미한다! 이처럼 번역서의 제목이 원제와 달라진 경우에는 바뀐 제목이 오히려 독자의 이해를 방해할 수 있으니 원제가 무엇인지 한 번쯤 확인하고 독서를 시작하길 바란다(과학 저술에서 쓰이는 은유에 대해서는 논리 단계 독서에서 상세히 살펴보겠다).

㉣ 이해가 안 되는 부분이 있어도 끝까지 읽어라

수전 와이즈 바우어는 과학책은 첫 번째 독서가 가장 어렵다고 지적한다. 한 문단이나 몇몇 페이지, 심지어 한 장 전체가 헷갈리고 머릿속이 뒤죽박죽되더라도 지체하지 말고 일단 끝까지 읽어내라는 것이다.(《독서의 즐거움》, 711쪽) 옳은 말이다. 김새는 소리를 덧붙이면, 끝까지 꾸역꾸역 읽고 난 다음에도 여전히 책의 핵심을 놓치거나 불완전하게 파악할 가능성이 크다. 괜찮다. 2단계인 논리 단계 독서나 3단계인 수사 단계 독서, 특히 서로 관련된 책을 함께 비교하며 읽는 신토피컬(syntopical) 독서를 통해서(《독서의 기술》, 191-212쪽 참조), 책의 핵심을 정확하게 붙잡을 수 있다. 이는 나중에 상세히 다루겠다.

이해가 안 되는 부분이 많은 과학책을 어쨌든 읽고 난 다음에 흔히 저지르기 쉬운 실수 중의 하나가 있다. 자신이 다행히 이해한 부분이 책에서 아주 중요한 대목이라고 믿는 것이다. 쌀쌀맞게 들리겠지만, 어떤 부분이 나에게 이해되었는지는 그 부분이 책 전체에서 얼마나 중요한지와 별로 상관이 없음을 유의하길 바란다.

평가(논리 단계 독서)

㉮ 핵심 주제를 짧은 한 단락으로 직접 정리하라

2단계인 논리 단계 독서의 목표는 "책의 핵심 주제는 무엇인가?" "책의 각 부분이 어떻게 유기적인 구조를 이루는가?" "저자는 어떤 증거를 들어 자신의 논제를 뒷받침하는가?" 등의 질문에 답하는 것이다. 애들러와 밴 도렌(1972)은 저자가 독자에게 전달하려는 핵심 주제를 포착해서 독자 자신의 언어로 한 문장으로, 혹은 많아야 두세 문장으로 된 한 단락으로 정리하라고 충고한다. 이는 책의 제재, 즉 책이 다루는 소재를 알아내는 1단계

문법 단계 독서와 다르다. 왜 저자가 굳이 이 책을 썼는가, 저자가 독자에게 꼭 말하고 싶은 주장이나 견해가 무엇인지 파악하여 한 문장이나 한 단락으로 써보라는 것이다.(《독서의 기술》, 48-51쪽 참조)

자연과학 교양서는 일부 문학작품과 달리 저자가 핵심 주제를 아껴두었다가 나중에 깜짝 공개할 이유가 없다. 대개 저자 서문, 책날개, 띠지, 뒤표지, 출판사의 홍보문, 다른 학자가 쓴 서문, 혹은 언론 매체에 난 서평 기사 등에서 핵심을 요약하는 글을 쉽게 찾을 수 있다. 그렇다 해도, 반드시 스스로 책의 핵심 주제를 짧게 정리하기를 권유하고 싶다. 왜냐하면, 책날개나 서문, 서평 기사 등에서 찾아낸 어떤 요약문은 너무나 간결한 나머지 그다지 도움이 안 될 수 있기 때문이다. 예를 들어, 핑커의 저서《우리 본성의 선한 천사》를 이렇게 요약했다고 하자. "이 책은 인류 역사에서 폭력이 지속적으로 감소해왔다고 주장한다." 이 문장은 물론 책의 내용을 아주 정확하게 요약해준다. 하지만 지나치게 단순해서 이것만으로는 독자가 책의 핵심 주제를 충분히 소화했는지 판가름하기 어렵다. 그러므로 독자가 핵심 주제를 짧은 단락으로 직접 정리하는 것이 낫다고 생각한다. 애들러와 밴 도렌이 강조하듯이, 이는 곧 책을 이루는 주요한 구성 요소들을 판별하고, 이 요소들이 어떻게 하나의 단일한 전체를 이루는지 그 구조를 밝혀내는 작업과 밀접하게 연관된다. 말할 필요도 없이, 이때 목차를 주의 깊게 참조해서 각 장의 제목과 내용을 살피면 전체 구조를 쉽게 파악할 수 있다. 책은 집 한 채와 같다. 집은 거실, 침실, 화장실, 욕실, 주방 등 여러 개의 방으로 이루어진다. 각각의 방은 서로 다르게 생겼고 다른 기능을 수행한다. 방은 어느 정도 독립적이지만, 동시에 서로 연결되어 있다. 각각의 방이 왜 그러한 기능을 수행하는지, 왜 방들이 그런 식으로 연결되어 있는지 알아야 집의 전체적인 구조가 명쾌하게 파악된다.(《독서의 기술》, 34-39쪽 참조) 마찬가지로 각 장이 어떤 내용을 담고 있는지, 장들이 왜 이런 식으로 배치되어 있는지에 주의를 기울이면 책의 전체 구조와 핵심 메시지를 쉽게 파악할 수 있다.

예를 들어보자. 《우리 본성의 선한 천사》는 번역본이 무려 1,408쪽에 이르는 '벽돌책'이다. 하지만 저자는 서문에서, 2장부터 6장까지는 인류의 역사에서 폭력이 감소해왔음을 보여주는 증거들을 제시하고, 7장은 폭력을 이끄는 심리적 적응들을 다루고, 8장은 폭력 대신 평화를 이끄는 심리적 적응들을 다루고, 10장은 '천사적' 속성이 더 활성화되게끔 만든 외부적 요인들을 고찰함을 명백하게 알려주고 있다. 따라서 이 책은 다음과 같이 요약할 수 있다.

> 이 책은 인류의 역사를 통해서 폭력이 지속적으로 감소해왔음을 다양한 증거로 입증한다. 진화한 인간 본성 가운데는 폭력을 일으키는 '악마'도 있지만, 평화를 유도하는 '천사'도 있다. '천사적' 속성이 더 잘 발현되게 하는 외부적 조건들이 역사를 통해 점차 마련됨에 따라 폭력이 감소했다.

㉯ 독자가 요약한 핵심 주제가 저자가 요약한 것과 상당히 다를 수도 있다

독자가 요약한 핵심 주제는 저자와 다를 수 있을 뿐만 아니라, 독자마다 다를 수도 있다. 같은 책이라도 사람에 따라 다르게 읽을 수 있는 만큼, 이는 어찌 보면 당연하다고 애들러와 밴 도렌은 말한다. 단, 이 말은 어떤 요약도 괜찮다는 뜻은 아니다. '책에 적힌 진술을 얼마나 정확하고 충실하게 요약했는가?'라는 객관적 기준은 여전히 존재한다.(《독서의 기술》, 90-91쪽 참조) 이 점은 특히 자연과학책의 핵심 주제를 파악할 때 무게 있게 고려되어야 할 것이다.

㉰ 은유의 경우, 원관념이 보조관념과 어떠한 특성을 공유하는지 주의하라

일반인을 위한 과학 저술에서 자주 애용되는 수사적 도구가 은유(metaphor)이다. 은유는 'A가 B다.'나 'B인 A'의 형식으로 생소한 원관념을 상대방이 이미 잘 알고 있는 보조관념과 동일시하는 기법이다. 예를 들어, '유전자는 이기적이다.' '면역계가 우리 몸에 침입한 코로나19를 격퇴한다.' 혹은 '열대우림은 지구의 허파다.' 등이 은유다.

전술했듯이, 외부의 객관적 진실은 인류가 직관적으로 이해할 수 있는 비좁은 범위를 한참 넘어서 존재한다. 과학이 밝혀낸 참모습은 종종 우리를 놀라움과 당혹스러움에 빠뜨린다. 게다가 정량적인 변수들 사이의 복잡한 상호작용을 수많은 수식과 도표, 그래프로 나타내는 과학 논문과 학술서는 일반인의 접근을 더욱더 어렵게 만든다. 이러한 어려움을 극복하기 위해 과학교양서를 쓰는 저자는 자주 은유를 동원하여 일반인들에게 복잡한 개념을 알기 쉽게 풀이해서 설명한다. 예컨대, 면역학을 일반인에게 소개하는 과학교양서에는 "우리의 면역계가 몸속에 '침입한' 코로나19 바이러스를 '격퇴'한다."는 식의 표현이 자주 등장한다. 면역계와 바이러스의 관계를 아군과 적군이라는 적대 관계에 빗댄 것이다. 이처럼 은유는 낯설고 어려운 개념을 표와 그래프 없이 일반 대중에게 쉽고 빠르게 이해시키는 지름길이다(앞 문장에도 은유가 사용되었다).

문제는 저자가 설명하고자 하는 원관념과 독자에게 이미 친숙한 보조관념이 모든 면에서 완벽히 일치할 수는 없다는 점이다. 저자는 'B가 속성 X를 지니듯이, A도 속성 X를 지닌다.'는 의미를 전달하고자 'A가 B다.'라고 은유했는데, 독자들은 'B가 속성 Y를 지니듯이, A도 속성 Y를 지닌다.'라고 받아들이면 은유는 설명을 촉진하기는커녕 오히려 방해하게 된다. 더 큰 문제는, 저자는 어디까지나 은유의 의미로 'A가 B다.'라고 썼는데 독자는 정말로 A가 B라고 오해할 수 있다는 점이다. 따라서 과학책을 읽는 독자는 본문에서 은유가 나오면 이러한 실수를 저지르지 않도록 주의해야 한다.

은유가 저자의 의도를 드러내는 길잡이가 아니라 오히려 감추는 걸림돌이 된 사례를 도킨스의《이기적 유전자》에서 찾아볼 수 있다. 1976년 출간된 이래 지금까지도 뜨거운 찬반양론에 휩싸인 이 책의 제목 '이기적 유전자'를 일반인 독자는 대개 이렇게 이해한다. "유전자는 이기적이어서 오로지 다음 세대에 복제본을 더 많이 남기는 것에만 관심이 있다. 모든 생명체는 유전자가 이 목적을 달성하기 위해 프로그래밍한 생존 기계다. 따라서 인간은 본래 이기적으로 태어났다."

어떤 면에서, 이러한 오독은 쉽게 납득이 가지 않는다(물론 새내기 대학생이었던 나도 같은 실수를 저질렀다). 저자 도킨스는 책에서 '이기적 유전자'는 하나의 은유에 불과함을 지나칠 정도로 여러 번 강조했기 때문이다. 이를테면, 다음과 같은 구절들을 보라. "간결하고 생생한 표현을 위해서 우리는 은유를 사용할 것이다."(《이기적 유전자》, 116쪽) "동물 개체를 마치 자기 유전자를 보존한다는 '목적'이 있는 것처럼 행동하는 생존 기계에 은유하는 우리의 접근법을…."(《이기적 유전자》, 262쪽)

앞에서 잠깐 언급했듯이 '이기적인 유전자' 은유의 참뜻은 자연선택의 단위가 유전자라는 것이다. 진화의 긴 역사를 통해 자연선택에 의해 그 복제 성공도가 최대화되는 (따라서 도킨스가 '이기적'이라고 은유하고 싶은) 단위는 집단도, 개체도 아니라 유전자라는 의미다. 다시 도킨스를 인용하자. "결정적인 문제는 생명의 계층 구조에서 결국 어느 수준이 자연선택이 작용하는 '이기적' 수준이 될 것인가이다…. 다윈주의의 메시지를 '이기적인 무엇'으로 간결하게 표현하려 할 때 그 '무엇'은 유전자"(《이기적 유전자》, 12쪽)이다.

은유는 복잡한 관념을 쉽게 설명하는 유용한 도구지만 종종 이처럼 오해를 부채질하기도 한다. 그러므로 필자는 과학책을 읽을 때 은유가 나오면 무엇보다도 'A가 B다.'가 'A가 B와 모든 면에서 동일하다.'는 뜻이 아님을 유념하길 권한다. B가 가지고 있는 수많은 속성 가운데 어떤 속성을, 독자에게 이미 친숙하리라고 저자가 믿는 어떤 속성을, 원관념 A도 갖고 있다는 말인지 세심히 읽어낼 필요가 있다. 예컨대, "내 입술은 앵두요."라는 은유는 앵두가 지닌 수많은 속성 중에 붉은빛이라는 속성을 화자의 입술도 지닌다는 뜻이다.

여전히 은유로 인해 헷갈리거나 찜찜한 기분이 들면, 저자가 제안하는 은유를 건너뛰어서 "어쨌든 A가 속성 X를 지닌다는 말이로군."이라고 바로 이해하면 된다. 앞의 예의 경우, "앵두 따윈 아무래도 상관없고, 어쨌든 화자의 입술이 붉다는 말이네."라고 고개를 끄덕이면 된다. 어떤 은유가 형편없다고 비판할 수는 있다. 하지만 사람의 입술이 어떻게 식물성 과일이 될 수 있냐며 정색하고 따지면 곤란하다.

다 아는 이야기를 새삼스럽게 강조한다고 생각된다면, 다른 예를 살펴보자. 질량이 작은 별이 수명을 다하면, 바깥 껍질이 팽창하여 기체의 형태로 우주 공간에 퍼진다. 천문학자 케일럽 샤프는 이렇게 사멸하는 별이 '통풍에 걸려 퉁퉁 붓는다.'라고 표현했다. 샤프는 이 문구가 죽음을 목전에 두어 쇠약하고 피부가 붉게 부풀어오른 노인을 연상시키므로 적절한 은유라고 내심 흐뭇해했다. 어떤 천문학자가 진지하게 그에게 지적했다. "통풍은 혈액 속의 요산이 증가해서 생기는 병이거든요. 그런데 별은 요산을 만들지 않으니 통풍에 걸릴 수 없죠."[8] 누가 뭐랍니까?

8 〈과학 저술의 은유 옹호〉, 케일럽 샤프. In defense of metaphors in science writing, Scharf, C., *Scientific American*, 9, 2013.

㉣ 저자가 제시하는 증거가 가설이나 이론을 잘 뒷받침하는지 살펴보라

모든 과학은 어떤 현상을 잠정적으로 설명하는 가설을 세우고, 그로부터 검증 가능한 예측을 도출한 다음, 관찰이나 실험을 통해 얻은 증거를 바탕으로 가설을 검증하는 과정을 거친다. 어떤 가설을 뒷받침하는 경험적 증거로 제시된 자료가 정말로 그 가설을 잘 지지하는지 살펴봄으로써 저자의 문제의식을 심도 있게 파악할 수 있다.

물론 일반인 독자에게 이는 터무니없이 무리한 요구로 들린다. "이 두꺼운 과학책을 다 읽기도 벅찬데, 나 보고 어떻게 유명한 과학자들이 학술지에 발표한 연구들을 평가하라는 거야?" 게다가 과학교양서에 나오는 연구들은 대개 연구 목표와 실험 결과 위주로 간략히 소개된다. 연구자가 암묵적으로 전제한 가정, 구체적인 연구 방법론, 상세한 통계 수치 등은 아예 한 줄도 나와 있지 않은 경우가 많다. 어쨌든 경험적 증거가 있다고 하니 독자로서는 꼼짝없이 가설이 참임을 인정할 수밖에 없다.

증거가 타당한지 엄밀하게 평가하는 것은 당연히 전문가의 몫이지만, 일반 대중도 본문에 서술된 경험적 증거가 과연 가설을 잘 뒷받침해주는지 어느 정도는 가늠할 수 있는 길이 있다. 첫째, 특정한 과학 분야에서 진행되는 여러 연구를 중립적인 태도에서 설명해주는 '해설 과학서'다. 종종 저자가 심판관이 되어서 서로 경쟁하는 가설들을 함께 소개할 뿐만 아니라 어떤 가설이 더 설득력 있는 증거로 지지되는지도 알려준다. 이를테면, 리들리가 저술한《붉은 여왕》은 성이 왜 진화했는가에 대한 이론들로 '변절자 이론' '복권 추첨 모델' '뒤엉킨 강둑 이론' '멀러(Muller)의 톱니바퀴 이론' '붉은 여왕 이론' 등을 일일이 나열하고 평가한다.

둘째, 독자는 질문을 던짐으로써 증거가 가설을 잘 뒷받침하는지 나름대로 추정할 수 있다. "저자가 이 결론을 도출하기 위해 암묵적으로 전제한 가정은 무엇인가?" "그 숨은 가정을 전제하지 않았다면 이 결론은 유지

될 수 없는가?" "어떤 실험 결과가 나왔다면 이 가설은 반증되는가?"와 같은 질문이다. 이를테면, 인류 역사를 통해서 폭력이 지속적으로 감소했음을 주장하는《우리 본성의 선한 천사》에 대해서 독자는 "어떠한 경험적 증거가 핑커의 주장을 반증할 수 있는가?"라는 질문을 할 수 있다.

셋째, 동일한 제재를 다루는 책들을 서로 비교하며 읽는 신토피컬 독서법이다. 어느 책에서 특정한 가설을 뒷받침하는 증거로 제시된 연구 결과가 과연 타당한지 다른 책을 읽으면서 더 깊이 있게 깨달을 수 있다. 예를 들어, 굴드는《다윈 이후》(1977)에서 진화는 일정한 속도로 서서히 진행하는 것이 아니라, 오랜 기간 그대로 머물러 있다가 짧은 기간에 갑작스럽게 큰 변화를 겪는다는 단속 평형설을 주장하였다. 도킨스는《눈먼 시계공》(1986)에서 굴드의 단속평형설을 통렬하게 비판하였다. 두 책을 모두 읽은 독자는 굴드가 자신의 이론을 지지하는 경험적 증거로 제시한 자료들이 얼마나 설득력이 있는지 나름대로 판단을 내릴 수 있게 된다.

정리하면 특정한 가설이나 이론을 지지해주는 경험적 증거로 제시되는 관찰 및 실험 자료를 독자가 자신만의 눈으로 직접 평가하려는 시도 그 자체만으로도 책의 핵심 주제를 깊이 있게 소화할 수 있다.

의견 표현(수사 단계 독서)

㉮ 같은 주제를 다루는 책을 비교하며 읽어라

3단계인 수사 단계 독서의 목표는 "저자의 논제에 동의하는가?" "독자 자신의 견해는 무엇인가?" 등의 질문에 답하는 것이다.(《독서의 즐거움》, 23-24쪽) 여기서는 애들러와 밴 도렌이 말하는 '신토피컬 독서', 즉 동일한 주제를 다루는 책을 비교하며 읽는 독서법이 수사 단계 독서의 목표를 달성하는 데 크게 기여함을 강조하려 한다.

대학교 신입생 때는 전혀 이해하지 못했던《이기적 유전자》를 졸업반이 되어 다시 읽으니 명쾌하게 이해되었다. 주전공으로 삼은 진화생물학에 통달해야겠다 생각하고 이 분야의 논문, 학술서, 대중서 등을 계속 읽다 보니 자연스럽게 진화의 토대가 머릿속에 구축되어서였다.

왜 같은 주제에 대한 과학책을 여러 권 잇달아 읽으면 그 주제에 대한 전체적인 맥락을 굳건하게 붙잡을 수 있을까? 애들러와 밴 도렌은 이는 독자가 궁금해하는 문제를 설정한 다음에, 동서고금의 탁월한 저자로 하여금 '각자 답안을 제출하게 하여' 엄정한 심사 끝에 최고의 모범 답안을 독자 스스로 파악하는 것과 비슷한 효과가 나기 때문이라고 주장했다. 탁월한 저자들을 집사처럼 부리다니 이 얼마나 대단한 호사인가! 이때 여러 '답안' 가운데 어느 한 가지만 정답으로 정하고 다른 답들은 모두 내다버리라는 뜻은 아니다. 독자가 능동적으로 여러 답안의 요소를 더하고 빼고 섞어서 자신만의 모범 답안을 만드는 것이 더 바람직하다.

예를 들어, 신토피컬 독서법을 통하여 독자가 어떻게 자연선택에 의한 진화이론을 깊이 있게 깨우치는지 짚어보자. 일반인 독자에게 다윈주의, 즉 자연선택에 의한 진화이론을 친절히 설명하는 생물학 교양서는 얼마든지 찾을 수 있다. 그러나 강조점은 저마다 다르다. 어떤 책은 다윈주의가 하나의 논증이라는 철학적 측면을 강조한다. 어떤 책은 다윈주의가 태동했던 당시의 사회적 배경을 강조한다. 다윈주의가 어떠한 목적도 없는 기계적인 과정임을 강조하는 책도 있다. 송장벌레의 행동을 예시하며 다윈주의가 새로운 발견을 이끎을 강조하기도 한다. 어떤 책은 다윈주의가 우주 어디에나 작동하는 보편적 원리임을 강조한다. 이처럼 같은 주제에 대해서 방점을 조금씩 다르게 찍는 책을 연이어 읽다 보면, 모든 책이 공통적으로 언급하는 다윈주의의 핵심이 무엇인지 자연스럽게 머릿속에 새겨진다. 유전, 변이, 차별적 성공이라는 세 가지 조건이 충족되면 자연선택은 무조건 일어난다는 것이 다윈주의의 핵심이다.

그뿐만 아니라, 책들이 서로 연합하고 충돌하는 광경을 지켜봄으로써 독자는 능동적으로 자신만의 통찰을 얻을 수 있다. 앞의 예를 이어서 보자. 어떤 책에서는 자연선택이 일어날 필요충분조건은 세 가지가 아니라 네 가지라고 본다. 유전, 변이, 차별적 성공에 덧붙여 '과잉생산'도 들어간다는 것이다. 반면에 다른 책에서는 '과잉생산'은 없어도 되는 조건임을 지적한다. 독자는 어느 책의 주장이 더 타당한지 마치 오디션 프로그램에 나오는 심사위원처럼 비교하며 평가할 수 있다. 말할 필요 없이, 신토피컬 독서는 즐겁고 짜릿하다.

반드시 모든 책을 세 번씩 통독하라는 말은 아니다. 문법 단계 독서는 논리 단계 독서에 포함되고, 논리 단계 독서는 수사 단계 독서에 포함된다. 그래서 순차적으로 하나씩 밟아나가는 '단계'보다는, '수준'이 독서법을 표현하는 더 적절한 용어라고 할 수 있다. 다시 말해서, 상당히 과학책 읽기에 능숙해진 독자라면 처음부터 수사 단계 독서법으로 책을 한 번만 읽고 끝내는 것도 얼마든지 가능하다. 이런 독자는 굳이 노트를 펼쳐서 어떤 주제에 대해 자신이 지금까지 읽은 책들이 어떤 '답안'을 내놓고 있는지 기록하고 정리할 필요는 없다.

3. 나는 이렇게 썼다

"교수님, 글을 어떻게 쓰시나요? 혹시 추천하는 책이라도?"

텍사스대학교 심리학과 박사 과정에 있던 때였다. 실험실 미팅 시간에 동료 대학원생이 데이비드 버스 교수님에게 이렇게 물었다. 교수님은 망설이지 않고 답했다. "아마 많이 알고 있겠지만, 《글쓰기의 요소(The elements of style)》라는 책이 최고입니다. 기가 막힌 책이죠. 나는 그 책을 지금까지 수십 번 읽었어요. '힘 있는 글쓰기는 간결하다.'라는 것을 가르쳐 줍니다."

그 책을 이미 읽은 상태였지만, 강력하게 추천하시니 왠지 귀가 솔깃해서 그 후 나도 다시 열심히 탐독했다. 아주 얇은 책이니 기회가 되면 읽어보길 바란다. 사실 데이비드 버스는 전 세계의 심리학자들 가운데서도 글을 잘 쓰기로 유명하다. 《글쓰기의 요소》가 일러주듯이, 군더더기를 쏙 빼고 서론, 본론, 결론에 꼭 들어가야 할 요소만을 채워넣는다. 장과 절의 마지막 문단에는 '요컨대(In sum)'나 '간단히 말하면(In short)'으로 시작하는 요약문을 첫 문장으로 집어넣는다. 책이나 논문의 제목도 짧고 단순한 제목을 선호한다. (버스 교수님과 공동 연구한 논문의 초고를 '네 이웃을 차별적으로 사랑하라: 사촌에 대한 이타성의 진화(Love thy neighbor differently: the evolution of differential altruism toward cousins)'라고 우아하게 이름 붙였다가 바로 타박 당했다. 논문은 '사촌에 대한 이타성'이란 제목으로 발표되었다.)

버스 교수님의 영향을 받아서인지 간결하고 분명한 글을 쓰려고 노력한다. 물론 항상 성공하지는 않지만 말이다. 섬세하고 화려한 미문이 술술 길게 이어지는 글은 능력 밖이고 내 취향도 아니다. 이따금 글쓰기에 익숙하지 않은 사람을 보면, 입에서 나오는 말을 종이 위에 그대로 옮기기만 하면 글이 된다고 믿는 것처럼 보인다. 그렇지 않다. 듣고 말하기는 인간 본성이다. 반면에, 읽고 쓰기는 인간 본성이 아니다. 나쁜 소식 같지만 의외로 좋은 소식이다. 태어나자마자 글을 잘 쓰는 사람은 없다. 누구나 꾸준히 글쓰기를 배우고 연습하면, 좋은 글을 쓸 수 있다.

4. 읽어볼 자연과학도서

일반인을 대상으로 한 과학책을 입문 과학서, 해설 과학서, 총설 과학서라는 세 가지 범주로 구분했다. 먼저 초중고생과 일반인을 대상으로 특정한 과학 분야를 쉽고 재미있게 설명하는 입문 과학서를 살펴보자. 대다수 입문 과학서는 서로 독립적인 짧은 꼭지를 모은 형태라서 일반인 독자들이 수월하게 읽어낼 수 있다. 《정재승의 과학 콘서트》는 국내 필자가 쓴 과학교양서의 본격적인 개막을 알린 책이다. 2020년에 출간 20주년을 맞이하여 개정증보 2판이 나왔다. 1999년 출간된 《개미제국의 발견》은 개미학의 세계적인 권위자인 최재천이 개미 세계의 진면목을 생생한 비유와 풍부한 사례를 통해 그려냈다. 이 두 권의 책이 대한민국 과학교양서의 새로운 지평을 열었다면, 21세기 들어서는 국내 필자들이 쓴 수준 높은 과학책이 많이 나왔다. 맹기완의 《야밤의 공대생 만화》, 갈로아의 《만화로 배우는 공룡의 생태》, 김상욱의 《떨림과 울림》 등이 있다.

단, 입문 과학서는 워낙 빠르고 부담 없이 읽을 수 있기에 독서 후에 과학책을 읽었다고 뿌듯해하며 다른 장르의 책으로 홀쩍 옮겨가는 역효과가 일어날 수 있다. 물론 과학책만 읽으라는 말은 아니지만, 어느 정도 깊이 있는 책을 여러 권 잇달아 읽어야 과학의 참맛을 즐길 수 있다.

다음으로 특정한 주제를 객관적인 입장에서·상세히 설명하는 일반인 대상 해설 과학서는 아무래도 국내서보다는 번역서가 많다. 나탈리 앤지어의 《원더풀 사이언스》는 과학이 고리타분한 암기과목이 아니라 재미있고 설레는 놀이임을 유려하게 풀어낸다. 샘 킨의 《사라진 스푼》은 주기율표를 채우는 화학 원소에 얽힌 인간 사회와 역사 이야기를 들려준다. 칼 짐머의 《진화》는 진화의 핵심 개념을 정리해줄 뿐만 아니라 오늘날 진화이론이 어떻게 심리학, 의학, 공학과 결합되어 지식의 최전선을 이끌고 있는지 알려준다. 최정규의《이타적 인간의 출현》은 중립적인 태도를 유지하며 인간의 협력과 이타성을 친절하게 설명해준다.

마지막으로 과학자가 동료 전문가와 일반인 모두를 대상으로 자신의 독자적인 이론이나 관점을 펼치는 총설 과학서는 대단히 흥미롭지만, 전문가가 아닌 이상 저자의 견해와 학계의 기존 흐름을 구별하기가 어려울 수 있다. 스티븐 핑커의《빈 서판》은 본능에 지배되는 다른 동물과 달리 인간이 뛰어난 이성과 학습능력으로 만물의 영장이 되었다는 전통적인 시각을 통쾌하게 무너뜨린다. 재레드 다이아몬드의《총, 균, 쇠》는 인류 문명이 각기 다른 속도로 발전한 이유를 인종적·민족적 차이가 아니라 환경적 요인에서 찾는다. 아라 노렌자얀의《거대한 신, 우리는 무엇을 믿는가》는 초자연적 신에 대한 믿음이 인류가 대규모 협력을 하게 됨에 따라 전파되었다는 주장을 진화생물학과 인지과학 관점에서 펼친다.

전중환 경희대학교 후마니타스칼리지 교수로 재직하고 있다. 저서로《진화한 마음》《본성이 답이다》《오래된 연장통》, 번역서로《욕망의 진화》《적응과 자연선택》 등이 있다.

6 예술도서 읽는 법

윤민희

예술도서 읽는 법

윤민희

거슬러 올라가면 나는 한글을 배우기 전부터 동화책의 그림을 감상하던 예술도서 독자였다. 물론 당시에는 글자를 모르니 그림을 보는 독서를 했다. 대학 시절에는 별다른 사심 없이 작품을 감상하고 애호가의 마음으로 전시장의 카탈로그, 작가의 일대기를 다룬 모노그래프 등 화집(畫集)이나 도록(圖錄)을 찾아보았다. 그때 느꼈던 시각적 희열감은 좋아하는 음악을 듣거나 맛있는 음식을 먹을 때의 즐거움에 비견할 수 있다. 이러한 희열감은 예술에 관심을 가지게 하고 몰입하게 하면서 관련 분야의 독서로 이끈다.

'예술도서 읽기'보다 중요한 것이 예술, 예술작품에 흥미를 갖는 방법이다. 탈무드에 "물고기를 잡아주기보다 잡는 법을 가르쳐라."라는 말이 있다. 예술도서의 대상은 예술작품이다. 그래서 작품 감상이 우선이다. 백문이불여일견(百聞而不如一見)이란 고사성어처럼 갤러리, 미술관, 박물관 등에 들러 전시를 감상하거나 생생한 현장을 직접 체험하는 것이 중요하다. 많은 예술 체험을 하면 예술작품을 보는 안목이 자연스럽게 길러진다. 동시에 이러한 안목과 흥미가 자연스럽게 독서를 유도한다. 예술작품에 대한 호기심이 책으로 연결되며, 예술을 사랑하면 자연스럽게 예술도서의 독자가 된다. 반대로 예술 체험이 없는 독서는 생명력이 없는 공허한 메아리에 불과하다. 예술 분야 책읽기와 예술작품 감상은 동시에 행해져야 진정한 생명력이 생긴다. 《논어》의 '지지자 불여호지자 호지자 불여락지자(知之者 不如好之者 好之者 不如樂之者, 아는 사람은 좋아하는 사람만 못하고, 좋아하는 사람은 즐기는 사람만 못하다)'라는 구절처럼 예술도서의 진정한 독자는 예술을 좋아하고 즐기는 사람이기도 한 것이다.

예술이란 인간의 창의적 활동과 그 결과물인 문학, 음악, 미술, 영화, 무용 등을 칭한다. 일반적으로 예술이란 개념의 Art(Kunst, 獨)는 예술 일반, 예술 전체를 지칭하는 포괄적 의미로 사용되지만, 미술만을 지칭하는 의미로 사용되기도 한다.(《미와 예술의 논리》, 147쪽) 또 미술은 시각예술이나 조형예술과 같은 개념으로 사용된다.

시각예술이 인간의 오감 중에서 시각이란 감각에 치중한 용어 사용이라면, 조형예술(造形藝術: Plastic Arts, Formative Arts)은 각종 재료를 사용해 공간에 형태를 만드는 예술의 개념을 강조한다. 오늘날 회화, 조각, 건축, 공예, 디자인 등의 공간적 예술을 총괄하는 개념으로 사용되는 시각예술 또는 조형예술은 공간을 점유하는 공간예술뿐만 아니라 시청각, 촉각의 영역으로 확장되면서 경계가 무너지고 있다. 하지만 이 글에서 '예술도서 읽기'에 대한 서술은 전공자로서 '시각예술'을 중심으로 하고 있다.

회화, 조각, 공예, 디자인 등 시각예술 책에는 대부분 그림, 사진과 함께 예술작품을 조망하는 글이 삽입되어 있다. 다른 영역에 비해 이미지가 많고 예술작품을 보면서 '미술 읽기(Reading Art)'를 하게 된다. 이 분야의 책들을 읽을 때면 시각적 재미와 즐거움이 만만치 않다. 사실 내게 있어 '예술도서 읽기'란 곧 이미지를 읽는 작업이기도 하다.

대학 시절 미술관, 갤러리를 자주 방문하면서 자연스럽게 예술도서, 특히 시각예술 도서에 대한 관심이 싹텄다. 시작은 전시장 입구에 비치된 팸플릿과 벽면의 정보, 전시장 카탈로그 등을 통해서였다. 그러나 당시에는 책을 읽었다기보다 전시장 그림을 감상하면서 부가 정보를 대충 훑어보는 정도였다. 1980년대에는 해외 교류가 지금처럼 활발하지 않았다. 국외 명작은 도서관이나 외국문화원에서 소장한 원색 화집을 통해야 볼 수 있었다. 레오나르도 다빈치의 〈모나리자〉, 미켈란젤로의 〈천지창조〉, 뭉크의 〈절규〉, 이중섭의 〈소〉, 박수근의 〈나목(裸木)〉 등 많은 명작을 미술 교과서나 화집을 통해서 만났다. 이처럼 학창 시절부터 책으로 자주 접하며 '너무나 잘 알고 있다.'라고 생각한 익숙한 작품들을 직접 전시장에서 감상했을 때는 다소 충격을 받았다. 순박한 한국의 소를 그렸다고 배웠기 때문에 〈소〉는 당연히 실제 소와 비슷한 크기일 것으로 여겼다. 그런데 관람한 작품의 크기는 아주 작았다. 그 유명한 〈절규〉의 실제 작품을 감상했을 때도 비슷했다. '죽음의 공포를 부르짖는 인물'이라는, 책을 통해서 키워온 명작에 관한 내 무한한 상상력을 무너뜨릴 정도였다. 생각했던 것보다 훨씬 작은 크기의 작품이었다. 이러한 경험들로 책을 통한 예술작품 감상이 직접 감상하는 것과 큰 차이가 있다는 걸 차츰 알게 되었다.

단일 작품 앞에 관람객이 가장 붐비는 곳은 단연코 파리 루브르박물관의 〈모나리자〉이다. 대부분 〈모나리자〉를 그림엽서, 화집, 매스컴 등을 통해서 먼저 접한다. 그러다가 루브르박물관에서 진품을 감상하면 반응이 여러 가지다. 유명한 세기의 걸작품을 현장에서 직접 보았다는 감동도 있지만, 생각했던 것과 다르다며 실망하거나 놀라는 경우도 많다. 최근 방문하는 사람들에게는 새로운 경험들이 추가되었다. 우선 작품 사진을 스마트폰으로 최소한 두 번 정도 찍는다. 처음에는 작품만 찍고 다음에는 작품을 배경으로 자신의 인물사진을 찍어 소장한다. 그리고 SNS에 그 사진을 공유하는 데까지 이른다.

박물관이나 전시장을 방문한 많은 이들이 전시장을 나오면서 감상의 여운을 안고 전시장 출구에 마련된 서점과 아트샵을 방문한다. 미술관 내의 서점은 대부분 예술도서로 가득하다. 서가에 채워진 예술도서는 작가의 화집, 전시 카탈로그, 예술 관련 잡지, 미학, 예술철학, 미술사 등의 이론 서적이다. 대부분 관람객은 엽서, 카탈로그 등을 뒤적이고, 다시 한번 작품을 감상하면서 정보를 얻는다. 미술관의 도슨트(docent)나 큐레이터(학예사, curator)를 통해서 전시에 관해서 설명을 듣기도 한다. 흔히 미술관, 박물관의 꽃으로 불리는 큐레이터는 일관된 콘셉트를 가지고 전시를 기획하는 전시 기획자이기 때문에 미술 관련 영역에서 석사 이상의 학업을 이수한 전문인이다. 큐레이터가 해설을 하는 경우도 있지만, 일반 대중을 위한 전시 해설은 대부분 도슨트가 담당한다. 미술관의 스토리텔러인 도슨트는 일반 대중들이 쉽게 전시를 이해할 수 있도록 설명하는 전시 해설가이다.

디지털 시대의 많은 전시에서는 인쇄된 서적뿐만 아니라, 홈페이지, SNS, 유튜브 등을 활용해 전시 개요, 작가 및 작품 설명 등 관련 정보를 홍보하고 있다. 그래서 디지털 가이드나 모바일 앱을 통해 전시 정보를 얻을 수 있다. 사람들은 전문 큐레이터가 기획한 전시의 전시장에서 도슨트나 디지털 가이드 해설을 들으면서 다양한 정보를 얻는다. 그리고 이러한 작품 감상 경험을 바탕으로 더 많은 정보를 얻기 위해 예술도서를 읽는다. 일반인의 예술책 읽기는 시각 이미지에 대한 흥미와 호기심에 따른 애호가의 글 읽기가 대부분이다.

작품 감상과 독서의 관계는 크게 '선(先)감상, 후(後)독서'와 '선(先)독서, 후(後)감상'으로 나눌 수 있다. 전자의 경우에는 작품에 관한 사전 정보나 선입견 없이 작품을 대할 수 있다. 후자는 미리 화집, 작가의 평전 등을 읽고 작가와 작품에 대한 정보를 바탕으로 전시장을 방문하는 것이다. 두 방법에는 모두 장단점이 있다. 개인적 의견으로는 쉽게 작품을 감상할 수 있는 시공간의 여건이 허락한다면 전자가 낫다. 하지만 세계적인 기획 전시나 미술관 소장 유명 작품의 경우 물밀듯이 밀려오는 관람객 때문에 한 작품 앞에서 감상할 수 있는 시간이 일이 분도 채 되지 않는다. 유명 박물관이나 미술관 전시 감상의 기회는 쉽지 않을 뿐만 아니라, 전시장에 오래 머무르기 힘든 시공간의 제약으로 인해 예술 관련 전문가들조차 '선(先)독서 후(後)감상'을 하는 경우가 많다.

2017년 여름, 십 년에 한 번 세 개 전시(베니스 비엔날레·카셀 도큐멘타·뮌스트 조각 프로젝트)가 동시에 개최되는 유럽의 그랜드 아트투어를 방문했는데, 방문 전 책, 잡지, 신문 기사, 홈페이지 등을 보면서 열심히 공부했다. 현장에서 한국인 가이드가 대표적인 전시작품 앞에서는 상세히 설명했지만 나도 수시로 관련 정보를 읽었다. 이처럼 유명한 장소를 방문할 때는 많은 이들이 사전 독서를 한다. 가끔 선행 학습으로 작품의 선험적 경험이 도외시되는 것이 아닌가 하는 생각까지 들 정도다. 그러나 한편으로 생각하면 현대미술은 난해하고 예술은 아는 만큼 보인다는 측면에서 주로 책으로 접한 후 감상하게 되는 나 자신을 위안하기도 한다. '선(先)감상, 후(後)독서'와 '선(先)독서, 후(後)감상'은 상보적으로 연결되어 예술작품 감상을 보다 풍성하게 한다. 예술 애호가의 측면에서 예술도서를 읽는 것은 예술을 향유하는 즐거움의 여정이다. 이러한 관심이 전문가로 발전할 발판이 될 수도 있지만, 다른 분야에 종사하더라도 예술도서를 읽으면서 자신의 문화적 깊이를 더할 수 있다.

조형예술 이론 연구를 지속하면서 사실상 읽을 도서 목록의 선정 기준도 연구주제가 가장 앞서게 되었다. 연구와 연결해 신문, 인터넷 등의 서평, 저자의 인지도, 제목, 목차 등을 살펴보거나 서점이나 도서관의 서가를 훑어보면서 관심 가는 책을 선택한다. 아마존이나 도서관 홈페이지도 종종 이용하고 있다.

개인적으로는 학위 과정을 시작하고부터 내게 많은 전시 도록과 비평,

이론 서적 등의 독서가 즐거움보다는 의무감으로 변한 점이 아쉽다.

1. 예술도서는 왜 읽어야 하는가

명화나 명곡은 보고 듣는 것만으로도 즐거움을 준다. 그러나 제대로 감상하려면 상당한 정보가 필요하다. "예술, 아는 만큼 보인다."란 말처럼 예술도서는 예술이 우리에게 주는 즐거움의 빛을 밝히는 등대의 역할을 한다. 레오나르도 다빈치의 〈모나리자〉에 대한 작품 설명과 역사적인 배경을 인터넷이나 도서로 미리 찾아본 후 박물관에 가서 감상하는 것과 아무런 정보도 없는 상태에서 감상하는 것 사이에는 큰 차이가 있다. 예술도서는 예술에 대한 이해를 높이는 역할을 담당한다.

예술도서는 작품의 감상, 해석, 비평에 관한 다양한 정보를 제공하므로 예술에 흥미가 있는 아마추어를 위한 길라잡이 역할도 할 수 있다. 예술도서를 읽는다는 것은 예술에 관한 역사, 작품과 예술가에 대한 설명 및 이론, 작가가 쓴 글, 작품 비평, 시각예술 제작 방법 등 다양한 유형의 책을 통해서 작품을 입체적으로 세심히 들여다보는 일이다.

예술작품의 감상과 비평

감상이 작품을 매개로 예술가와 감상자가 상호소통하는 정신적 활동으로 예술작품에 내재한 의미와 가치, 작품과 감상자의 상호작용에 의한 미적 체험을 하는 것이라면, 비평은 작품에 대한 의미 해석과 분석, 미적 가치를 평가하는 활동이다. 비평이란 미술비평가(美術批評家: an art

critic)가 감상과 관찰을 바탕으로 작품을 해석한 뒤에 내놓는 양식적 특성 연구, 작품의 역사적 배경 연구, 작가 연구, 동시대 작가와의 관계 연구, 작품의 표현 기법 등에 관한 언어적 표현이다. 비평은 구술되기도 하지만 대부분은 서평, 리뷰, 리포트, 논문 등으로 작성된다.
감상과 비평은 작품의 새로운 의미를 살펴보는 하나의 탐구 과정이며, 상호보완적이며 순환적인 관계이다. 우리가 흔히 읽는 미술 관련 잡지에 실린 전시 리뷰가 미술비평의 대표적 사례이다.

> 비평(criticism)의 의미를 국어사전에서 살펴보면, '사물의 옳고 그름, 아름다움과 추함 따위를 분석해 가치를 논함' 또는 '사물의 선악·시비·미추 등을 분석 논란함'으로 정의하고 있다. 또한 비판(批判: criticism)의 의미를 살펴보면 '비평해 판정함' '작품 따위를 평가·검토해 그릇됨을 밝혀내는 일' '사물을 분석해 그 각각의 의미·가치를 인정해 전체 뜻과의 관계를 밝히고 그 존재의 논리적 기초를 밝히는 일' 등으로 설명하고 있다.
>
> 《미술감상과 미술비평 교육》, 박휘락, 시공사, 2003, 56쪽.

이와 같이 예술비평은 작품에 관한 미적 가치 판단으로 어떠한 '객관적' 기준에 의해 예술작품의 '좋고 나쁨'을 평가하는 작업이다. 예술작품에 대한 감상과 비평은 감상자의 시각에 따라 다양한 의미로 해석될 수 있다. 예술작품에 대한 정확한 해석은 없더라도, 예술도서에 기술된 작품의 제작 연대, 사회문화적 배경, 표현 양식, 작가의 전기적 사실, 작품의 조형적 구성 방법, 재료와 제작 기법 등은 감상자의 작품 이해에 도움을 준다.
비평가 대부분이나 예술도서의 저자는 예술작품의 제작 주체인 예술가보다는 대변인인 경우가 많다.(《새로운 조형예술의 이해》, 224-228쪽) 그러나 오늘날에는 예술가 가운데 많은 이들이 박사 과정을 밟는다. 이러한 시대적 추세 속에서 예술가들은 자신의 작품을 논리 정연하게 설명하는 비평가의 역할을 담당하기도 한다.

작품의 창작과 감상의 관계 그림

현대미술가 중에서 이러한 대표적 인물로 이우환(Lee Ufan, 1936-)을 꼽을 수 있다. 점, 선, 여백의 예술가로 알려진 그는 한국인 생존 작가 중에서 미술시장에서 작품이 가장 높은 가격으로 거래되는 유명 작가이다. 동시에 자신의 예술 세계를 집약한《여백의 예술》《Lee Ufan》 등을 출간하기도 했다. 이우환 같은 예술가들의 책은 자신의 작품을 직접 설명할 수 있는 능력과 작가의 통찰력에 바탕을 두고 있다. 오늘날 예술가의 체계적 사고 및 표현을 중시하는 시대적 추세에 따라 자신의 작품 분석을 논리 정연하게 서술할 수 있는 능력은 매우 중요하나. 또한 시각예술에 관한 서술은 글을 쓴 사람이 "자기가 느끼는 감성이나 열의 그리고 의문점까지도 모두 독자와 함께 나눌 수 있도록 그 반응들을 문장으로 옮겨 표현하는 데에 도움을 주고자 한다."(《미술품의 분석과 서술의 기초》, 36쪽)

현대미술은 난해하고 우리가 사는 동시대의 미술은 더 난해하기에 때론 보는 것만으로는 작품의 의도를 파악할 수 없다. 근래 미술계에서 뜨거운 논쟁이 되는 화제는 '조영남의 대작(代作) 사건'과 '1.5억 원짜리 바나나 작품을 꿀꺽한 예술가'였다. 대작 사건의 요지는 이렇다. 조영남이 대작 작가가 대부분 작업한 작품을 자신의 이름을 달아 고가에 판매했다. 검찰은 이를 사기를 친 것으로 간주하고 고소했다. 검찰은 대작 화가 "송 씨 등이 그림을 90퍼센트 정도 그렸고, 이를 조 씨가 가벼운 덧칠만을 한 뒤 자신의 서명을 남긴 것으로 봐 사기 혐의를 적용했다."[1] 당시 대중의 시선도 싸늘해 조영남의 방송 출연까지 정지되었다. 그러나 최종적으로 그는 대법원 무죄 확정을 받았다. 사건 초기부터 나는 조영남이 이에 대해서는 무죄라고 생각했다. 언론이나 법조계에 종사하는 사람들이 현대미술 도서를 한 권만 읽었다면, 그에게 사기죄 혐의를 적용하지는 않았을 것이다. 너무나 유명한 마르셀 뒤샹의 〈샘〉(1917)을 제대로 알기만 했어도 이 사건의 결론은 금방 나온다. 남성용 소변기를 90도로 방향을 돌려놓고 사인한 후 〈샘〉이란 제목으로 전시장에 출품한 뒤샹이야말로 당시 '희대의 사기꾼'이었을 것이다. 그러나 오늘날 이 작품은 20세기 대표적 오브제 작품으로 평가받는다. 조영남은 무죄를 선고받은 뒤 "사람들이 현대미술을 몰라도 너무 모른다."라면서 똥을 캔에 담아 전시한 피에로 만초니의 〈예술가의 똥〉(1961)을 언급했다. 그는 "똥조차 훌륭한 예술"이란 현대미술에 대한 견해를 밝히면서[2] 《이 망할 놈의 현대미술》이라는 책을 출판했다.

'1.5억 원짜리 바나나 작품을 꿀꺽한 예술가'는 '아트바젤 마이애미 2019'에서 테이프로 벽에 붙인 바나나 작품인 〈코미디언〉을 행위예술가가 먹어버린 사건이다. 세상에서 가장 비싼 바나나로 불리우는 이 작품은 예술가 마우리치오 카텔란의 작품으로 이전에 12만 달러(약 1억 5천만 원)에

---

1 〈조영남 그림 대작사건, 대법원 소부 공개변론서 공방〉, 손현수, 법률신문, 2020. 05. 28. www.lawtimes.co.kr/Legal-News/Legal-News-View?serial=161838(마지막 접속 2021. 02. 22.)

2 〈"똥도 예술"이라고 한 조영남…'대작 그림' 무죄 이유〉, 이재희, KBS, 2020. 06. 25. news.kbs.co.kr/news/view.do?ncd=4479422(마지막 접속 2021. 02. 22.)

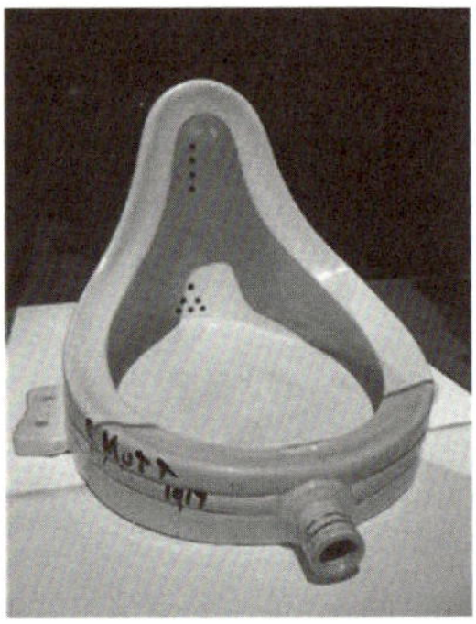

〈샘〉, 마르셀 뒤샹, 1917.(복제품 1950)

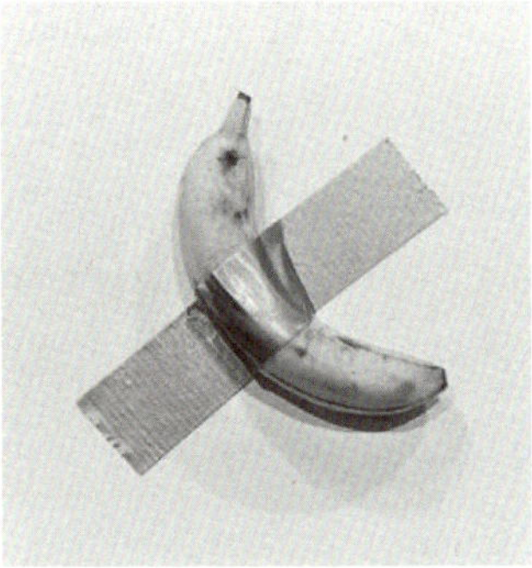

〈코미디언〉, 마우리치오 카텔란, 2019,
포장용 테이프로 벽에 붙인 바나나.

팔리면서 세간에 화제를 불러일으켰다. 카텔란의 작품 〈코미디언〉의 바나나와 실제 바나나의 차이점은 무엇인가? 작품 〈코미디언〉의 바나나에는 예술가의 의미가 부여되어 있다. 즉 작가의 개념이 내재하기 때문에 일상의 바나나와 다르다. 뒤샹의 〈샘〉에서 화장실 변기가 작품으로 등장하는 것과 같이(오늘날에도 예술가가 처음부터 자기 작품의 모든 과정을 제작할 수도 있지만), 대작이라 할지라도 작가의 콘셉트나 사인만으로도 작품으로 인정되는 추세이다.

"모든 사람이 예술가다(Every Man is an Artist)."라고 요제프 보이스는 말했다. 이처럼 모든 사람이 한 행위의 결과를 예술작품으로 간주하는 열린 개념으로 예술의 개념이 확장되면서 예술과 비예술, 예술과 일상의 경계가 급격하게 와해하는 추세이다. 예술, 예술작품에 대한 다양한 견해와 관점이 있지만, 보편적 관점은 인간의 적극적 행위의 결과에 의한 인공성(人工性), 예술가의 의미 부여, 예술가의 독창적 예술 세계 등이다.

예술이란 한마디로 정의 내리기에는 매우 추상적이고 복잡하다. 예술의 기원은 인류의 역사와 함께 시작되었다. 예술은 인간의 총체적 삶 속 거의 모든 행위에 관련되어 우리의 경험을 고양시키며 인생의 중요한 가치와 연관된다.[3] 예술도서를 통해 "예술의 본질 및 기원에 관한 문제, 예술과 노동의 문제, 예술의 사회적 측면과 창조적 측면의 문제, 이데올로기적 상부구조로서 예술의 문제, 예술과 사회의 불균등한 발전의 문제, 예술과 현실의 관계에 관한 문제"(《예술이란 무엇인가》, 8쪽) 등을 다양한 시각에서 살펴볼 수 있다. 궁극적으로 예술도서를 읽는 것은 예술에 대한 이해뿐만 아니라 인간의 삶에 대한 총체적 이해를 접할 수 있는 계기가 된다.

스티브 잡스가 아이폰을 출시하면서 예술과 기술의 융합을 강조한 것이나, 마케팅의 가장 좋은 방법이 아트 마케팅이 되고 있는 최신의 흐름에서 예술도서는 21세기 통섭의 시대에 애호가의 교양 수준을 뛰어넘어 문화, 산업, 비즈니스의 전 영역으로 그 영향력이 확산되고 있다.

2. 예술도서는 어떻게 읽어야 하는가

사실 예술도서를 읽는 '정해진' 방법은 없다고 할 수 있다. 어떻게, 어떤 도서를 읽든 독자의 자유로운 의사와 선택이므로 읽는 방법을 제시하는 일이 어쩌면 터무니없는 일로 느껴진다. 먼저 예술, 그 자체가 인간의 창의적 과정과 결과의 산물이기에 자연과학과 달리 객관적 방법론을 제시하기 어려운 영역이다. 또한 예술작품에 대한 평가는 사람이 백인백색(百人百色) 이듯이 개인적 취향의 문제이다. 우리가 어떤 음식을 좋아하거나 싫어하는 것은 개인의 취향이므로 도덕적 잣대로 평가할 수 없다. 맛에 대한 개인의 취향과 같이 아름다움에 관한 기준과 평가도 상당히 주관적이기에 정

3 《예술 형식》, 두에인 프레블·세라 프레블. *Artforms*, Preble, Duane & Preble, Sarah, Pearson, 2003, p. 3.

량화된 평가를 하기가 어렵다. 하지만 예술작품에 대한 미적 판단의 객관적이고 절대적 기준은 존재하지 않더라도, 우리는 각자의 안목이나 취향에 의한 기준으로 평가하게 된다.

얼마 전 방송한 〈미스트롯〉과 〈미스터트롯〉이라는 프로그램을 열심히 시청했다. 전 국민을 열광하게 한 노래 경연 프로그램이었지만, 참가자들의 노래 실력을 엄밀한 잣대로 평가하기는 어려웠다. 심사자의 평가 기준도 다소 들쑥날쑥했다. 그런데도 최종 선정된 수상자들의 가창력이 뛰어났다는 데 이의를 제기하는 사람은 드물었다. 사람마다 가창력 평가 기준은 다를 수 있지만 뛰어난 가창력을 가진 가수 평가에 대한 심사위원과 대중들의 공통된 의견을 수렴할 수는 있다. 미적 판단도 이와 비슷하다. 주관적이지만, 동시대를 사는 많은 사람이 공유하는 미적 판단에서 공통분모, 즉 보편적 시각을 찾을 수 있다. 그래서 앞서 쓴 것처럼 '어떻게 예술도서를 읽을 것인가?' 혹은 '예술도서 제대로 읽는 법'의 절대적 기준은 없더라도, 여기서는 보편적 시각의 예술도서 읽는 방법을 살펴보려 한다.

읽기 전 선정 기준과 유형 살피기

책을 읽기 위한 준비 단계로 선정 및 채택이 필요하다. 선정의 기준은 예술도서의 주제별, 영역별 구분을 참고하면 좋다. 개인적 흥미와 관심도에 매스컴을 통한 도서 정보, 전문가나 지인의 추천도서, 도서관, 서점, 인터넷 서점 등의 정보를 더해서 도서를 선정해본다.

㉮ 제목, 목차 훑어보기

일반적으로 아마추어 애독자와 예술 분야 전공자의 선정에는 차이가 있을 수밖에 없다. 대부분의 아마추어는 개인적 취향에 따라 도서를 선정하는 경향이 크다. 초기 단계의 예술 애호가라면 개인적 취향에 따른 읽기 쉽고 이해하기 쉬운 입문서부터 단계적으로 읽는 것을 추천한다. 예술 전반을 이해하기 위한 입문서, 이미지가 많이 수록된 화집 등을 접하면 자연스럽게 다양한 분야에 관심을 가질 수 있다. 초기 단계부터 너무 어려운 이론 서적을 읽으면 흥미와 관심이 사라질 수 있다.

세부적으로 어떤 도서를 읽을 것인지 정하려면 도서의 제목, 저자, 목차 등을 전반적으로 훑어보고 구체적으로 계획한다. 서가나 인터넷 등에서 책을 선정할 때는 유형을 살펴보는 것이 좋다. 오늘날 많은 예술 관련 도서에는 역사·미학·비평적 측면이 혼재되어 있다. 그래서 단박에 유형을 분류하기란 쉽지 않겠지만, 제목, 목차, 서문 등을 살펴보면 개략적으로는 파악이 가능할 것이다.

㉯ 유형 분류하기

예술가의 작품 설명 및 이론에 기반한 도서는 매우 다양한 형태로 출간되어 있다. 대표적으로 예술가의 개념적 측면을 다룬 도서, 작품의 제작법 및 재료 등을 중심으로 한 역사적·비평적 도서가 있다. 시각예술 영역의 도서는 미술사, 디자인사, 미학, 예술철학 등의 이론서와 실기 제작 방법을 위한 도서, 전시회 관련 화집, 작가의 모노그래프, 신문, 잡지, 작품 비평과 용어사전 등이 있다.

- 미술사: 미술의 역사로 시각예술의 역사적, 연대기(年代記, Chronicle)적 서술에 기반하고 있다. 세부적으로 동양미술사, 서양미술사, 건축사, 디자인사, 공예사 등으로 분류할 수 있다. 국가에 따라서는 한국, 중국, 일본의 미술사 등으로, 시대에 따라 세분하면 한국미술사도 고대, 근대, 현대 등으로 분류할 수 있다.

- 미학, 예술철학: 미학, 예술철학 도서는 예술가의 작품 제작을 위한 조형 의지, 콘셉트에 기반하고 있다.
- 시각예술 용어사전: 관련 분야의 용어를 정리한 미술 용어사전, 디자인 용어사전, 미학사전 등이다.
- 실기 제작: 드로잉, 유화, 조각, 판화, 도자기, 섬유공예, 사진 등의 실제 작품을 제작하는 방법, 재료 등에 관한 서적이다.
- 전시 도록: 시각예술 전시의 주제, 예술가 그룹, 개인 예술가의 도록 등 전시회를 개최하면서 제작한 서적이다.
- 작가 모노그래프(Artist monograph): 1인 예술가의 책(Artist Book) 또는 화집이다. 일반적으로 작가 일대기와 작품을 중심으로 작가의 글, 비평 등을 담고 있다. 개인 예술가 회고전의 경우에 전시 도록과 작가 모노그래프가 거의 유사하게 제작되기도 한다.
- 예술 관련 잡지: 예술 관련 월간지, 계간지, 격주간지, 주간지 등으로 오늘날 인쇄 매체뿐만 아니라 전자출판으로 출간되는 잡지도 다수이다.
- 대중매체: 신문, 잡지, TV, 인터넷 블로거, 유튜브 등 대중매체에서의 예술 관련 글과 이미지이다.
- 전시장의 팸플릿과 라벨: 전시장의 무료 배포용 팸플릿과 브로슈어, 박물관, 미술관, 갤러리 등의 벽면 라벨이나 디지털 라벨을 말한다. 전통적으로 라벨은 벽면에 인쇄된 텍스트를 붙이는 것이지만, 디지털 기술의 발달로 텍스트를 전시장의 벽면에 투사해 전시 정보를 전달하기도 한다. 전시장의 벽면 라벨은 전시장 입구에서 전시 전반에 관한 정보를 소개하는 전시 소개 라벨과 각 전시장의 방(코너)마다 전시 세부 정보를 알려주는 섹션 라벨, 작품의 이름표라 할 수 있는 각 작품 라벨 등이 있다. 정보의 내용과 규모에서는 전시 소개 라벨이 가장 큰 규모라면 작품 라벨이 가장 작은 형태이다. 일반적으로 전시된 작품의 벽면 오른쪽 하단에 붙

여진 작품 라벨에는 예술가, 작품 제목, 제작 연도, 표현 기법과 재료, 작품 사이즈, 작품 소장처 등에 관한 정보가 기재되어 있다.

- 디지털 가이드: 전시 개요 및 작가, 작품을 설명하는 문장을 음성으로 전환해 정보를 제공한다. 일반적으로 디지털 가이드로 설명하는 예술작품에는 전시장 벽면 작품 라벨에 이어폰 이미지(🎧)를 표시한다.

예술도서 읽기

일반적으로 말하는 예술도서란 예술가와 그의 작품에 관한 다양한 사회·문화적 배경, 표현 기법 및 재료 등을 인문학 기반에서 서술한 책이다. 단계적이고 수준별 독서가 요구되는 자연과학, 공학 등의 영역과는 다르겠지만, 아마추어 독자라면 초기에는 예술 분야도 전반적 이해를 위한 기초적인 책들부터 읽는 것이 좋다. 예술도서를 읽어야 하는 이유 중의 하나가 문화예술 전반에 대한 이해와 시대적 통찰력을 기르는 것이다. 처음에는 개인적 관심과 취향을 따르다가 어느 정도의 호기심이 충족되고 관심이 커지면 점차 다양한 영역으로 뻗어나가면서 균형 있게 읽는다.

목차를 보면서 책을 시대별이나 작가별로 쪼개고, 동시에 작품 이미지를 살피면 설명된 내용을 더 쉽게 이해할 수 있을 것이다. 전문용어는 용어사전을 참고하고 번역본이라면 가능한 최신판을 읽는 게 좋다. 육하원칙과 키워드를 중심으로 도서 및 작품을 분석할 수 있다면 한 단계 발전된 독서가 가능하다. 대표적 예술사조, 대표 작가, 대표 작품 등을 살펴보는 것도 도움이 된다.

㉮ 다양한 영상 정보 접하기

만약 반 고흐의 작품에 관심을 두고 독서를 한다면 고흐의 화집이나 영상 자료 등을 참고한 후 점진적으로 전문 서적을 읽는 것도 좋은 방법이다. 암스테르담의 고흐 미술관 홈페이지에 들어가서 전시장 영상을 시청하면 마치 미술관을 방문해 도슨트의 설명을 듣는 것처럼 상세한 정보를 얻을 수 있다. 물론 유튜브를 통해서도 정보를 얻을 수 있지만, 미술관 공식 홈페이지의 정보는 전문가에 의해서 감수된 가장 신뢰할 만한 내용이다.

한편으로 예술가의 일대기를 그린 예술 영화를 시청하는 것도 방법이다. 반 고흐를 주제로 다수의 영화가 제작되었는데 유화 애니메이션인 〈러빙 빈센트〉(2017)를 보면 고흐의 일대기와 작품을 쉽게 이해할 수 있다. 비단 고흐뿐만 아니라 〈진주 귀걸이를 한 소녀〉(2003), 〈카미유 클로델〉(1988), 〈우먼 인 골드〉(2015), 〈폴락〉(2000), 〈바스키아〉(1996) 등과, 국내의 경우에는 조선 말기 화가 장승업에 관한 〈취화선〉(2002) 등을 통해 예술가의 일대기와 작품, 제작 방법 등을 쉽게 이해할 수 있다. 예술 영화를 볼 때는 논픽션의 다큐멘터리인지 감독의 상상력에 의한 픽션이 섞여 있는지도 살펴봐야 한다. 많은 예술 영화에는 감상자가 흥미를 유발하기 위해 각색한 부분이 있는데, 감상자가 영화의 내용을 논픽션으로 착각할 우려가 있는 것도 사실이다. 예술 영화를 통해 작가의 예술 전반을 시청각적으로 이해할 수 있으며, 영화 속에 재현된 그림을 그리는 과정을 통해 작품을 더 쉽게 이해할 수 있다. 폴락을 다룬 책들이 '액션페인팅' 표현 기법에 관해 상세하게 서술하지만 독자들은 구체적인 내용을 이해하지 못할 수도 있다. 그러나 영화 〈폴락〉에서 캔버스 안에 들어가서 물감을 뿌리는 영상을 보면 재현한 것이라 해도 단박에 우리는 액션페인팅을 이해할 수 있다. 이처럼 영상의 힘은 글보다 즉각적일 수 있다.

21세기 영상 이미지의 대세 속에서 비디오의 사회적 힘을 드러내는 대표적 서적이 《유튜브 컬처(Videocracy)》이다. 예술 독서를 하는데 시각적 이미지, 특히 영상 이미지는 매우 좋은 보조 매체가 된다. 그러나 "유튜브 다음은 종이책"이란 소설가 한강의 말처럼 종이책의 중요성은 아무리 강조해도 지나치지 않을 것이다. 비디오 이미지를 적절히 활용하면서 독서와 병행한다면 예술도서 읽기를 위한 좋은 방편이 될 수 있다.

㉯ 목차 보면서 책읽기

좋은 책은 제목, 목차, 내용이 논리적으로 상호연계되어 있다. 도서의 뼈대 역할을 하는 목차를 살피면서 책을 읽으면 맥락을 파악하기 쉽다. 특히 분량이 많은 이론 도서의 경우 목차에서 전체 책의 흐름과 내용을 개략적으로 파악하고 읽기 시작하면 독서가 훨씬 수월하다. 목차를 복사해서 읽은 부분을 확인해나가는 방법도 있다. 특히 분량이 많은 서양미술사, 한국미술사 등의 도서를 읽을 때 유용한 방법이다.

㉰ 쪼개 읽기

미술사, 미학, 예술철학에 기반한 예술이론 도서 대부분이 3백 쪽 이상이며 화집이나 전시 도록에 비해 텍스트 중심으로 구성되어 있다. 특히 미술사 관련 도서는 선사시대부터 현대에 이르기까지의 양식과 사조, 작가, 작품 등을 수록하고 있기에 읽기도 전에 분량에 압도당하는 경우가 많다. 이러한 책들은 끝까지 읽어야 한다는 선입견을 버리고 목차를 보면서 관심 있는 부분부터 쪼개 읽기를 권장한다. 고대, 중세, 근대 등 시대별로 읽거나 표현 양식, 작품 유형, 작가 등으로 분류해서 읽고, 읽은 부분을 목차에 체크한다. 방대한 분량의 도서는 목차와 미술사 연대표를 복사해서 옆에 두고 쪼개 읽으면 문맥 파악이 훨씬 쉽다.

㉱ 이미지를 보면서 책읽기

시각예술 도서에는 설명하는 작품이 같이 수록된 경우가 많으나 그렇지 않다면 화집이나, 소장 미술관, 박물관 홈페이지, 구글 이미지 검색 등으로 찾아보면서 읽는 것이 좋다. 예술 분야는 상대적으로 다른 전공에 비해 이미지가 수록된 도서가 많지만, 20세기 중반 이후의 시각 이미지는 저작권 문제로 수록량이 적은 편이다. 상세한 작품 이미지 검색은 구글 아트앤드컬처(Google Arts & Culture)의 홈페이지(artsandculture.google.com)로 들어가서 예술작품(Artsworks) 또는 박물관(Museums)을 찾으면 고해상도의 작품을 감상할 수 있다. 또한 작품을 소장한 박물관, 미술관 홈페이지로 들어가는 방법도 있다. 작품의 소장처를 알지 못해도 대부분 구글 아트앤드컬처에서 검색하면 찾을 수 있을 것이다.

㈒ 용어사전 참고하기

모르는 단어는 용어사전에서 찾아보면서 개념을 정확하게 이해할 필요가 있다. 사전에서는 필요한 용어만 선택적으로 읽고 참고하면 된다. 국내에는 월간미술의 《세계미술용어사전》이 출간되어 있고, 월간미술의 디지털 백과사전 아카이브에서 용어를 검색할 수도 있다. 시각예술에 관한 전문용어는 외래어, 외국어가 다수이며, 특히 프랑스어가 많다. 아방가르드(Avant-garde), 야수파(Fauvisme), 초현실주의(Surréalisme), 오브제(Objet), 콜라주(Collage), 데콜라주(Décollage), 앗쌍블라주(Assemblage), 데뻘라스망(Déplacement), 데페이즈망(Dépaysement) 등의 단어가 프랑스어다. 오늘날에도 문화예술의 도시이긴 하지만, 20세기 전반부 명실상부한 세계 예술의 중심지가 프랑스 파리였기 때문이다. 이러한 프랑스어 용어는 영어로 번역해 사용하지 않는 것이 관례다. 프랑스어 원어 발음에 기준해서 한국어로 기재한다.

㈥ 최신판 읽기

국내에 출간된 서양미술, 디자인 도서 다수가 해외 저자가 쓴 책의 번역본이다. 좋은 번역본도 많지만 '세상의 모든 번역은 오역이다.'라는 말처럼 번역은 어려운 작업이라서, 번역본을 읽고도 내용을 이해하기 어려운 경우가 종종 있다. 번역본의 가장 이상적인 읽기는 원본과 번역본을 대조해서 읽는 것이다. 하지만 현실적으로 대부분 독자가 원작까지 읽을 여건과 문해력을 얻기는 어렵다. 국내 번역본이 출간될 때 초기 번역자와 개정증보판 번역자가 다른 경우가 종종 있다. 최신판은 개정과 증보를 통해서 번역 문장과 사실관계가 개선된 경우가 많다. 국내 도서라도 미술사 및 미술이론 관련 도서는 점진적으로 현대에 가까운 내용을 추가해서 개정하는 경우가 많기에 가능한 최신판을 선택해 읽을 것을 권한다.

㈦ 육하원칙으로 도서 및 작품 분석하기

육하원칙(5W1H)에 준해서 책의 내용을 한눈에 파악할 수 있다. 육하원칙은 역사적으로 로마의 웅변가 키케로가 변론술에 사용했을 뿐만 아니라, 오늘날 저널리즘에서 정보 수집을 위한 가장 필수적인 연구 방법이다. 기사 서술에서 명확한 정보 전달을 위한 핵심인 중심인물 누가(Who), 무슨 사건이(What), 언제(When), 어디서(Where), 왜(Why) 발생했는가의 육하원칙은 예술도서 및 세부의 작품의 체계적인 분석과 서술에 활용되고 있다.(《조형예술작품 분석 및 글쓰기》, 124-125쪽 참조) 육하원칙을 활용해 도서의 주제, 유형, 사회, 문화적, 시대적 배경 및 예술의 발생 지역과 장소, 대표 예술가, 재료와 표현 기법 등을 살펴볼 수 있다. 보다 세부적으로 육하원칙을 작품 분석에 활용해 작품 콘셉트, 작품 제작 연도 및 시대적 배경, 작품 제작 장소, 작품에 묘사된 주요 인물, 개별 표현 양식과 재료와 기법 등을 분석할 수 있다. 여러분이 예술도서를 읽을 때 육하원칙에 준해서 살펴본다면 보

5W1H	내용	세부 내용
What	• 도서의 주제, 유형은 무엇인가?	제목, 목차, 도서 유형
When	• 도서가 다루고 있는 시대는 언제인가?	사회, 문화적, 시대적 배경
Where	• 도서의 배경, 무대, 장소는 어디인가?	예술의 발생 지역 및 장소
Who	• 도서의 주요 예술가는 누구인가?	대표 예술가
Why	• 왜 예술가는 이러한 경향의 작품을 표현했는가?	주요 표현 양식
How	• 어떠한 재료와 제작 기술로 작품을 제작했는가?	물질적 재료와 표현 기법

예술도서 분석을 위한 육하원칙

다 체계적인 독서가 될 것이다.

㉴ 도서 및 작품의 키워드 찾기

육하원칙과 함께 핵심 단어를 작성해본다. 키워드는 5~6개 미만으로 채택하고 가장 중요한 순서대로 키워드를 제시한다. 키워드를 찾는 훈련을 통해서 도서의 내용 및 작품을 빠르게 이해할 수 있다.

㉶ 사조, 대표 작가, 대표 작품 찾기

미술사 책이나 작가 연구에 기반한 도서를 읽을 때, 사조와 사조에 속한 대표적 작가, 그리고 작가의 대표적 양식의 작품 3~5점을 시대순으로 찾는 훈련을 통해서 미술사 도서를 더 빠르게 학습할 수 있다.

예술도서를 읽은 후

독자 스스로가 예술 글쓰기의 주체가 될 수도 있다. 글쓰기의 형식에 구애받지 말고 1~2장 내외의 짧은 독서감상문, 서평, 작품비평 등을 작성해본다. 작품 분석 및 글쓰기는 비평가나 미술사가의 전문적인 영역이라 간주하지만, "미술에 대하여 글을 쓰는 것은 흥미를 끌거나 자극을 주거나 당혹감을 주는 작품에 대한 우리의 반응을 설명하고 또 그 이유를 밝히기 위한 것이다."(《미술품 분석과 서술의 기초》, 34-35쪽) 글을 쓰기 위해서 우리는 작품을 여러 번 보고 깊이 생각하게 되므로, 글을 쓴다는 것은 작품을 분석할 수 있는 역량을 배양하는 방법의 하나다.

초기 단계의 예술 글쓰기는 '약도'를 그리듯이 주요한 사실을 알기 쉽고 간결하게 기술하면 된다. 특히 도서를 읽고 난 후에는 자신의 견해를 논리정연하게 설명하는 간결하고 논리적인 구조의 글쓰기가 중요하다. 그러나 예술에 관한 서술은 과학의 논제나 도덕적 가치 기준과는 다른 측면을 가진다. 예술 글쓰기는 마치 눈으로 작품을 감상하는 것과 같이 글을 통해서 읽는 사람이 작품을 이해할 수 있도록 해야 한다. 예술도서를 읽고 난 후에는 나름대로 책의 내용이나 작품에 대한 짧은 글을 쓰는 연습을 한다. 이렇게 하면 빠르게 논리적 사고와 예술에 관한 관점을 확립할 수 있다.

3. 나는 어떻게 쓰는가

다음 글은 〈결, 지나가다〉의 전시 리뷰이다. 개인적인 글쓰기 소회를 여기에 풀어놓기보다는, 직접 쓴 글 한 편을 통해 예술 비평문이란 어떤 것인지 공유하는 걸 선택했다. 2018년《월간 도예》10월호에 기고한 글이다.

〈결, 지나가다〉 정경미 유리조형전

2018. 09. 12~18. KBS 본관 시청자 갤러리

정경미의 유리조형전 〈결, 지나가다(Gyeol, Flowing by)〉에서 결은 그의 작품 세계를 반영하는 대표적 조형 언어이다. 그의 작품은 물, 나무, 돌, 바람 등의 자연에 대한 관찰에서 출발하고 있다. 정경미는 지속적인 자연의 관찰을 바탕으로 간결하고 유기적인 형상으로 작품을 표현하고 있다. 자연(自然)의 물결, 나뭇결, 돌결, 바람결을 재해석한 그의 유리작업에서 자연의 결이 예술의 언어로 재탄생되고 있다.

순수한 우리말인 결은 나무와 돌 등이 시간의 흐름 속에서 일정하게 켜를 지으면서 형성된 바탕의 상태나 무늬 등을 의미한다. 결은 숨결, 마음결, 무심결, 꿈결, 물결, 나뭇결, 돌결, 비단결, 살결, 얼떨결, 아침결, 점심결, 저녁결, 잠결 등과 같이 다양한 단어와 합성해 많은 의미를 내포하고 있다. 결은 겨를의 준말로 '지나가는 사이' '도중'을 의미하며 다양한 결의 합성어는 모두 시간의 의미를 지니고 있다.

정경미는 대학에서 경영학을 전공하고 외국계 기업에서 직장생활을 하다가 작품을 시작했다. 도자공예에 입문하면서 그는 경희대학교 아트퓨전디자인 대학원에서 도자·유리를 전공했다. 중년에 입문했지만 정경미는 왕성하게 작품 활동을 하면서 자신만의 정체성을 찾아가는 신진 작가라 할 수 있다. 2015년 첫 개인전 〈결을 느끼다〉(갤러리 IS)를 기점으로 해 프랑스의 갤러리(Galerie Métanoïa)에서 〈한국의 봄: La Corée au fil des saisons〉(2017) 기획전, 월간지 《미술세계》의 〈시인이 만난 화가전〉(2018) 등에 초대되었다. 2018 KBS 시청자갤러리의 초대전 〈결, 지나가다〉의 대표 작품 〈신갈호수〉, 〈청보리 I, II, II〉, 〈대나무 I, II〉, 〈하늘나무 I, II〉는 유리공예라기보다는 회화적인 유리조형 작품이라 할 수 있다. 그의 작업 과정을 살펴보면 신갈호수, 청보리, 대나무 등 자연의 이미지를 직접 사진으로 촬영해 디지털 프린트한 후 그 위에 평면 유리(plate glass)를 부착했다. 그 뒤에 캐스팅(cast cold worked)한 유기적 형상의 오브제를 부분적으로 부착해 평면 유리 위에 부조적인 느낌을 타블로 이미지로 표현했다. 이러한 정경미의 유리조형 작품은 전통적인 쓰임새 중심의 유리공예에서 작가의 미학적 표현성에 중점을 둔 작품 세계의 표현이라 할 수 있다.
전통적으로 공예는 사용하는 주재료와 표현 기법에 따라 분류되는 것이 일반적이라면, 정경미의 유리조형작업은 현대의 일군(一群)의 작가들에 의해 행해지는 유리공예의 또 다른 경향으로 전통적인 공예의 장인적인 기술이나 실용성에서 거의 탈피해 작가의 조형 의식에 입각한 예술 세계를 표현한 것이다. 일명 유리공예의 오브제화, 공예를 뛰어넘는(Beyond Craft)는 유리조형 작품 세계라 할 수 있다.
정경미의 조형 언어인 결은 그의 대표 작품인 〈신갈호수〉, 〈청보리 I, II, III〉, 〈대나무 I, II〉, 〈하늘나무 I, II〉에서 바람결, 나뭇결, 물결 등은 움직임과 고요함의 이항 대립적 요소가 절묘한 조화를 이루고 있다. 그의 결의 미학에 기반한 작품 세계는 움직임의 동(動)과 고요함과 정(靜)의 세계를 반영하는 정중동(靜中動)의 평정의 정신을 반영한다. 정중동은 움직임을 가지나 평정심을 가지며, 고요한 가운데 움직이는 들숨과 날숨같이 움직임과 고요함의 상반된 것이 조화를 이루는 것이다. 정중동(靜中動)의 상호 대립된 정과 동의 운동성과 파동은 한쪽으로 치우치지 않는 동양의 중용(中庸) 정신과 일맥상통하다. 이처럼 정경미가 추구하는 예술 세계는 자연의 이치와 섭리에 순응하는 이(理)의 정신세계와 조응한다고 할 수 있다.
유리조형 작품과 함께 생활공예품 디자인을 위해 왕성하게 활동하고 있는 그는 현재 소하 아트 스튜디오(SOHA Art Studio)를 운영하고 있다. 소하(SOHA:素夏)는 정경미 작가의 '호'로써, 한여름에 태어난 사람을 의미한다. 일관된 자연의 결에 대한 탐구에 기반한 그의 작품은 잔잔함 속에 보이는 내면의 뜨거움을 표현하며, 조용하며 정적인 것처럼 보이지만 끊임없이 흔들리는 자연의 역동성을 표현하고 있다. 현재 진행형인 정경미 작가의 왕성한 유리조형 작품 세계를 기대해본다.

1~2장 내외 분량의 글에서 유리공예가 정경미의 전반적 작품 세계, 개인 약력, 그의 전반적 조형관과 세부 작품 소개, 표현 기법 등을 언급했다.

작품 사진 등 이 글의 전문은 소하 아트 스튜디오(www.sohafineart.com) 또는 《월간 도예》 홈페이지(www.cerazine.co.kr)에서 찾아볼 수 있다. 《미술품의 분석과 서술의 기초》에 언급되어 있듯이 비평문을 읽으면서 작품을 감상하고 비평하고 예술에 관해 글쓰는 방법을 배울 수 있으니 다양한 비평문을 찾아 읽어보길 권한다.

4. 예술도서의 맥락 읽기

여기서는 다섯 권의 도서를 중심으로 예술도서의 맥락을 짚어보려고 한다. 첫 번째 책은 곰브리치의 《서양미술사(The Story of Art)》이다. 이 책이 서양미술의 흐름을 파악하기 위한 입문서라면 김원룡·안휘준의 《한국미술의 역사》는 선사시대부터 조선시대 말기까지의 한국미술사를 살펴볼 수 있는 개론서이다. 니나 크랜젤의 《구스타프 클림트》는 1인 예술가의 생애와 작품을 서술한 모노그래프이며, 이진숙의 《위대한 미술책》은 20세기의 유명한 60여 권의 예술도서를 다섯 개의 유형으로 분류해 소개한다. 마지막으로 실반 바넷의 《미술품 분석과 서술의 기초》는 미술작품 분석을 위한 방법론과 글쓰기 방법을 상세하게 서술하는 책이다. 이러한 예술도서는 미학·예술학적 분석, 미술사적 분석을 위시해, 작가의 전기 연구, 심리학적 연구, 조형적 분석 등을 활용해 서술된다. 다양한 방법론이 한 권의 도서나 비평에 서로 혼재되어 적용되고 있다.

• 에른스트 H. 곰브리치, 《서양미술사》(1950)

가장 쉬운 미술사 입문서로 알려진 이 책은 1950년 영국의 파이돈 출판사에서 초판 출간된 이래로 현재까지 7백만 부 이상 판매되었다. 역사상 가장 많이 팔린 예술도서이다. 타임지가 선정한 역대 논픽션 도서 백 권(All-TIME 100 Nonfiction Books) 안에 들 정도로 세계적으로 인지도가 높다. 현재 16번째 개정판(1995년)이 출간되었으며 30개 이상의 언어로 번역되어 있다. 국내에는 1970년대에 번역본인 《서양미술사(The Story of Art)》로 출간되었으며, 현재 파이돈 출판사와 계약된 정식 판본은 예경 출판사에서 나오고 있다. (이해를 돕기 위해 앞으로 원서는 *The Story of Art*로 표기하겠다.)

빈 태생의 영국 미술사학자인 곰브리치는 히틀러가 오스트리아를 합병하기 전인 1936년에 영국으로 이주했다. 빈에서 유년기와 청년기를 보내면서 빈대학교에서 미술사 박사학위를 취득한 그는 클래식 음악에도 조예가 깊었다. 곰브리치의 어머니와 부인이 피아니스트였고 자신도 첼로를 연주하면서 미술사가로서 예술에 관한 폭넓은 이해와 공감대를 가졌다. 그가 영국으로 이주했을 당시의 영국미술사학은 전문가 집단을 중심으로 연구되었으며 다소 고답적 측면을 가지면서 대중과 거리가 있었다. 반면에 곰브리치는 빈의 문화적 분위기에 기반해 청소년과 대중 독자를 대상으로 미술에 관한 이야기를 쉽게 기술하게 되는데 그 책이 *The Story of Art*이다.

《곰브리치 세계사》(1936)

1936년에 출간된 독일어판 *Eine kurze Weltgeschichte für junge Leser*(A Short History of the World for Young Readers)가 없었다면, 곰브리치가 *The Story of Art*를 쓰지 못했을 거라고, 그의 손녀는 이야기했다. 이 말은 곰브리치 사후에 출간된, 독일어판의 영어 번역판인 *A Little History of the World*의 서문에 실려 있다. 국내에는 《곰브리치 세계

사》로 알려진 이 책은 곰브리치가 박사 학위를 취득한 후 직업이 없던 어려운 상황에서 쓴 것이다. 1935년 출판사의 부탁을 받고 6주 만에 독일어로 완성했다고 한다. 독일어판을 2005년 영어로 번역해 출간한 후 다시 여러 개의 언어로 번역본을 내면서 세계적으로 유명해졌다. 한국어판《곰브리치 세계사》는 현생인류의 출현 이전부터 현재에 이르기까지의 세계의 중요한 역사적 사건을 이야기로 풀어 쉽게 서술하고 있다. 《곰브리치 세계사》와 유사한 형식과 글쓰기로 곰브리치는 런던에서 *The Story of Art*를 썼다. 미술 이야기와 역사도 결국 세계 역사 가운데 시각예술에 관한 부분을 다루기에 *The Story of Art*는《곰브리치 세계사》와 깊은 연관성이 있다.

영어권 미술사 도서 대부분이 제목에 *The History of Art*를 사용하는데, 곰브리치는 책제목으로 *The Story of Art*를 사용했다. 미술사의 의미보다 미술, 또는 예술에 관한 '이야기'란 측면을 강조하고 있다. 당시에는 연대기적 기술과 양식의 서술에 기반한 미술사 서적이 대부분이었다면 곰브리치는 이러한 전통적인 미술사 서술 방법을 지양하고 미술의 이야기를 전하고자 했다. 곰브리치는 복잡한 개념을 평이한 용어와 쉬운 이야기로 서술하는 데 뛰어난 재능을 가졌다. 그래서 역사 기술에 바탕을 둔 기존 미술사 도서와 비교하면 이 책은 상대적으로 훨씬 쉽게 읽을 수 있다.

*The Story of Art*의 국내 번역본인《서양미술사》는 제목의 Story를 '사(역사)'로 해석하고 있다. 이는 문화권의 차이를 고려한 번역의 결과다. "시각예술의 역사에 대한 가장 접근하기 쉬운 소개 중 하나"라는 파이돈의 리뷰처럼 영어권에서 이 책은 청소년과 예술 입문자를 위한 도서로 분류된다.

그러나 번역된 책의 제목이 암시하는 것처럼 우리나라 청소년이나 대중에게 이 책은 그렇게 쉽지만은 않다. 국내에서는 미술 애호가 사이에서 널리 읽히는 대표 서적이며 동시에 대학의 〈서양미술사〉 교과목 참고문헌으로 채택되고 있다. 이야기하듯이 쉽게 썼다 하더라도 서양 문화권에 관한 이해가 부족하다면 대학생이 읽는 것도 그렇게 녹록지는 않을 것이다.

이 책은 타 미술사 도서와 비교하면 연대기나 사조에 관한 언급을 가능하면 피하고 있다. 개인적으로는 사조와 표현 양식, 기초 개념에 관한 정확한 이해가 없이는 미술사 책의 내용과 맥락을 파악하기 어렵다고 생각한다. 미술사(Art history)는 역사적 맥락에서 예술작품을 탐구하고 해석하는 학문이다. 그래서 미술작품의 역사적 변천 과정, 특히 양식(style)의 특성을 중심으로 한 연대기적 연구(Chronological study)에 바탕을 두고 있다. 인류 조형 표현의 역사인 미술의 역사(미술사)는 일명 양식의 역사라 칭할 수 있으며, 시대에 따른 양식의 분류가 가장 대표적인 방법이다. 특히 근대 이후의 서양미술에서는 신고전주의·낭만주의·사실주의·인상주의·큐비즘 등의 뚜렷한 양식의 역사가 이어져 내려왔다. 곰브리치는 1977년 제13판을 개정증보하면서 책의 마지막에 연대표를 삽입했다. 하지만 책의 뒷부분에 있는 연대표를 본문을 읽으면서 참고하기가 불편할 수 있다. 간략한 서양미술사 연대표를 인쇄해서 옆에 두고 읽으면 훨씬 쉽게 이해할 수 있다. 한가지, 연대표를 옆에 두면서 조심할 점도 있다. 예를 들면 20세기의 가장 유명한 예술가였던 피카소(1881-1973)의 경우 큐비즘의 대표 작가라는 인식이 강하다. 그래서 자칫 그의 작품 대부분을 큐비즘 경향으로 착각하기도 한다. 피카소는 91세까지 장수했을 뿐만 아니라 생전에 다작했던 대표적인 예술가이다. 그는 큐비즘뿐만 아니라 다양한 표현 양식의 작품을 제작했다. 작품도 회화, 조각, 도자기, 판화, 연극 무대 디자인 등 다양한 영역을 아우른다. 큐비즘 시대(1907-1914)에 제작했다 할지라도 다른 양식의 작품

활동을 하기도 했다. 그러므로 시대에 따른 양식적 분류는 때로는 작가의 개성 및 이념에 따른 다양한 표현을 하나의 틀에 넣음으로써 도식화할 위험성이 존재한다. 이러한 위험성에도 미술사 관련 서적을 읽을 때 양식의 특성을 살펴보는 것은 시대별 예술의 표현 특성을 쉽게 이해하는 데 꼭 필요하기 때문이다.

대부분의 미술사 관련 서적에서 흔히 선사시대 예술, 이집트, 그리스, 로마, 중세, 르네상스, 바로크, 로코코, 신고전주의, 낭만주의 등의 사조를 목차의 제목으로 언급하고 그 시대의 대표 작가를 서술한다면 곰브리치《서양미술사》에서는 그 시대나 문화권의 큰 특징을 각 장의 제목으로 정하고 세부적으로 그 안에서 미술가들의 작품을 서술하고 있다. 그러므로 책을 읽을 때 목차와 기존의 연대표에서 시대를 참조하면서 보면 다소 오차가 있을 수는 있지만 사조와 거의 맞닿아 있게 된다.

《서양미술사》의 본문은 서론과 28개의 장으로 구성된다. 서론의 '미술과 미술가들에 관해'의 첫머리는 "미술(Art)이라는 것은 사실상 존재하지 않는다. 다만 미술가들이 있을 뿐이다(There really is no such thing as Art. There are only artists)."(《서양미술사》, 15쪽)라는 두 문장으로 시작된다. 미술이란 정해진 실체가 존재하는 것이 아니고, 시대마다 다양한 작품을 제작한 미술가들이 있었다는 점을 강조하고 있다. 곰브리치는 저자로서의 역할은 책을 읽는 사람들이 "참신한 눈으로 그림을 보고 그 그림 속에서 새로운 발견의 항해"(《서양미술사》, 37쪽)를 할 수 있도록 돕는 일이라 말한다.

1장의 선사시대 예술과 토착 문화를 시작으로 마지막 28장에는 20세기 중후반의 미술작품을 서술하고 있다. 1장부터 28장까지 각 장에서 하나 또는 여러 문화권, 지역적 맥락 속의 미술을 다룬다. 제2차세계대전 무렵인 1950년, 초판이 발행될 당시에는 마지막 장인 27장에 피카소, 달리, 쟈코메티, 마그리트 등의 20세기 초반의 미술가를 다뤘다. 그러나 이 책이 대중적 인기를 얻으면서 제11판부터 곰브리치는 28장인 '끝이 없는 이야기'를 삽입하고 점진적으로 수정 보완했다. 28장에는 추상표현주의 화가인 잭슨 폴록, 프란츠 클라인, 신비주의 작품과 옵아트, 팝아트, 포스트모더니즘과 건축, 루치안 프로이트, 데이비드 호크니, 앙리 브레송에 이르는 작가들을 언급하고 있다. 특히 마지막 부분에 영국의 예술가인 루치안 프로이트, 데이비드 호크니에 관해 상당히 많은 부분을 할애하고 있는데 이는 귀화한 영국의 문화적 토대가 곰브리치에게 상당히 영향을 끼쳤다는 것을 보여준다.

이 책은 예술의 전체적 맥락을 이해하는 데 많은 참고가 될 것이다. 하지만 1950년에 초판 출간되어 부분적으로 개정증보를 했다고 해도, 상대적으로 20세기 현대미술에 관한 서술은 미약하다. 20세기의 현대미술을 학습하고자 할 때는 현대미술과 동시대 미술을 구체적으로 다룬 도서를 따로 참고할 필요가 있다. 또한 건축, 조각, 공예 등 세부적인 시각예술을 학습할 때는 각 분야를 더 구체적으로 다룬 도서를 읽어야 할 것이다.

곰브리치《서양미술사》에 언급된 미술작품 대부분은 유럽 문화권이 차지하고 있다. 마지막 장에 미국의 추상표현주의를 언급했지만, 미술의 역사 서술도 결국 융성한 문화권 중심의 기술이 대부분이다. 7장에서도 이는 여실히 나타나고 있는데, 곰브리치는 이슬람과 중국의 미술을 중심으로 '동방의 미술'을 언급한다. 한국어판 서문에서는 이 책에 한국미술에 관한 언급이 없는 것은 중요성을 인정하지 않아서가 아니라 직접 경험하지 못해서 논할 수가 없기 때문이라고 서술하고 있다. 물론 나름의 이유가 있겠지만 결국 미술에서 국가의 위력이 작용한다는 점을 무시할 수 없다. 1950년대만 해도 한국의 미술은 중국이나 일본에 비교해 대외적으로 덜 알려져 있었다. 대영박물관의 아시아 전시관 한국관을 방문했을 때 중국과 일본 전시에 비해 작품 소장이나 전시 기획이 약한 것을 보고 약간 의 기소침해졌던 기억이 있다. 이후에 국내 대기업의 후원과 함께 2014년 대영박물관 한국관이 재단장했다는 것을 언론을 통해서 알게 되어 반가웠다. 결국 한국미술을 알리는 것도 우리의 몫이다. 그 외에 한 권으로 전반적인 서양미술의 흐름을 파악할 수 있는 책을 추천한다면 호스트 월드마잰슨의《서양미술사》, 캐롤 스트릭랜드의《클릭 서양미술사》등을 들을 수 있다.

• 김원룡·안휘준,《한국미술의 역사》(1993)

한국미술을 연구한 도서는 많지만, 선사시대부터 조선시대에 이르는 한국미술 통사를 다룬 개론서는 몇 권 되지 않는다. 김원룡·안휘준의《한국미술의 역사》는 선사시대부터 조선시대 말까지의 미술 전반을 서술한 한국미술에 관한 입문서이다. 우리나라는 19세기 말 격동의 시대와 20세기 일제강점기를 거치면서, 상대적으로 유럽이나 아시아의 중국, 일본 등에 비해 체계적인 한국미술사 연구의 역사가 길지가 않다.

최초의 한국미술 통사는 독일인 선교사 안드레 에카르트의《조선미술사(Geschichte der koreanischen Kunst)》(1929) 또는 일본의 건축사가인 세키노 타다시(1867-1935)의《조선미술사(朝鮮美術史)》(1932)로 간주된다. 현재 한국어 번역본이 출간되어 있지만 두 권은 모두 외국인의 관점에서 서술되었다. 세키노 타다시의《조선미술사》는 일본어로 저술되었다. 세키노 타다시의《조선미술사》《조선의 건축과 예술》(1941) 등은 체계적으로 한국의 미술품을 조명했다는 측면에서 자료적 가치는 있지만, 일제 관학자의 시각에서 썼기 때문에 우리 미술의 요체를 제대로 파악하지 못했다는 평가를 받는다. 일제강점기 최초의 한국인 미술사가로 알려진 고유섭(1905-1944)은 '조선 탑파' 등 많은 연구를 했으나, 40살 전에 짧은 생을 마감했다. 알려진 고유섭의《조선미술사》는 그의 사후 논문을 엮어 펴낸 유작집이다. 그래서 해방 전에는 한국인의 시각에서 펴낸 한국미술 통사 서적이 없다는 것이 일반적 시각이다.

김원룡의 《한국미술사》는 한국인의 시각과 미술사적 연구 방법으로 선사시대부터 조선시대 말기까지 우리나라의 미술 전체를 조망한 최초의 책이다. 《한국미술의 역사》는 1968년 김원용이 처음으로 출간한 《한국미술사》에 기반해 그의 사후 안휘준에 의해서 공동으로 출간되었다. 이 책은 서론과 총 9장으로 구성되어 있는데, 기존의 《한국미술사》와 유사하게 선사시대부터 고구려, 백제, 신라, 고려, 조선시대까지 연대기적 기술을 하고 있다. 《한국미술사》에서는 가야의 미술을 신라에 포함해 하나의 장으로 서술했다면, 《한국미술의 역사》에서는 가야의 미술에 동등한 지위를 부여해 하나의 장으로 분리해 서술했다. 발해의 미술을 한국미술사로 편입시켰으며 회화, 조각, 공예, 건축 등으로 세분화해 더 상세하게 서술한 것이 특징이다. 또한 한국미술사를 전공한 안휘준 교수는 이 책의 회화 부분을 대폭 보완해 저술했다.

《한국미술의 역사》는 선사시대, 고구려, 백제, 신라, …로 이어지는 각 장에서 먼저 시대 전체를 개략적으로 살펴보고 뒤이어 미술작품의 유형에 따른 회화, 조각, 공예, 건축 등의 내용을 서술한다. 선정한 미술작품은 그 시대의 유형을 대표하는 작품으로 표현 양식, 역사적 의의, 전후의 시대적 변천 과정을 체계적으로 파악할 수 있게 배치했다. 이 책을 읽을 때 한국사를 같이 읽는다면 역사적 맥락을 쉽게 파악하면서 동시에 미술작품을 감상하고 이해할 수 있는 계기가 될 것이다. 앞에서도 언급했지만, 미술의 역사는 결국 인류 역사의 한 부분이다. 한국미술사도 포괄적 의미에서 한국사 속 조형의 역사란 측면에서 연대표와 개략적 시대에 관한 이해를 바탕으로 읽으면 훨씬 쉽다. 이 책은 분량이 거의 7백 쪽 정도 된다. 620여 개의 이미지가 포함되어 있다 하더라도 방대한 내용을 단박에 읽고 이해하기는 힘들기 때문에 목차를 보고 장별로 나누어서 읽는다.

또 시대를 초월한 한국미의 특성은 무엇인지 생각하면서 이 책을 읽기를 권한다. 한국미는 인접한 중국과 일본의 미와는 어떠한 차이가 있을까? 한국, 중국, 일본 모두 국기에 빨간색을 사용하고 있는데 색의 명도와 채도에 차이가 있다. 그렇다면 삼 개국이 사용하는 빨강의 상징과 의미의 차이점은 무엇일까? 이런 점을 생각하면서 서양과는 다른 동양의 미, 혹은 21세기 한국의 미는 무엇일까를 생각해보면 좋을 것이다.

이 책의 장점은 선사시대부터 조선 말기까지 미술의 영역을 객관적 시각에서 균형감 있게 배치한 점이다. 회화, 건축, 조각, 특히 불교 조형물 위주 기존의 서술에서 벗어나 민속의 영역으로 분류할 수 있는 다양한 공예품, 석물 등을 포괄적으로 미술사의 연구 영역으로 다루고 있다. 대부분 미술사의 공예품 서술은 도자기를 중심으로 언급하는데 금속공예와 목칠공예까지 다루며, 미술사 전공자가 아닌 일반 독자들도 쉽게 이해할 수 있도록 가능한 명확하고 쉽게 설명하고 있다. 그러나 조선시대 말기까지만 서술하고 있는 부분은 다소 아쉬움으로 남는다. 20세기 한국미술은 서구의 영향으로 19세기 이전의 한국미술과 너무나 다른 다양한 표현 양식으로 존재하기 때문에 하나로 묶기가 어려울 것이다.

나도 대학 시절 한국미술사를 배우면서 관련 서적들을 읽었다. 당시에는 서울대학교 출판문화원에서 출간한 김원용의《한국 고미술 이해》문고판을 교재로 사용했는데 지금도 서가에 꽂혀 있고 가끔 참고하고 있다. 사실 이 책을 세 번이나 샀다. 20대의 혈기에 열심히 읽겠다고 문고판을 들고 다녔는데 깜박 어디에다 두고 와서 두 번이나 잃어버렸다. 쉽지 않은 한국미술사를 이해하겠다고 내용이 압축된 문고판을 들고 다니면서 수시로 조금씩 읽으려 한 선한 의지였다고 스스로 위안해본다. 대학 시절 미술이론 관련 수업들은 참 어렵게 다가왔다. 열심히 들었던 미학, 서양미술사,

한국미술사의 최종 성적은 별로였다. 서양미술사는 외국어, 특히 프랑스어를 많이 사용했다. 한국미술사 교재에는 한자가 많아서 읽기가 어려웠고, 옥편을 찾더라도 명쾌하게 이해하지 못하는 경우가 많았다. 작품 이미지는 수업 시간 교수님이 짧게 보여주는 슬라이드를 참고했다. 총천연색으로 작품의 이미지가 뛰어난 미술사 관련 서적은 도서관에서나 볼 수 있었다. 당시의 나에게 화집 구입은 언감생심이었다.

오늘날에는 누구나 쉽게 그림을 감상할 수 있다. 국립중앙박물관, 삼성리움미술관(한국전통미술관), 호암미술관 홈페이지는 한국의 전통미술을 감상하고 많은 정보를 얻을 수 있는 대표적 인터넷 사이트이다. 특히 디지털 기술을 활용한 가상전시(VR Tour)를 하므로 시공간을 초월해 한국미술을 감상할 수 있는 좋은 기회를 제공한다.

• 니나 크랜젤, 《구스타프 클림트》(2007)

황금의 화가로 칭해지는 구스타프 클림트(1862-1918)는 19세기 말에서 20세기 초반 빈의 대표적인 예술가로 꼽히고 있다. 음악의 도시로 알려진 빈을 방문하는 관광객들은 베토벤, 브람스, 모차르트 등 세계적 음악가들이 잠들어 있는 중앙묘지를 참배하며 음악가의 숨결을 느낀다. 하지만 빈의 대표적 화가인 클림트를 회상하기 위해서도 엄청난 관광객이 방문하고 있다. 그의 황금기의 대표 작품인 〈키스〉가 소장된 벨베데레 궁전과 복원된 그의 작업실은 대표적인 관광 명소이다. 이미 백여 년 전에 작고한 클림트의 숨결을 오늘날 도처에서 발견할 수 있다. 대학원생 조교의 책상에 작은 액자로 클림트의 〈키스〉가 놓여 있는 것을 보고 무심코 "지금 연애하나봐."라고 마음속 한마디를 속삭였더니… 조교는 속마음을 들킨 듯이 화들짝 놀라며 나를 보았다. 이 작품은 사랑이 싹트기 시작한 연인들이 선호하는 그림이기도 하다. 물론 원작을 소장하는 건 불가능하겠지만, 클림트의 아트 상품이 국내에서도 인기가 많아서 쉽게 그의 그림을 접할 수 있다.

《구스타프 클림트》는 그의 예술 세계를 조망한 모노그래프이다. 모노그래프(monograph)는 mono(one)+graph(write)의 합성어로 하나의 주제나 관점, 또는 예술가 한 명에 관한 글이나 전시를 의미한다. 모노그래프는 일본어에서 유래한 단행본(單行本)과 같은 의미로 사용된다. 신문이나 잡지에 연재되는 형식과는 달리 한 번의 출판으로 발행이 완료된 책을 의미한다. 특히 작가의 전시회를 개최하면서 제작하는 '전작 도록'(카탈로그 레조네, catalogue raisonné)은 단행본의 형식으로 출판되는 경우가 대부분이다. 화가나 조각가의 카탈로그 레조네는 작가의 미학적, 상업적 가치를 판단할 수 있는 중요한 기준이 되며 동시에 세월이 흐른 뒤에 작품의 진위를 판단할 수 있는 기준이 되기도 한다.

이러한 예술가의 모노그래프는 작가 사후에 저술되는 경우가 많다. 작가의 생전에도 작품에 관해 비평하고 도록을 제작하지만, 일반적으로 객관적 서술에 기반한 미술사적 평가는 사후에 한다. 미술비평과 미술사 연구는 연구 방법에서 다소간의 차이가 있다. 미술사적 연구는 미술작품에 대한 지식을 제공해주고, 미술작품을 통해 한 시대의 사조를 이해할 수 있게 한다. 미술사가는 문헌 기록을 통해서 과거의 상황과 사고방식을 재구성한다는 의미에서 일종의 실증적 사회과학자로 여기기도 한다. 반면에 비평은 미술작품에 대한 비평가의 평가를 알려준다. 미술사 연구가 사실성, 역사성에 바탕을 두고 있다면 비평은 비평가의 미적 판단의 주관성이 중요한 연구의 관점이다. 비평가는 작가나 작품을 소개해서 감상자들이 작품을 상세하게 관찰할 수 있도록 조명하는 역할을 담당한다.(《새로운 조형예술의 이해》, 226-227쪽) 이러한 미술비평문은 문학비평문과 큰 차이가 없으며 미술가의 행위를 대화의 세계로 끌어들이는 것이다. 미술 분야의 많은 저자들은 미술 역사와 미술비평을 혼용해 사용하거나(《미술품의 분석과 서술의 기초》, 205-209쪽) 두 가지를 동시에 적용해 저술하고 있다. 예를 들면 클림트 그림의 관능적인 여인들은 20세기 초반에는 포르노그래피로 분류되었는데 그것은 당시 비평 기준에 의한 것이며, 오늘날 미술사적인 관점에서의 평가는 다르다.

《구스타프 클림트》는 독일의 작가인 니나 크랜젤이 2006년 출간한 독일어판을 한국어로 번역한 책이다. 정통한 미술사가 시점에서 서술한 것이 아니라 미술사를 전공했지만 기자, 음악가로 활동하는 저술가의 관점에서 서술했기 때문에 연대기적 기술 방법을 지양하고 있다. 특히 저자는 클림트가 살았던 당시 빈의 예술적 분위기와 생애, 그의 예술 배경을 이루는 여인과 모델, 황금기 그의 작품 등을 에세이처럼 쉽게 서술하고 있다. 이 책은 200여 쪽으로 구성되어 있는데 그중 60~70퍼센트가 클림트 작품 등의 시각 이미지이며, 글이 상대적으로 많지 않다.

이 책은 6장으로 구성되어 있는데 첫 장의 '그때 그 시절'을 읽을 때는 19세기 말 20세기 초 빈의 시대적 상황과 문화예술의 도시 빈에서 활동했던 대표적인 사상가, 문인, 음악가, 화가 등을 상상해보면 좋을 것이다. 두 번째 장에서는 빈 분리파 시기를 언급하고 있다. 당시 그의 작품 경향을 유겐트슈틸(Jugendstil, Young Style)이라고 하는데 독일어 문화권에서 칭하는 아르누보 양식이다. 이는 식물의 유기적 모티브의 장식적 표현 경향이 주류를 이룬다. 그러므로 클림트의 작품을 감상하려면 그의 대표적 표현 양식이라 할 수 있는 상징주의, 아르누보, 빈 분리파 등의 개념과 표현 양식을 살펴보면서 책을 읽는 것이 필요하다. 세 번째 장에서는 그의 대표 작품 〈키스〉 〈아델레 블로흐-바우어의 초상 I〉을 위시한 황금색 장식의 표현 시기를 언급하고 있다. 클림트의 가장 유명한 작품들이 황금색으로 화려하게 표현된 최고의 시기이다. 황금빛과 화려한 색채의 표현을 중심으로 한 작품 경향은 금세공사였던 아버지의 영향이 지대하였다. 클림트는 반

〈아델레 블로흐-바우어의 초상 I〉, 구스타프 클림트, 1907. 캔버스에 유화, 금박과 은.

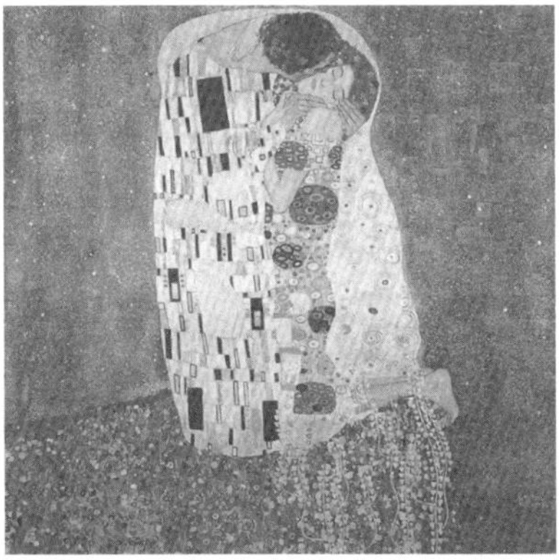

〈키스(연인)〉, 구스타프 클림트, 1907-1908. 캔버스에 유화와 금박.

고흐와 달리 살아생전에 상당한 유명세와 부를 축적한 화가이다. 클림트의 작품 세계를 분류하자면 세 개의 시기인 빈 분리파 시기(Wiener Sezession, 1897-1905), 황금기(Golden phase and critical success, 1898(1907-)), 말년기(1911-1918)로 나눌 수 있다. 그러나 이 세 시기는 모두 20여 년밖에 되지 않으며 서로 중첩되어 있다.

클림트의 예술 세계는 여러 편의 영화로 제작되었다. 영화 〈우먼 인 골드〉(2015)에 등장하는 대표 작품은 〈아델레 블로흐-바우어의 초상 I〉이다. 이 작품은 독일 나치당에 의해서 압류당한 뒤에 최종적으로 오스트리아 정부의 소유가 되면서 빈의 벨베데레 궁전에 전시되었다. 그러나 미국에 거주하는 조카 등의 공동 상속자들이 오스트리아 정부와의 오랜 법정 투쟁 끝에 2006년 클림트의 작품들을 되찾았다. 이러한 실화를 바탕으로 제작한 영화가 〈우먼 인 골드〉이다. 소송에 이긴 후 상속자들은 〈아델레 블로흐-바우어의 초상 I〉을 2006년 크리스티 경매에서 판매했으며, 현재 이 작품은 뉴욕의 노이에 갤러리에 소장되어 있다. 법정 소송으로 이 작품은 세계적으로 엄청난 유명세를 끌었으며 2006년 경매시장에서 135만 달러라는 최고가에 거래되었다.

이 책을 읽으면서 오늘날 왜 이렇게 다양한 클림트 그림에 연관된 문화상품(아트 포스터, 넥타이, 우산, 도자기, 작은 액자, 열쇠고리 등)들이 디자인되고 판매되는지, 왜 대중들은 그의 그림과 문화상품을 선호하는지, 당시에는 포르노로 스캔들을 일으킨 그림들이 왜 오늘날 우리의 낭만과 환상을 자극하는지 포르노그래피의 기준은 무엇인지 등을 생각해볼 수 있다. 이러한 시각에서 클림트의 작품은 오늘날까지 현재진행형이다.

- **이진숙, 《위대한 미술책》(2014)**

《위대한 미술책》은 미술 관련 도서를 소개하는 안내서이다. 작가 이야기, 서양미술사, 한국미술, 미술이론과 비평, 미술시장과 컬렉터로 미술에 관련된 도서를 나누어 총 62권을 소개한다. 이 책의 장점은 미술 관련 도서의 유형을 분류하고 유명한 도서를 선정해 상세하게 제시하고 있다는 측면이다. 특히 5부의 '미술시장과 컬렉터'에서는 소장 및 경매 등을 경제학의 관점에서 서술한 책들을 소개한다. 르네상스 시대 대표적 문화예술의 후원자인 메디치 가문과 20세기 대표적 미술수집가이자 후원자인 페기 구겐하임, 현대의 대표적 슈퍼 컬렉터인 찰스 사치에 관한 서적을 소개하고 있다. 또한 간송 전형필을 위시하여 조선시대 이후 한국 예술품 소장의 역사와 대표적인 소장가들을 서술하고 있다. 이 책에는 20세기 중후반에 출판된 많은 명저도 포함되어 있다. 개인적으로 최근 10~20년 내외에 출판된 서적을 '위대한 책'으로 간주하는 건 다소 과장된 측면이 있다고 생각하지만, 이것은 상징적 의미로 생각할 수 있다.

책 속에서 제시한 62권의 도서 중에서 37권이 해외 도서의 번역본이다. 한국미술 부분을 제외하면 70퍼센트 이상을 번역본이 차지하고 있다. 저자가 머리말에서 언급한 것과 같이 한국의 조형교육과 대부분의 미술이론

과목이 서양식 교육에 치중된 경향이 크다. 현재 대학의 이론 교육도 한국화 전공을 제외하면 서양미술사, 서양미술 이론 중심의 편중된 교육을 하고 있다. 이 책에서는 서양미술사뿐 아니라 3부의 '한국미술사'에서 이에 대한 내용을 비중 있게 제시하고 있다. 이 책은 2014년에 출판되었는데 그동안 시각예술에 관한 다양한 도서들이 추가로 출판되었다. 개인적으로는 뉴미디어에 관련된 예술가, 미학 학제 간 연구 등에 기반한 도서 등을 추가해 개정증보하면 어떨까 생각해본다.

- **실반 바넷, 《미술품의 분석과 서술의 기초》(2003)**

이 책은 미술작품의 서술뿐만 아니라 그에 대한 관점을 가지게 하는 대표적 서적이라 할 수 있다. 예술 관련 도서를 읽을 때 언제나 그 중심은 예술가의 작품이다. 시각예술 작품에 관한 서술은 결국 작가의 콘셉트, 제작 의도와 작품의 시각적 형태를 바라보는 것이다. 시각예술은 청각예술과 비교하면 대부분이 물질로써 존재하기 때문에 우리가 작품을 바라보면서 동시에 분석하는 것이 중요하다.

영문학 교수인 실반 바넷(1926-2016)은 이 책을 저술하기 전 대학생을 위한 글쓰기 지침서인 《문학에 관한 짧은 글쓰기 지침(*A Short Guide to Writing about Literature*)》(1968, 1th ed)을 출간하였다. 이러한 간략한 안내서(A Short Guide) 형식을 시각예술 영역에 접목하여 1981년 출간한 책이 《미술품 분석과 서술의 기초(*A Short Guide to Writing about Art*)》이다. 포괄적 의미에서 문학적 글쓰기와 시각예술 글쓰기의 기본 유형은 분석의 대상이 문학과 시각예술이란 차이점을 제외하면 유사한 측면이 많다.

앞서 예술 독서의 마지막 단계에서 읽은 책을 바탕으로 한 짧은 글쓰기를 제안했다. 시각적 감상, 분석에 기반해 글쓰기가 시작되기 때문에 그 방법이 궁금하다면 이 책을 참고하면 된다. 이 책은 다양한 회화, 조각, 건축

고려 사항	작품 감상할 때 고려할 사항
개인적 반응	• 무엇이 작품에 대한 나의 첫 번째 반응인가?
제작 연도	• 언제, 어디에서 작품이 만들어졌는가?
장소	• 원래 어느 장소에서 작품이 보이도록 되었는가?
작품 보존	• 어떠한 상태로 작품이 보존되어 왔는가?
제목	• 제목이 무엇인가? 그 제목이 작품을 이해하는 데 도움을 주는가?

작품 감상할 때 기본적 고려 사항

등의 작품을 분석하고 글로 서술하는, 예술에 대한 글쓰기를 위한 안내서이다. 총 12개의 장으로 구성되었는데 미술 글쓰기의 필요성부터 미술작품을 분석하고 구체적으로 서술하기, 전시 도록, 비평문, 학술 및 학위논문 글쓰기에 이르기까지 다양한 유형의 글쓰기 방법을 안내한다. 또한 예술작품의 대표적 비평 방법인 마르크스주의, 페미니즘, 심리학, 도상학과 도상해석학, 미술사학 등의 연구 방법을 서술한다. 체계적인 글쓰기를 위한 연구 주제 정하기, 자료 찾기, 읽기와 요점 정리, 초고 쓰기와 수정하기 등의 글쓰기를 위한 방법론과 주석, 참고문헌 표기 등에 관한 글쓰기의 집필 형식도 상세하게 보여주고 있다. 예술작품을 감상하고 자신의 생각을 논리적으로 정리해 글로써 표현하는 방법과 글쓰기의 기술적 측면을 언급하고 있는 이 책은 일반인과 전문가를 위한 '미술에 관한 글쓰기의 거의 모든 것'이다.

《미술품의 분석과 서술의 기초》를 읽은 후, 다양한 예술도서를 더 체계적으로 감상할 수 있으며 동시에 스스로 예술 글쓰기의 주체가 될 수 있다. 실반 바넷은 "미술에 대해 글을 쓰는 것은 흥미를 끌거나 자극을 주거나 또 당혹감을 주는 작품에 대한 우리의 반응을 설명하고 또 그 이유를 밝히기 위한 것이다. 문장을 종이 위에 쓰기 위해서는 앞에 있거나 머릿속에 인식된 작품에 대해서 두 번 또는 세 번씩 다시 보아야 한다."(《미술품 분석과 서술의 기초》, 34-35쪽)라고 했다. 그러므로 어떤 작품에 대해서 글을 쓴다는 것은 작품을 상세하게 바라보고 그것을 분석할 수 있는 역량을 배양하는 방법의 하나인 것이다. 가장 간단한 사례로 작품에 대한 반응, 제작 연도, 장소 등의 기본적 사항을 고려해 작품을 감상하면서 동시에 그것에 기반해 작품에 관한 글쓰기를 할 수 있다.(《미술품 분석과 서술의 기초》, 34-35쪽) 작품의 감상과 감상문, 비평문 글쓰기는 상보적이다.

예술에 관한 글쓰기는 작품을 보는 것과 같은 방식으로 글로 서술함으로써 다른 사람이 작품을 이해할 수 있도록 한다. 동양의 서법(書法)과 화법(畫法)은 상통하므로 그 근원이 같다는 서화동원(書畫同源)처럼 글씨(書)를 잘 쓰면 그림이 더욱 돋보인다. 글의 구조와 논리의 전개 방법을 배우는 것은 작품을 돋보이게 하는 계기가 될 수 있다. 예술작품을 논리정연하게 서술하기 위한 시각적 글쓰기(visual literacy)는 매우 중요하며 이러한 글쓰기는 다양한 인문학 분야 글쓰기에도 적용될 수 있다.

윤민희 경희대학교 예술디자인대학 디자인학부 교수로 재직하고 있다. 조형예술 이론 전반에 관한 교육을 담당하고 있으며, 주요 연구 분야는 조형예술의 융합연구 및 교육, 논문작성법 등이다. 저서로 《문화의 키워드, 디자인》《새로운 조형예술의 이해》《조형예술 작품 분석 및 글쓰기》 등이 있다.

도서 목록

1. 교양도서 읽는 법

《갈릴레이 두 우주 체계에 대한 대화》, 정창훈 글, 유희석 그림, 주니어김영사, 2018.
《객주》, 이두호, 김주영 원작, 바다출판사, 2015.
《게놈 익스프레스》, 조진호, 위즈덤하우스, 2016.
《과학 VS 과학 : 과학은 합의가 아니라 대립을 통해 성장한다》, 박재용, 개마고원, 2020.
《과학혁명의 구조》, 토머스 쿤, 김명자·홍성욱 옮김, 까치, 2013.
《관점 VS 관점 : 미래 사회의 과학기술 논쟁지도》, 이종보, 개마고원, 2019.
《국가: 올바름을 향한 끝없는 대화》, 플라톤, 송재범 엮음, 풀빛, 2005.
《국화와 칼》, 루스 베네딕트, 박규태 옮김, 문예출판사, 2008.
《그래비티 익스프레스》, 조진호, 위즈덤하우스, 2018.
《글 잘 쓰는 법, 그딴 건 없지만》, 다나카 히로노부, 박정임 옮김, 인플루엔셜, 2020.
《내가 책을 읽는 이유》, 기시미 이치로, 전경아 옮김, 인플루엔셜, 2020.
《논어, 사람의 길을 열다》, 배병삼, 사계절, 2014.
《니체의 위험한 책, 차라투스트라는 이렇게 말했다》, 고병권, 그린비, 2003.
《다시, 책으로》, 메리언 울프, 전병근 옮김, 어크로스, 2019.
《다이너마이트 니체》, 고병권, 천년의상상, 2016.
《담요》, 크레이그 톰슨, 박여영 옮김, 미메시스, 2012.
《대학 강의》, 전호근, 동녘, 2017.
《도덕경》, 노자, 오강남 엮음, 현암사, 1995.
《독서의 즐거움》, 수전 와이즈 바우어, 이옥진 옮김, 민음사, 2020.
《돈으로 살 수 없는 것들》, 마이클 샌델, 안기순 옮김, 와이즈베리, 2012.
《맹자 : 바른 정치가 인간을 바로 세운다》, 장형근, 한길사, 2010.
《맹자, 마음의 정치학》, 배병삼, 사계절, 2019.
《맹자, 진정한 보수주의자의 길》, 이혜경, 그린비, 2008.
《묵자, 사랑, 그리고 평화를 향한 참지식인의 길》, 묵자, 박영하 옮김, 풀빛, 2006.
《미생》, 윤태호, 더오리진, 2019.
《미셸 푸코의 「광기의 역사」 읽기》, 허경, 세창미디어, 2018.
《미셸 푸코의 「지식의 고고학」 읽기》, 허경, 세창미디어, 2016.
《미움받을 용기》, 기시미 이치로, 고가 후미타케, 전경아 옮김, 인플루엔셜, 2014.
《반일 종족주의》, 이영훈 외, 미래사, 2019.
《사건의 철학》, 이정우, 그린비, 2011.
《사냥꾼, 목동, 비평가》, 리하르트 다비트 프레히트, 박종대 옮김, 열린책들, 2020.

《삼국지》, 고우영, 문학동네, 2021.
《생각에 관한 생각》, 대니얼 카너먼, 이창신 옮김, 김영사, 2018.
《생각을 넓혀주는 독서법》, 모티머 J. 애들러, 찰스 밴 도렌, 멘토, 2012.
《생각하지 않는 사람들》, 니콜라스 카, 최지향 옮김, 청림출판, 2020.
《서경》, 이세동, 을유문화사, 2020.
《세상에서 가장 재미있는 세계사》, 래리 고닉, 이희재 옮김, 궁리, 2010.
《소크라테스의 변명 : 진리를 위해 죽다》, 안광복, 사계절, 2004.
《송곳》, 최규석, 창비, 2017.
《순자》, 김학주 옮김, 을유문화사, 2008.
《시경》, 정상홍 옮김, 을유문화사, 2014.
《아리스토텔레스의 정치학, 행복의 조건을 묻다》, 유원기, 사계절, 2009.
《아웃라이어》, 말콤 글래드웰, 노정태 옮김, 김영사, 2019.
《어느 아나키스트의 고백》, 안토니오 알타리바·킴, 해바라기 프로젝트 옮김, 길찾기, 2013.
《언더그라운드 니체》, 고병권, 노순택 사진, 천년의상상, 2014.
《열강의 소용돌이에서 살아남기》, 허동현·박노자, 푸른역사, 2005.
《오직 독서뿐》, 정민, 김영사, 2013.
《우리 역사 최전선》, 허동현·박노자, 푸른역사, 2003.
《유리알 유희》, 헤르만 헤세, 이영임 옮김, 민음사, 2011.
《유튜브는 책을 집어삼킬 것인가》, 김성우·엄기호, 따비, 2020.
《이야기의 숲에서 한비자를 만나다》, 한비자, 이상수 엮음, 2007.
《일단, 오늘 1시간만 공부해봅시다》, 양승진, 메멘토, 2019.
《장자 강의》, 전호근, 동녘, 2015.
《장자》, 장자, 오강남 옮김, 현암사, 1999.
《저널리즘》, 조 사코, 최재봉 외 옮김, 씨앗을뿌리는사람, 2014.
《정의란 무엇인가》, 마이클 샌델, 김명철 옮김, 와이즈베리, 2014.
《제국의 후예》, 카터 에커트, 주익종 옮김, 푸른역사, 2008.
《중용, 극단의 시대를 넘어 균형의 시대로》, 신정근, 사계절, 2015.
《중용》, 이동환 옮김, 현암사, 2008.
《진화한 마음》, 전중환, 휴머니스트, 2019.
《책읽기의 달인, 호모 부커스 2.0》, 고종석 외, 그린비, 2009.
《천하나의 고원》, 이정우, 돌베개, 2008.
《천하대혼돈》, 슬라보예 지젝, 강우성 옮김, 경희대학교 출판문화원, 2020.
《총, 균, 쇠》, 재레드 다이아몬드, 김진준 옮김, 문학사상사, 2005.

《카탈로니아 찬가》, 조지 오웰, 정영목 옮김, 민음사, 2001.
《쿤의 과학혁명의 구조》, 박영대·정철현, 최재정·황기홍 그림, 작은길, 2015.
《탈진실의 시대, 역사부정을 묻는다》, 강성현, 푸른역사, 2020.
《팔레스타인 가자 지구 비망록》, 조 사코, 정수란 옮김, 글논그림밭, 2012.
《팔레스타인》, 조 사코, 함규진 옮김, 글논그림밭, 2002.
《플라톤 국가 강의 : 정의롭고 좋은 삶에 관한 이야기》, 이종환, 김영사, 2019.
《플라톤의 국가, 정의를 꿈꾸다》, 장영란, 사계절, 2008.
《피케티의 「21세기 자본」 바로읽기》, 신중섭 외, 백년동안, 2014.
《하비비》, 크레이그 톰슨, 박중서 옮김, 미메시스, 2013.
《한글세대가 본 논어》, 배병삼, 문학동네, 2002.
《한비자》, 김원중 옮김, 휴머니스트, 2016.
《21세기 자본》, 토마 피케티, 장경덕 옮김, 글항아리, 2014.
《21세기를 위한 21가지 제언》, 유발 하라리, 전병근 옮김, 김영사, 2018.

• **시리즈**
〈고유서가 첫단추 시리즈〉, 고유서가
〈리라이팅 클래식〉, 그린비
〈비타 악티바 : 개념사〉, 책세상
〈세창명저산책〉, 세창미디어
〈주니어 클래식〉, 사계절
〈지식인마을〉, 김영사
〈청소년 철학창고〉, 풀빛
〈e시대의 절대사상〉, 살림

2. 문학도서 읽는 법

《고리오 영감》, 오노레 드 발자크, 박영근 옮김, 민음사, 1999. / 이동렬 옮김, 을유문화사, 2010.
《국어선생은 달팽이》, 함기석, 걷는사람, 2019.
《날개 환상통》, 김혜순, 문학과지성사, 2019.
《데이지 밀러》, 헨리 제임스, 최인자 옮김, 펭귄클래식코리아, 2009.
《로빈슨 크루소》, 대니얼 디포, 김병익 옮김, 문학세계사, 2009. / 류경희 옮김, 열린책들, 2011.
《모비딕》, 허먼 멜빌, 황유원 옮김, 문학동네, 2019.

《모파상 단편선》, 기 드 모파상, 김동현·김사행 옮김, 문예출판사, 2006.
《몸의 일기》, 다니엘 페나크, 조현실 옮김, 문학과지성사, 2015.
《문학이란 무엇인가》, 장 폴 사르트르, 정명환 옮김, 민음사, 1998.
《변신》, 프란츠 카프카, 이주동 옮김, 솔, 2017.
《변신·시골의사》, 프란츠 카프카, 전영애 옮김, 민음사, 1998.
《섬》, 정현종, 문학판, 2015.
《소설의 기술》, 밀란 쿤데라, 권오룡 옮김, 책세상, 2004.
《수건은 젖고 댄서는 마른다》, 천수호, 문학동네, 2020.
《안나 카레니나》, 레프 니콜라예비치 톨스토이, 박형규 옮김, 문학동네, 2009.
《어느 겨울밤 한 여행자가》, 이탈로 칼비노, 이현경 옮김, 민음사, 2014.
《여인들의 행복 백화점》, 에밀 졸라, 박명숙 옮김, 시공사, 2012.
《여자짐승아시아하기》, 김혜순, 문학과지성사, 2019.
《위대한 개츠비》, F. 스콧 피츠제럴드, 김욱동 옮김, 민음사, 2010.
《윌리엄 포크너 : 에밀리에게 바치는 한 송이 장미 외 11편》, 윌리엄 포크너, 하창수 옮김, 현대문학, 2013.
《이방인》, 알베르 카뮈, 김화영 옮김, 민음사, 2019.
《이성과 감성》, 제인 오스틴, 윤지관 옮김, 민음사, 2006.
《일곱시 삼십이분 코끼리열차》, 황정은, 문학동네, 2008.
《입 속의 검은 잎》, 기형도, 문학과지성사, 1989.
《죽음과 죽어감》, 엘리자베스 퀴블러 로스, 이진 옮김, 청미, 2018.
《죽음의 에티켓》, 롤란트 슐츠, 노선정 옮김, 스노우폭스북스, 2019.
《타인의 고통》, 수전 손택, 이재원 옮김, 이후, 2004.
《파라다이스》, 토니 모리슨, 김선형 옮김, 들녘, 2001.
《파리의 우울》, 샤를 보들레르, 윤영애 옮김, 민음사, 2008. / 황현산 옮김, 문학동네, 2015.
《피어라 돼지》, 김혜순, 문학과지성사, 2016.

3. 인문고전 읽는 법

《공산당 선언》, 카를 마르크스·프리드리히 엥겔스, 이진우 옮김, 책세상, 2018.
《관용론》, 볼테르, 송기형·임미경 옮김, 한길사, 2016.
《국가》, 플라톤, 천병희 옮김, 도서출판 숲, 2013.
《김수영 전집》, 김수영, 이영준 엮음, 민음사, 2018.

《나의 라임 오렌지나무》, J. M. 바스콘셀로스, 박동원 옮김, 동녘, 2020.
《난장이가 쏘아올린 작은 공》, 조세희, 이성과힘, 2000.
《내 영혼이 따뜻했던 날들》, 포리스트 카터, 조경숙 옮김, 아름드리미디어, 2014.
《노자도덕경주》, 왕필, 김시천 옮김, 전통문화연구회, 2017.
《논어》, 공자, 오세진 옮김, 홍익, 2020.
《논어, 사람의 길을 열다》, 배병삼, 사계절, 2014.
《니코마코스 윤리학》, 아리스토텔레스, 천병희 옮김, 도서출판 숲, 2013.
《대학 강의》, 전호근, 동녘, 2017.
《대학·중용》, 주희, 김미영 옮김, 홍익, 2015.
《도덕경》, 노자, 오강남 엮음, 현암사, 1995.
《맹자》, 맹자, 박경환 옮김, 홍익, 2021.
《사회계약론》, 장 자크 루소, 김영욱 옮김, 후마니타스, 2018.
《상군서》, 상앙, 신동준 옮김, 인간사랑, 2013.
《설국》, 가와바타 야스나리, 유숙자 옮김, 민음사, 2002.
《소크라테스의 변명》, 플라톤, 강철웅 옮김, 아카넷, 2020.
《소포클레스 비극 전집》, 소포클레스, 천병희 옮김, 도서출판 숲, 2008.
《수레바퀴 아래서》, 헤르만 헤세, 김이섭 옮김, 민음사, 2001.
《수사학/시학》, 아리스토텔레스, 천병희 옮김, 도서출판 숲, 2017.
《수서 경적지》, 위징·영호덕분, 권용호 옮김, 지만지, 2020.
《순자》, 순자, 김학주 옮김, 을유문화사, 2008.
《시학》, 아리스토텔레스, 이상섭 옮김, 문학과지성사, 2005.
《신역 굴원》, 장기근·하정옥, 명문당, 2015.
《안티고네》, 소포클레스, 황문수 옮김, 범우사, 2009.
《에밀》, 장 자크 루소, 이환 옮김, 돋을새김, 2015.
《연암집》, 박지원, 신호열·김명호 옮김, 돌베개, 2007.
《완역 대학장구 중용장구》, 김창환, 명문당, 2018.
《완역 사기본기》, 사마천, 김영수 옮김, 알마, 2020.
《인간불평등기원론》, 장 자크 루소, 주경복 옮김, 책세상, 2018.
《일리아스》, 호메로스, 천병희 옮김, 도서출판 숲, 2015.
《자본론》, 카를 마르크스, 김수행 옮김, 비봉출판사, 2015.
《장자 강의》, 전호근, 동녘, 2015.
《장자》, 장자, 안병주·전호근·김형석 옮김, 전통문화연구회, 2017.
《종의 기원》, 찰스 다윈, 장대익 옮김, 사이언스북스, 2019.

《추구집》, 유덕선 옮김, 홍문관, 2015.
《캉디드 혹은 낙관주의》, 볼테르, 이봉지 옮김, 열린책들, 2009.
《크리톤》, 플라톤, 이기백 옮김, 아카넷, 2020.
《한 권으로 읽는 조선왕조실록》, 박영규, 웅진지식하우스, 2017.
《한비자》, 한비자, 김원중 옮김, 휴머니스트, 2016.
《한서예문지》, 이세열 옮김, 자유문고, 2005.
《행복의 정복》, 버트런드 러셀, 김병호 옮김, 집문당, 2015.
《향연》, 플라톤, 박희영 옮김, 문학과지성사, 2003./강철웅 옮김, 아카넷, 2020.

4. 사회과학도서 읽는 법

《가치의 모든 것》, 마리아나 마추카토, 안진환 옮김, 민음사, 2020.
《감정 시대》, EBS 감정 시대 제작팀, 이현주 글, 월북, 2017.
《감정 자본주의》, 에바 일루즈, 김정아 옮김, 돌베개, 2010.
《거대한 전환: 우리 시대의 정치·경제적 기원》, 칼 폴라니, 홍기빈 옮김, 길, 2009.
《국가를 되찾자》, 힐러리 웨인라이트, 김현우 옮김, 이매진, 2014.
《느린 폭력과 빈자의 환경주의》, 롭 닉슨, 김홍옥 옮김, 에코리브르, 2020.
《능력주의와 불평등》, 홍세화 외, 교육공동체벗, 2020.
《니코마코스 윤리학》, 아리스토텔레스, 천병희 옮김, 도서출판 숲, 2013.
《다가올 민주주의》, 고쿠분 고이치로, 김윤숙 옮김, 오래된생각, 2016.
《대량살상 수학무기》, 캐시 오닐, 김정혜 옮김, 흐름출판, 2017.
《마르크스가 내게 아프냐고 물었다》, 류동민, 위즈덤하우스, 2012.
《모두를 위한 사회과학》, 김윤태, 휴머니스트, 2017.
《미국의 성장은 끝났는가》, 로버트 J. 고든, 이경남 옮김, 생각의힘, 2017.
《반자본 발전사전》, 볼프강 작스, 이희재 옮김, 아카이브, 2010.
《부동산 계급사회》, 손낙구, 후마니타스, 2008.
《불로소득 자본주의》, 가이 스탠딩, 김병순 옮김, 여문책, 2019.
《불평등의 대가》, 조지프 스티글리츠, 이순희 옮김, 열린책들, 2013.
《사당동 더하기 25》, 조은, 또하나의문화, 2012.
《사회학의 쓸모》, 지그문트 바우만·키스 테스터·미켈 H. 야콥슨, 노명우 옮김, 서해문집, 2015.
《사회학적 상상력》, C. 라이트 밀즈, 강희경·이해찬 옮김, 돌베개, 2004.

《사회학적으로 생각하기》, 지그문트 바우만·팀 메이, 박창호 옮김, 서울경제경영, 2011.
《생산 없는 이윤》, 코스타스 라파비차스, 송종운 옮김, 서울경제경영, 2020.
《선택이라는 이데올로기》, 레나타 살레츨, 박광호 옮김, 후마니타스, 2014.
《세습 중산층 사회》, 조귀동, 생각의힘, 2020.
《슬럼: 지구를 뒤덮다》, 마이크 데이비스, 김정아 옮김, 돌베개, 2007.
《시간은 어떻게 돈이 되었는가?》, 류동민, 휴머니스트, 2018.
《시골빵집에서 자본론을 굽다》, 와타나베 이타루, 정문주 옮김, 더숲, 2014.
《신자유주의와 인간성 파괴》, 리차드 세넷, 조용 옮김, 문예출판사, 2002.
《신자유주의의 탄생: 왜 우리는 신자유주의를 막을 수 없었나》, 장석준, 책세상, 2011.
《쓰레기가 되는 삶들》, 지그문트 바우만, 정준일 옮김, 새물결, 2008.
《아리스토텔레스 경제를 말하다》, 홍기빈, 책세상, 2020.
《아스팔트를 뚫고 피어난 꽃》, 가산 하게 외, 비자이 프라샤드 엮음, 추선영 옮김, 두번째테제, 2018.
《아이들의 계급투쟁》, 브래디 미카코, 노수경 옮김, 사계절, 2019.
《안녕들 하십니까?》, 안녕하지못한사람들, 안녕들하십니까 출판팀 엮음, 오월의봄, 2014.
《엘리트가 버린 사람들》, 데이비드 굿하트, 김경락 옮김, 원더박스, 2019.
《왜 가난한 사람들은 부자를 위해 투표하는가?》, 토머스 프랭크, 김병순 옮김, 갈라파고스, 2012.
《우리가 잘못 산 게 아니었어》, 엄기호, 웅진지식하우스, 2011.
《우리는 어떻게 괴물이 되어가는가》, 파울 페르하에허, 장혜경 옮김, 반비, 2015.
《우리는 왜 어른이 되지 못하는가》, 파울 페르하에허, 이승욱·이효원·송예슬 옮김, 반비, 2020.
《음모론의 시대》, 전상진, 문학과지성사, 2014.
《이것은 왜 청춘이 아니란 말인가》, 엄기호, 푸른숲, 2010.
《이것이 모든 것을 바꾼다》, 나오미 클라인, 이순희 옮김, 열린책들, 2016.
《일회용 청년》, 헨리 지루, 심성보·윤석규 옮김, 킹콩북, 2015.
《자본의 한계》, 데이비드 하비, 최병두 옮김, 한울, 2007.
《자유》, 지그문트 바우만, 문성원 옮김, 이후, 2002.
《작은 자본론》, 야니스 바루파키스, 정재윤 옮김, 내인생의책, 2017.
《저렴한 것들의 세계사》, 라즈 파텔·제이슨 무어, 백우진·이경숙 옮김, 북돋움, 2020.
《지금 다시, 칼 폴라니》, 와카모리 미도리, 김영주 옮김, 생각의힘, 2017.
《축출자본주의》, 사스키아 사센, 박슬라 옮김, 글항아리, 2016.
《커밍 업 쇼트》, 제니퍼 M. 실바, 문현아·박준규 옮김, 리시올, 2020.
《타락한 저항: 지배하는 '피해자'들, 우리 안의 반지성주의》, 이라영, 고유서가, 2019.

《탈성장 개념어 사전》, 자코모 달리사·페데리코 데마리아·요르고스 칼리스, 강이현 옮김, 그물코, 2018.

《팔꿈치 사회》, 강수돌, 갈라파고스, 2013.

《피로사회》, 한병철, 김태환 옮김, 문학과지성사, 2012.

《한국 신자유주의의 기원과 형성》, 지주형, 책세상, 2011.

《#혐오_주의》, 박권일 외, 알마, 2016.

《21세기 자본》, 토마 피케티, 장경덕 옮김, 글항아리, 2014.

《4차산업혁명이라는 거짓말》, 손화철 외, 북바이북, 2017.

《IMF 위기》, 은수미, 책세상, 2009.

• 시리즈

〈역동적 한국인 총서〉, 피어나, 2020.

1.《역동적 한국인의 탄생》, 김동춘·구자혁·오유석·정태석·김정훈·이창언

2.《한국인의 에너지, 평등주의》, 정태석

3.《한국인의 에너지, 민족주의》, 김정훈

4.《한국인의 에너지, 집단주의》, 구자혁

5.《한국인의 에너지, 가족주의》, 김동춘

6.《한국인의 에너지, 실용주의》, 이창언

5. 자연과학도서 읽는 법

《가이아》, 제임스 러브록, 홍욱희 옮김, 갈라파고스, 2004.

《개미제국의 발견》, 최재천, 사이언스북스, 1999.

《거대한 신, 우리는 무엇을 믿는가》, 아라 노렌자얀, 홍지수 옮김, 김영사, 2016.

《생명 설계도, 게놈》, 매트 리들리, 전성수·이동희·하영미 옮김, 김영사, 2016.

《기생충 제국》, 칼 짐머, 이석인 옮김, 궁리, 2004.

《글쓰기의 요소》, 윌리엄 스트렁크, 장영준 옮김, 월북, 2016.

《눈먼 시계공》, 리처드 도킨스, 이용철 옮김, 사이언스북스, 2004.

《다윈 이후》, 스티븐 J. 굴드, 홍욱희·홍동선 옮김, 사이언스북스, 2009.

《도덕적 동물》, 로버트 라이트, 박영준 옮김, 사이언스북스, 2003.

《독서의 기술》, 모티머 J. 애들러, 민병덕 옮김, 범우사, 1993.

《독서의 즐거움》, 수전 와이즈 바우어, 이옥진 옮김, 민음사, 2020.

《떨림과 울림》, 김상욱, 동아시아, 2018.
《리처드 도킨스의 진화론 강의》, 리처드 도킨스, 김정은 옮김, 옥당, 2016.
《만들어진 신》, 리처드 도킨스, 이한음 옮김, 김영사, 2007.
《만화로 배우는 공룡의 생태》, 갈로아, 한빛비즈, 2019.
《붉은 여왕》, 매트 리들리, 김윤택 옮김, 김영사, 2006.
《빈 서판》, 스티븐 핑커, 김한영 옮김, 사이언스북스, 2004.
《사라진 스푼》, 샘 킨, 이충호 옮김, 해나무, 2011.
《사이언스 블라인드》, 앤드류 슈톨먼, 김선애, 이상아 옮김, 바다출판사, 2020.
《생각을 넓혀주는 독서법》, 모티머 J. 애들러, 찰스 밴 도렌, 멘토, 2012.
《시간의 역사》, 스티븐 호킹, 김동광 옮김, 까치, 1998.
《야밤의 공대생 만화》, 맹기완, 뿌리와이파리, 2017.
《언어본능》, 스티븐 핑커, 김한영·문미선·신효식 옮김, 동녘사이언스, 2008.
《엘러건트 유니버스》, 브라이언 그린, 박병철 옮김, 승산, 2002.
《욕망의 진화》, 데이비드 버스, 전중환 옮김, 사이언스북스, 2007.
《우리 본성의 선한 천사》, 스티븐 핑커, 김명남 옮김, 사이언스북스, 2014.
《원더풀 사이언스》, 나탈리 엔지어, 김소정 옮김, 지호, 2010.
《위험한 과학책》, 랜들 먼로, 이지연 옮김, 시공사, 2015.
《이기적 유전자》, 리처드 도킨스, 홍영남·이상임 옮김, 을유문화사, 2018.
《이타적 인간의 출현》, 최정규, 뿌리와이파리, 2009.
《적응과 자연선택》, 조지 윌리엄스, 전중환 옮김, 나남출판, 2013.
《정재승의 과학 콘서트》, 정재승, 어크로스, 2020.
《진화》, 칼 짐머, 이창희 옮김, 웅진지식하우스, 2018.
《진화한 마음》, 전중환, 휴머니스트, 2019.
《책 읽는 책》, 박민영, 지식의숲, 2012.
《총, 균, 쇠》, 재레드 다이아몬드, 김진준 옮김, 문학사상사, 2013.
《침묵의 봄》, 레이첼 카슨, 김은령 옮김, 에코리브르, 2011.
《카오스》, 제임스 글릭, 박래선 옮김, 동아시아, 2013.
《코스모스》, 칼 세이건, 홍승수 옮김, 사이언스북스, 2006.
《털 없는 원숭이》, 데스먼드 모리스, 김석희 옮김, 문예춘추사, 2020.
《통섭》, 에드워드 윌슨, 최재천·장대익 옮김, 사이언스북스, 2005.

• **외국 도서**

Animal Behavior, Dustin R. Rubenstein, John Alcock, Sinauer Associates is an imprint of Oxford University Press, 2018.

Enlightenment now: The case for reason, science, humanism, and progress, Pinker, S., Penguin, 2018.

On Aggression, Konrad Lorenz, Mariner Books, 1974.

Possible Worlds and Other Essays, Haldane, J. B. S., Chatto and Windus: London, 1927.

The Origins of Virtue: Human Instincts and the Evolution of Cooperation, Matt Ridley, Penguin Books, 1998.

6. 예술도서 읽는 법

《구스타프 클림트》, 니나 크랜젤, 엄양선 옮김, 예경, 2007.

《미와 예술의 논리》, 목번순삼, 집문당, 1995

《미학·예술학 사전》, 다케우치 도시오, 안영길 옮김, 미진사, 1989.

《새로운 미술의 이해》, 로이스 피흐너-라투스, 최기득 옮김, 예경, 2005.

《새로운 조형예술의 이해》, 윤민희, 예경, 2008.

《세계미술용어사전》, 월간미술, 2007.

《여백의 예술》, 이우환, 김춘미 옮김, 현대문학, 2002.

《예술 심리학》, 루돌프 아른하임, 김재은 옮김, 이화여자대학교 출판문화원, 1995.

《예술이란 무엇인가》, 에른스트 피셔, 한철희 옮김, 돌베개, 1984.

《위대한 미술책》, 이진숙, 민음사, 2014.

《유튜브 컬처》, 케빈 알로카, 엄성수 옮김, 스타리치북스, 2018.

《이 망할 놈의 현대미술》, 조영남, 혜화1117, 2020.

《Lee Ufan 이우환, 무한의 예술》, 이우환 외, 에이엠아트, 2020.

• **미술사 관련서**

《곰브리치 세계사》, 에른스트 H. 곰브리치, 박민수 옮김, 비룡소, 2019.

《서양미술사》, 에른스트 H. 곰브리치, 백승길·이종숭 옮김, 예경, 2003.

《서양미술사》, 호스트 월드마 잰슨·앤소니 F. 잰슨, 최기득 옮김, 미진사, 2008.

《클릭, 서양미술사(*The Annotated Mona Lisa*)》, 캐롤 스트릭랜드, 김호경 옮김, 예경, 2010.

《한국미술의 역사》, 김원룡·안휘준, 시공사, 2003.

《한국미술사 101장면》, 임두빈, 가람기획, 1998.

• 도상학·사회맥락·기호학·정신분석학을 활용한 방법론

《기호학과 시각예술》, 노만 브라이슨, 시각과언어, 1995.

《미술사 방법론》, 로리 슈나이더 애덤스·박은영, 서울하우스, 2014.

《미술사 방법론》, 마이클 해트·샬럿 클롱크, 전영백 외 옮김, 세미콜론, 2012.

• 시지각적 분석 방법

《미술과 시지각》, 루돌프 아른하임, 김춘일 옮김, 미진사, 2003.

《예술과 환영》, 에른스트 H. 곰브리치, 차미례 옮김, 열화당, 2003.

《점·선·면: 회화적인 요소의 분석을 위하여》, 바실리 칸딘스키, 차봉희 옮김, 열화당, 2019.

• 구체적 작품 분석 및 서술

《미술감상과 미술비평 교육》, 박휘락, 시공사, 2003.

《미술비평이란 무엇인가》, 임두빈, 서문당, 1996.

《미술과 연구: 연구의 여러 가지 방법과 논문작성 방법》, 최병상, 보성각, 1996.

《미술품 분석과 서술의 기초》, 실반 바넷, 김리나 옮김, 시공사, 2006.

《조형예술 작품 분석 및 글쓰기》, 윤민희, 경희대학교 출판문화원, 2014

• 외국 도서

Artforms, Preble, Duane & Preble, Sarah, Pearson, 2003.

A Short Guide to Writing about Art(11th ed.), Barnet, Sylvan, Pearson, 2014.

How to Read a Work of Art, Hensley, Laura, Raintree, 2010.

How to Write Art History(2th ed.), D'Alleva, Anne, Laurence King Publishing, 2020.

Thinking and Writing about Art for Understanding Art(8th ed.), Fichner-Rathus, Lois, Thomson Wadsworth, 2006.

Writing about art(6th ed.), Henry M. Sayre, Pearson Prentice Hall, 2008.

나는 이렇게 읽었다

초판1쇄 인쇄 2021년 3월 25일
초판2쇄 발행 2021년 5월 31일

지은이 이권우 고봉준 전호근 이병주 전중환 윤민희
펴낸이 한균태
책임편집 윤민혜
디자인 양송희

펴낸곳 경희대학교 출판문화원
주소 서울시 동대문구 경희대로 26
전화 02-961-0106~8, 팩스 02-961-0291
설립 1960년 9월 16일 제5-8호
등록 1977년 11월 8일 제6-5호
홈페이지 www.khupress.com
전자우편 press@khu.ac.kr

ISBN 978-89-8222-695-3 (03800)